◎山东大学研究生核心课程教材

高级运动生理学

张宪亮　主编

山东大学出版社
SHANDONG UNIVERSITY PRESS
·济南·

图书在版编目(CIP)数据

高级运动生理学 / 张宪亮主编. -- 济南 ：山东大学出版社，2025. 6. --（山东大学研究生核心课程教材）. -- ISBN 978-7-5607-8958-3

Ⅰ. G804.2

中国国家版本馆 CIP 数据核字第 2025LS6574 号

策划编辑　唐　棣
责任编辑　唐　棣
文案编辑　刘易博
封面设计　王秋忆

高级运动生理学

GAOJI YUNDONG SHENGLIXUE

出版发行	山东大学出版社
社　　址	山东省济南市山大南路 20 号
邮政编码	250100
发行热线	(0531)88363008
经　　销	新华书店
印　　刷	济南巨丰印刷有限公司
规　　格	787 毫米×1092 毫米　1/16
	12.25 印张　279 千字
版　　次	2025 年 6 月第 1 版
印　　次	2025 年 6 月第 1 次印刷
定　　价	56.00 元

《高级运动生理学》编委会

主　编　张宪亮（山东大学体育学院）

编　委　（按姓氏笔画排序）

杜黎涛（山东大学体育学院）
陈　斯（山东大学护理与康复学院）
赵　娜（山东体育学院运动与健康学院）
贺　强（山东大学体育学院）
潘　洋（山东大学体育学院）
薛香莉（山东大学体育学院）

演示者　（均来自山东大学，按姓氏笔画排序）

尹淑婷　刘冬雪　安春宇　金　维
周建帆　高潇蕾　韩　翔

前言

在健康中国与体育强国战略深入推进的时代背景下，运动科学领域正面临着前所未有的发展机遇。随着全民健身理念的普及和我国竞技体育水平的不断提升，运动生理学作为连接基础理论与应用实践的核心学科，其学术深度与实践价值愈发凸显。然而，我国运动生理学的研究生教育长期面临着教材体系滞后、科研与实践脱节、课程思政融合不足等问题。《高级运动生理学》的编撰，既是对国家战略需求的积极回应，也是对体育学科高层次人才培养模式的实践探索。

本书立足于学术前沿性、实践创新性与价值引领性，在系统总结近几十年国际运动生理学领域研究成果的基础上，形成了七大核心知识模块，覆盖基础理论知识、大众健身实践、运动员科学训练等内容。全书七章内容以"运动与健康"为主线，第一章解析运动适应的生理基础，构建从体适能评估到能量代谢调控的知识框架；第二章介绍运动健康效益的剂量-效应模型，为慢性病运动处方制订提供理论支撑；第三章从大众健身和竞技监控两个维度介绍了七大核心素质的测量与评价；第四章至第七章则深入竞技体育专项领域，系统解析运动技能提升、运动机能监控、高温高海拔环境适应机制、反兴奋剂检测技术等前沿内容。同时，本书在每一章的最后都设计了生动的运动生理学教学案例，形成了理论与实践融合的内容架构，既深化了对运动生理学内在规律的认识，又锤炼了研究生在体育教学、训练指导、健康管理等场景中的问题解决能力。

我们深知运动生理学的发展永无止境，本书虽梳理了当前领域的主要成果，但对许多新兴领域仍需持续探索。书中参考了许多国内外研究成果并尽量作了注明，如有遗漏，深表歉意。同时，期待广大读者在垂阅过程中提出宝贵意见，共同推动本书的迭代完善。值此付梓之际，特别感谢山东大学研究生院、山东大学出版社的鼎力支持，以及各参编单位研究团队成员们的辛勤付出。他们的专业智慧与奉献精神，使本书得以在理论深度与实践价值间实现平衡。

本书立足体育学科发展需求，冀望达成三重使命：为运动生理学教学提供最新教育资源，为学术研究提供理论参照，为行业实践梳理方法指南。我们期待能够以运动生理学为支点，培养兼具国际视野与家国情怀的新时代体育人才，共同书写体育强国梦的壮丽篇章。

编　者

2025 年 4 月

目　录

第一章 运动促进健康的生理学基础

第一节 体适能组成及与健康的关系

毛主席曾在1952年6月10日，为中华全国体育总会的成立题词“发展体育运动，增强人民体质”①，而早在1917年，他就在《新青年》上以“二十八画生”的笔名发表了《体育之研究》，在该文章中毛主席也提到“欲文明其精神，先自野蛮其体魄”②。毛主席提到的“体质”和“体魄”都与本节的主题“体适能”密切相关。所谓的“体适能”就是人们为适应生活需要所应具备的进行体力活动的能力。体适能的主要核心体现在“适应”上，人们能够适应生活、适应工作、适应运动以及适应环境的体力活动能力就是体适能。

一、体适能分类

按照目的不同可将体适能分为健康体适能和竞技体适能。健康体适能是指与健康有关，个人能胜任日常工作，有余力享受休闲娱乐活动，又可应对突发紧急情况的身体能力。健康体适能的目的是“健康身体，优质生活”，其主要包括心肺耐力、肌肉力量、肌肉耐力、身体成分、柔韧性以及平衡能力。平衡能力是近年来美国运动医学学会最新补充的。美国运动医学学会指出，平衡能力对人体健康，特别是对老年人的健康至关重要。而竞技体适能的目的是赢得比赛，因此竞技体适能与运动技巧有关。

二、健康

体适能是健康的必要条件。世界卫生组织(World Health Organization，WHO)宪章中是这样说的：“健康不仅是没有疾病和衰弱，而且是要保持身体、精神方面的健康和社会适应方面的完美状态。”这个定义告诉我们，健康包括生理方面、心理方面和社会适

① 国家体育总局.毛泽东题词“发展体育运动，增强人民体质”缘起[EB/OL].[2021-07-22](2025-05-20).https://www.sport.gov.cn/n4/n264/n15341/c23522140/content.html.

② 中共中央文献研究室编，逄先知，金冲及主编.毛泽东传[M].北京：中央文献出版社，2011：35.

应方面三个层次的含义。因此，体适能对于维持身体健康至关重要。

三、体质、体适能、健康三者之间的关系

体质是健康的物质基础，健康是体质的外在表现。健康反映的是一种“状态”，体适能反映的是一种“能力”。健康与体适能的关系就是“状态”与“能力”的关系，“状态”决定“能力”，即健康的好坏决定“体适能”水平。体质是健康的先决条件和基础，所以体质也决定了体适能的水平。但体适能水平的提高也可改善健康状态，并增强体质。大量的流行病学研究已经揭示了体力活动水平与疾病之间的量效关系，如全因死亡率、心肺健康、代谢性疾病、能量平衡、肌肉骨骼健康等。研究发现，体力活动与全因死亡率、心血管疾病（如冠心病）、2 型糖尿病以及结肠癌等呈负相关。也有研究发现，心肺适能与血压、血脂有关，如 50%～70%最大摄氧量对血压、血脂最有益。

另外，我国早已认识到国民体质的重要性，并且已经陆续发布了多项指导意见。例如，2007 年，中共中央、国务院印发了《关于加强青少年体育增强青少年体质的意见》，要求高度重视青少年体育工作，认真落实加强青少年体育、增强青少年体质的各项措施。2016 年，国务院印发《“健康中国 2030”规划纲要》，将“全民健康”作为“建设健康中国的根本目的”。2017 年 1 月，国务院办公厅发布《中国防治慢性病中长期规划（2017—2025 年）》，要求加强健康教育、提升全民健康素质。2017 年 8 月，《全民健身指南》发布，内容主要包括体育健身活动效果、运动能力测试与评价、体育健身活动原则、体育健身活动指导方案等。这些文件中均强调了增强全民体质，或者说体适能的相关措施及意见。

四、健康体适能

健康体适能包含心肺耐力（cardiorespiratory fitness，CRF）、肌肉力量、肌肉耐力、身体成分、柔韧性和平衡能力。

（一）心肺耐力

心肺耐力也被称为心肺能力、心血管循环耐力、有氧耐力，这项适能主要代表的是人体中肺及心血管系统的适应能力。简单地说，心肺耐力就是心脏输送血液与氧气至全身的能力。近年来越来越多的研究表明，心肺耐力可作为人群体力活动水平的一个客观生理指标，与各人群全因死亡率及心血管疾病死亡率高度相关（图 1-1-1）。2016 年 12 月，美国运动医学学会呼吁临床医生将“心肺耐力”视为人体的“第五大生命体征”。

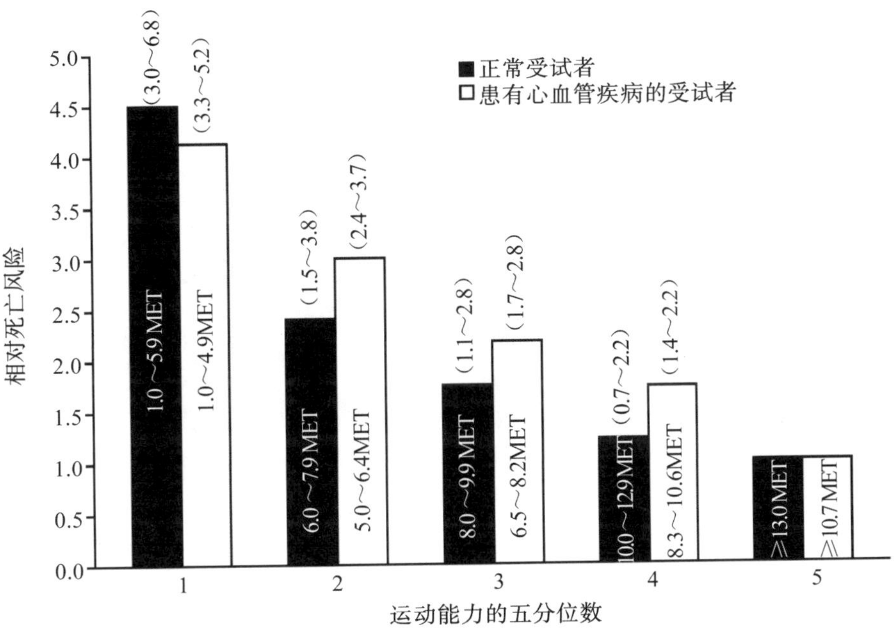

图 1-1-1　心肺耐力与心血管疾病死亡率的关系[1]

（注：MET 指代谢当量）

心肺适能的影响因素包含心脏功能、血管功能、呼吸与血液、遗传、年龄和性别、训练等。其中，心脏功能是影响心肺适能最主要的生理因素，其主要由心输出量的大小来反映，心输出量是每搏输出量和心率的乘积。血管功能主要包括三方面：一是运动时外周血管阻力下降，减少了心室射血后负荷，使得心室射血变得更加顺畅，心输出量增加；二是运动时骨骼肌小动脉血管反射性舒张，从而使血流分布模式发生变化；三是长期体育锻炼和运动训练可增加毛细血管的分布密度。另外，呼吸与血液也是影响心肺适能的关键因素，血液对氧气的运输与红细胞中的血红蛋白与氧气结合成氧合血红蛋白（oxyhemoglobin，HbO_2）的数量有关。红细胞数量或血红蛋白浓度越高，其携带的氧气就越多。有研究已证实，长期从事耐力性运动能增加血液中的血红蛋白含量和血氧运输能力，从而改善外周肌肉的氧气供应。遗传对心肺适能影响也很大。研究发现，同卵双胞胎的最大摄氧量基本相同，而异卵双胞胎的差别较大。遗传因子可能决定了运动员最大摄氧量的范围，但是耐力训练可以提高最大摄氧量的上限。年龄和性别对心肺适能的影响不言而喻（图 1-1-2）。男子在 16 岁时达到峰值，女子约在 14 岁时达到顶峰。女子最大摄氧量（maximum oxygen uptake，VO_{2max}）较男子小。再就是，众所周知的，训练对心肺适能的影响。但即使相似体能水平的受试者完成完全一样的训练计划，机体提高 VO_{2max} 的范围也在 0～5％或者更多。

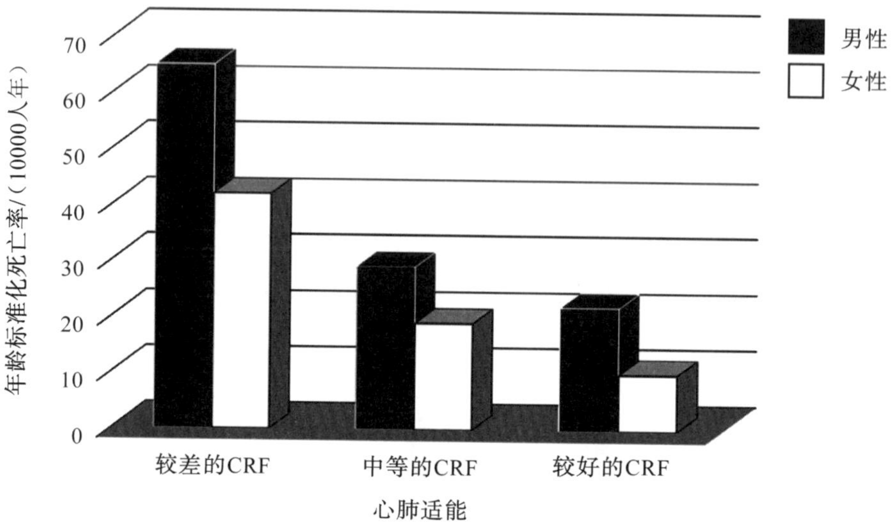

图 1-1-2 3120 名女性和 10224 名男性的心肺适能各类别的全因死亡率[2]

针对心肺适能的测量和评价方法主要包含直接测量法和间接测量法。其中直接测量法中最常用的是最大摄氧量测定法,该测定通常在实验室条件下进行,测定时让受试者在一定的负荷工具上进行渐增强度的运动负荷试验。运动过程中通过收集并定量分析呼出气体(测定通气量、O_2 和 CO_2 含量),计算不同运动强度下的摄氧量,然后根据 VO_{2max} 的判别标准确定 VO_{2max}。第二个常用的方法就是乳酸阈。乳酸阈是指在渐增负荷运动中,血乳酸浓度随着运动负荷的递增而增加。当运动强度达到某一负荷时,血乳酸浓度出现急剧增加的那一点称为乳酸阈,这一点对应的强度便是乳酸阈强度。乳酸阈测试是指递增运动负荷中,人体运动达到某一强度后,体内出现氧需要量大于氧供给量,细胞进入无氧氧化过程中,体内供能方式由有氧代谢为主转换为无氧代谢为主的临界点,用乳酸升高表示。一般以血乳酸达到 4 mmol/L 时所对应的强度和功率来表示。评价心肺适能的间接测试法包括定量负荷试验、最大负荷试验、亚极量运动试验。定量负荷试验主要包括 30 s 20 次蹲起试验、最大负荷试验、布鲁斯(Bruce)跑步试验、20 m 折返跑。Bruce 跑步试验要求受试者按照预先设定好的运动负荷程序在跑步机上完成跑步运动,直至力竭,记录受试者最大的持续运动时间,然后再分别依据预测公式计算 VO_{2max}。亚极量运动试验包括 12 min 跑、鲍克(Balke)的 15 min 跑。12 min 跑试验是一种无需任何专门设备、简便易行的亚最大运动负荷试验。要求受试者以均匀的速度尽力连续跑 12 min,记录其跑的总距离,然后按公式推算 VO_{2max}。

有一项涉及 40000 多人的研究表明,低心肺耐力,也就是低 CRF,在全因死亡率中所占的百分比要高于肥胖、吸烟、高血压、高胆固醇以及糖尿病的比重。也有研究证实,在正常人群中,心肺耐力低于 6 代谢当量(metabolic equivalent,MET)时,死亡风险增加;在心血管疾病人群中,心肺耐力低于 5MET 时,死亡风险增加。此外,最新的研究表明,心肺适能是学龄儿童认知及心理幸福感最显著的个体预测因子。由此可见,心肺适能与不同年龄、不同群体的人群健康密切相关。

（二）肌适能

肌适能包含肌肉力量和肌肉耐力。肌肉力量是指肌肉对抗某种阻力时所发出的力量，也就是指肌肉在一次性收缩时所能产生的最大力量。肌肉耐力是指肌肉维持某种肌力时，能持续用力的时间或反复次数。保持良好的肌肉力量和肌肉耐力对于促进健康、预防疾病与提高工作效率有很大的帮助。

影响肌适能的因素主要包括肌源性和神经源性两类，其他因素还有年龄、性别、激素和训练等。肌源性因素包括肌肉力量、肌纤维类型、肌肉收缩时的初长度、肌纤维代谢特点等。肌纤维根据其收缩特征分为快肌纤维和慢肌纤维两大类。肌肉中快肌纤维比例高的人，肌肉收缩力量较大，而慢肌纤维比例高的人，则肌肉耐力较好。神经源性因素包括中枢激活水平、神经系统的兴奋状态、中枢神经对肌肉的协调和控制能力等方面。中枢神经系统的兴奋性是发挥高水平的中枢激活作用及良好的中枢神经对肌肉活动的协调和控制能力的基础，兴奋性越高，则参与兴奋的神经元越多，所发出的动作电位频率越高，从而使肌力增大。研究已证明，肌肉力量的发展有明显的增龄性变化规律和性别差异。肌适能的测评主要分为肌肉力量和肌肉耐力的测评。其中，肌肉力量的测评方法主要包括 1 次重复最大力量（one-repetition maximum，1RM）测试法、握力法、引体向上法、屈臂悬垂法、俯卧撑法、立定跳远法。而肌肉耐力主要通过测试机体维持某一身体姿势的静态运动时间长短来评价，如 1 min 仰卧起坐、70％ 1RM 试验。

关于肌适能与健康关系的研究发现，在调整了年龄、吸烟等混杂因素后，肌肉力量和肌肉耐力与心血管疾病风险因素呈负相关。另外，也有研究表明，低肌肉力量与透析患者的预后生存期缩短有关（图 1-1-3）。事实上，也有大量的研究发现，肌肉力量及耐力对癌症患者等的影响也很显著。

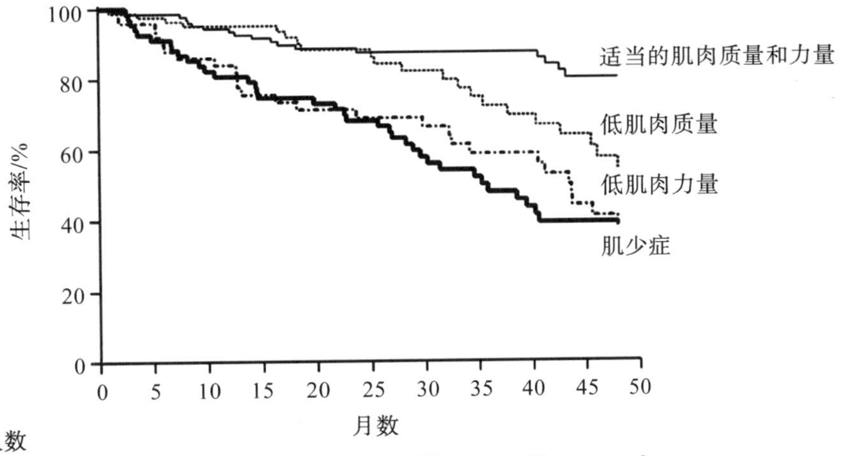

处于风险中的人数						
适当的肌肉质量和力量	134	112	79	68	53	0
低肌肉质量	50	42	32	27	20	0
低肌肉力量	78	67	45	33	22	0
肌少症	68	54	45	32	20	0

图 1-1-3　肌肉力量与透析患者的预后生存期缩短的相关性[3]

（三）身体成分

身体成分是指身体脂肪组织和非脂肪组织的含量在体重中所占的百分比，通常使用体重指数（body mass index，BMI）表示。体重指数＝体重（kg）/身高（m）^{2}。按照国际BMI标准，18～24.9 kg/m^2 为正常体重，25～29.9 kg/m^2 为超重，≥30 kg/m^2 为轻度肥胖，≥40 kg/m^2 为重度肥胖。而按照我国 BMI 标准，＜18.5 kg/m^2 为体重过低，18.5～23.9 kg/m^2 为体重正常，24.0～27.9 kg/m^2 为超重，≥28 kg/m^2 为肥胖。另外，除了 BMI 之外，现在大家关注的还有腰臀比以及腰围，中国糖尿病风险评估表便将腰围列为预测因素之一。

身体成分的测量方法有很多，主要包括：①人体测量学方法：如体重指数法、围度测量法。②身体密度测量：如水下称重法、皮褶厚度测量法。③测定瘦体重：如生物电阻抗法（bioelectrical impedance analysis，BIA）、稀释法。④局部脂肪的直接测量：如超声法、双能 X 射线吸收法（dual-energy X-ray absorptiometry，DEXA）、磁共振法、CT 断层扫描。这些方法各有利弊，下面简要介绍几种。

1.身体密度测量

测量过程以水作为介质，测得人体体积，利用人体在水中和空气中的质量，求得身体密度，并由身体密度推算出体内脂肪含量。

2.人体测量学方法

此方法包括体重指数法、围度测量法。但其受年龄、性别、种族、体型和人体成分构成等多种因素的影响，并不能真实反映个体体脂率的大小。

3.双能 X 射线吸收法

此方法在 X 射线测定骨密度的基础上发展而来，可直接测定瘦组织、骨组织和脂肪组织的含量。

4.磁共振法/CT 断层扫描

此方法利用影像技术获取人体断层图像，可清晰显示肌肉、脂肪等不同成分，再利用软件计算肌肉、脂肪的比例。

5.生物电阻抗法

人体组成中脂肪组织（fat mass，FM）含水量少、电阻率高，去脂组织（fat-free mass，FFM）仅含水和电解质，具有导电性能较好的特点。可用健康无害的微量电流测量人体的电阻值，并分析得出人体各种成分的组成情况。有研究发现，躯干脂肪百分比与糖尿病的发生呈正相关，而腿部脂肪百分比与糖尿病的发生呈负相关（图 1-1-4）。

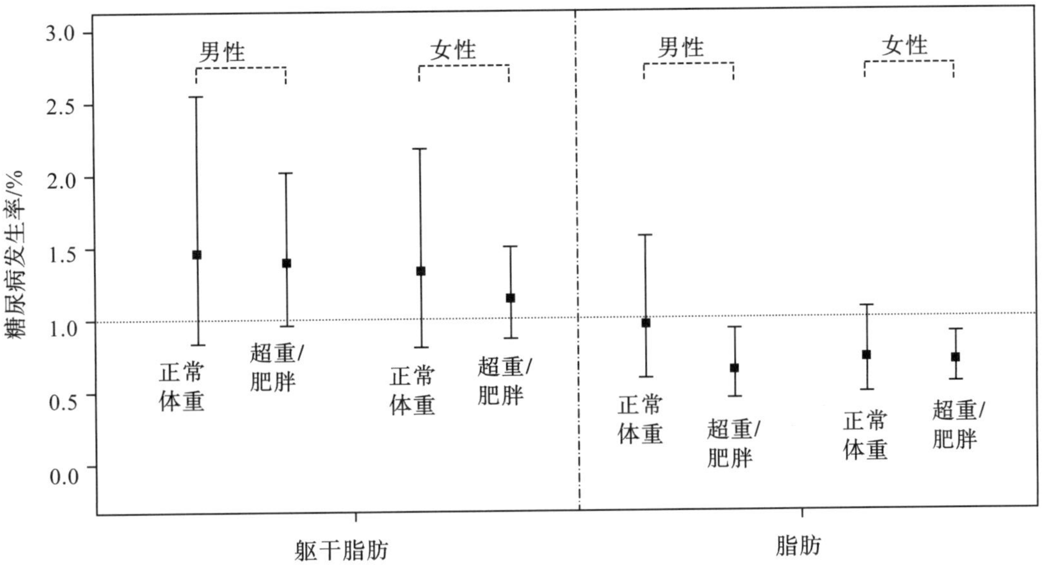

图 1-1-4　身体脂肪分布部位与糖尿病发生率相关性[4]

（四）柔韧性和平衡能力

柔韧性是指人体关节活动幅度以及关节韧带、肌腱、肌肉、皮肤和其他组织的弹性和伸展能力，即关节和关节系统的活动范围。平衡能力是指身体维持平衡的能力。

1.柔韧性的影响因素

(1)主观因素：在实际测试中，静态柔韧性测量的动作限度取决于受试者对伸展位置的耐受性，这主要是由受试者的主观因素决定的。

(2)解剖生理学因素：关节本身的解剖结构、关节囊、韧带、肌肉的伸展性或延展性等。

(3)年龄、性别等其他因素：15～18 岁静态柔韧性达到最高点，到成年期，静态柔韧性随着年龄的增加而降低。

2.平衡能力的影响因素

(1)躯体感觉系统：分布于肌梭、关节的本体感受器向大脑皮质传递身体各部位的空间定位与运动方向。

(2)视觉系统：当躯体感觉受到破坏或干扰时，视觉系统在维持平衡中发挥重要作用，通过颈部肌肉收缩使头保持向上直立位并保持水平视线。

(3)前庭系统：通过测知头部的位置及其运动，使身体各部位随头做适当调整和协调运动，从而保持身体平衡。

(4)运动系统：骨骼肌协同运动模式。

柔韧性评价方法包括直接评价方法和间接评价方法。直接评价方法包括使用关节量角器对不同关节的活动度进行测量。间接评价方法包括直立体前屈以测量下肢后群肌肉和韧带的柔韧性，双膝伸直，双脚并拢，尽量做最大幅度的向前弯腰动作，测量手到地面的高度；背伸测验以测量腰背肌肉和韧带的柔韧性，受试者俯卧，双手抱颈，测试者压住受试者的臀部，让受试者尽量抬高头部，测量下颌距地面的高度，数值越大说明腰部柔韧性越好。

3.平衡能力的检测方法

(1)闭目直立检测法：受试者闭目直立，双脚并拢，两手臂下垂、侧平举或两手互扣于胸前，维持30 s。

(2)过指试验：过指试验又称错指物位试验。受试者与检查者相对而坐，对侧上肢前平举，食指伸出，指尖相互接触，其他四指握拳。受试者抬高上肢，然后恢复水平位，使食指尖与检查者相对。连续偏斜3次为异常。也可加大测试难度，第1次指尖相对后，使受试者闭眼检查，若闭眼时有偏斜为异常。正常人无过指现象。前庭功能障碍过指的特点是食指偏向前庭功能较弱侧。小脑病变过指的特点是患侧食指向患侧偏斜。

(3)伯格(Berg)平衡量表：测试仪器设备仅需要一块秒表、一根软尺、一个台阶和两把高度适中的椅子，应用非常简便。量表包括14个条目：由坐位到站位、持续无支持站立、持续无支持坐位、由站到坐动作、床椅转移、闭眼无支持持续站立、无支持双足并拢持续站立、站立位上肢前伸距离、站立位从地上取物、转身向后看动作、身体原地旋转1周、持续无支持双足交替踏台阶、双足前后持续站立、单腿持续站立。每个条目分0～4分五个等级，每个等级均对应有详细的评分方法，总分56分。评分越低，平衡功能障碍越严重。得分为0～20分、21～40分、41～56分，分别对应的平衡能力为坐轮椅、辅助步行和独立行走3种活动状态；总分少于40分，预示有跌倒的危险性。

大量的研究发现，通过改善平衡、柔韧性等可降低脑卒中患者7%的住院率。目前，越来越多的研究开始关注老年人的平衡能力，因为平衡能力与老年人的多种疾病密切相关，如骨折、脑卒中等。

案例拓展

(一)案例背景

在21世纪，随着科技的飞速发展和社会竞争的日益激烈，青少年的生活方式发生了显著变化。电子产品的普及、学习压力的增大以及课外活动的多样化，使得许多青少年逐渐远离户外活动和体育锻炼。这一现象的直接后果便是青少年的体质普遍下降，其中，一个引体向上都做不起来的案例尤为引人关注。这不仅是一个个体能力的缺失，更是整个社会青少年体质健康状况的缩影，反映出青少年体适能水平的严重下滑。

体适能作为衡量个体身体适应环境及完成日常活动能力的综合指标，主要包括心肺耐力、肌肉力量与耐力、柔韧性、身体成分和平衡与协调性五大方面。这些组成部分相互关联，共同影响着个体的健康状况。科学研究表明，良好的体适能水平不仅有助于提升个体的运动表现，还能有效预防心血管疾病、糖尿病、肥胖等慢性病，提高生活质量。此外，体适能的提高还能促进大脑发育，提高学习效率，增强自信心和社交能力，对个人的全面发展具有不可估量的价值。

（二）案例警示：青少年体质下降的严重后果

青少年体质下降，一个引体向上都做不起来的案例，不仅揭示了青少年体适能水平的严重下滑，更警示我们，这种趋势若得不到有效遏制，将带来一系列严重的后果。

首先，体质下降将直接影响青少年的身体健康，增加患病风险，降低生活质量。其次，长期缺乏体育锻炼，还可能导致青少年出现心理问题，如焦虑、抑郁等，影响心理健康。此外，体质下降还可能影响青少年的学业表现和社会适应能力，阻碍其全面发展。

1.健康是幸福生活的基础，树立"健康第一"的生活理念

面对青少年体质下降的严峻形势，我们必须深刻认识到健康是幸福生活的基础，是个人全面发展的前提。因此，我们必须树立"健康第一"的生活理念，将健康置于生活的首位，通过科学合理的饮食和锻炼，提升体适能水平，预防疾病，提高生活质量。

2.增强自我保健意识和责任感

青少年作为国家的未来和民族的希望，其健康状况直接关系到国家的未来和民族的兴衰。因此，我们必须增强自我保健意识和责任感，主动了解体适能的组成及其与健康的关系，积极参与体育锻炼，培养健康的生活方式。同时，我们还应该积极传播健康知识，影响并带动周围的人共同追求健康的生活。

结　语

青少年体质下降，一个引体向上都做不起来的案例，是对我们当前教育模式和生活方式的一次深刻警醒。我们必须从自身做起，从现在做起，树立"健康第一"的生活理念，积极参与体育锻炼，提高体适能水平，为个人的全面发展奠定坚实的基础。同时，我们还应该积极倡导健康的生活方式，为构建一个健康、和谐、美好的社会贡献自己的力量。

第二节　运动对骨骼肌结构和功能的影响

俗话说"千金难买老来瘦"，可"老来瘦"一定是健康的吗？一些老人体重逐渐减轻，身材逐渐变瘦，自以为是"千金难买"的"老来瘦"。但身体的一些信号却不像是"老来瘦"所预期的那样：他们越来越容易疲劳，时常走不动路，也会拿不起东西，甚至容易摔倒。此时我们便要怀疑其是不是患了"老年肌肉衰减综合征"，也俗称"肌少症"。此外，大家经过剧烈运动后，会时常出现骨骼肌疼痛的现象，被称为"延迟性肌肉酸痛（delayed onset muscle soreness, DOMS）"。本节我们将从骨骼肌的结构和功能入手，探讨骨骼肌相关生理和病理改变的机制。

一、骨骼肌的结构和功能

正常人共有600多块骨骼肌，约占体重的40%。骨骼肌的主要功能包括运动、支

撑、维持姿势、保护身体、产热、储存能量。骨骼肌储藏肌糖原和机体60%的蛋白质，通过消耗热量调节人体的基础代谢率。肌细胞又称肌纤维，是肌肉的基本结构和功能单位。每条肌纤维外面包有一层薄的结缔组织膜，称为肌内膜。许多肌纤维排列成束（即肌束），表面被肌束膜包绕，许多肌束膜聚集在一起构成一块肌肉，外面包有结缔组织膜，称为肌外膜。另外，肌细胞收缩的物质基础是粗肌丝、细肌丝。粗肌丝主要由肌球蛋白组成。细肌丝主要由肌动蛋白、原肌球蛋白、肌钙蛋白组成。

一块骨骼肌是由许多束肌纤维排列构成的。一束肌纤维是由许多条肌纤维排列构成的，一条肌纤维里有许多条肌原纤维整齐排列。一条肌原纤维是由粗肌丝、细肌丝排列形成的，肌纤维的收缩便与粗肌丝、细肌丝的滑动有关。粗肌丝两端有横桥，能与细肌丝结合，拖动细肌丝向肌节中央滑动，肌节变短，肌原纤维收缩，引起肌纤维收缩。骨骼肌的具体收缩机制如下：骨骼肌细胞接收到神经刺激，产生兴奋性电冲动，通过肌管系统引起肌浆中钙离子（Ca^{2+}）浓度升高，细肌丝与Ca^{2+}结合，暴露出与粗肌丝结合的位置，粗肌丝的横桥与细肌丝结合，拖动细肌丝往中央滑动，肌节变短，肌原纤维收缩，引起肌纤维收缩。

依据肌纤维的颜色、收缩速度、机能和代谢特点等，可将肌纤维分为不同种类。例如，根据肌纤维的收缩速度分为快肌纤维和慢肌纤维；根据肌肉的颜色分为红肌纤维、白肌纤维，再结合肌肉的收缩速度分为快缩白纤维、快缩红纤维、慢缩红纤维三种类型。根据肌纤维的收缩速度及代谢特点分为慢缩纤维（Ⅰ型肌纤维）、快缩纤维（Ⅱ型肌纤维），快缩纤维可分为快速氧化-糖原分解型Ⅱa纤维和快速-糖原分解型Ⅱb纤维。

运动单位是肌肉收缩的基本单位。每个运动单位由一个运动神经元及其所支配的肌纤维组成。根据组成运动单位的肌纤维类型不同，可将运动单位分为慢肌运动单位（紧张性运动单位）和快肌运动单位（运动性运动单位）。慢肌运动单位主要由Ⅰ型肌纤维组成，快肌运动单位主要由Ⅱ型肌纤维组成。

二、骨骼肌衰减症

骨骼肌衰减症（sarcopenia）是一种随年龄增加，以骨骼肌质量下降、骨骼肌力量和功能减退为特征的综合性退行性病征，也被称为“骨骼肌减少症”“肌力流失”“肌少症”。患有此病的人，体重指数BMI≤15 kg/m^2，此时，患者体能下降，生存质量降低，跌倒风险增加。并有研究表明，与正常衰老人群相比，患有肌少症的老年人死亡率增加2.8倍。

（一）骨骼肌衰减症的流行病学特点

人类骨骼肌的生长在30岁左右达到高峰，40岁以上的人每年肌肉丢失量为0.5%～1%，在20～70岁间肌肉体积缩小40%，肌肉力量降低30%，脂肪比重增加15%。30%大于60岁及50%大于80岁的老人均有不同程度的肌少症。研究表明，两性对比，大于80岁的老年人中53%的男性和43%的女性患有肌少症。与青年肌肉相比，肌肉减少症患者肌肉中的快肌和慢肌运动单位均有不同程度的丢失，其中快肌运动单位下降最明显，原因为快肌运动神经元急剧丢失，导致Ⅱ型肌纤维失去神经支配而萎缩、丢失。测

4 m步速是诊断骨骼肌衰减症的重要方法。另外，还有肌量和优势手握力的测量。

骨骼肌衰减症的危害已经被广泛证实（图 1-2-1）。首先，研究发现女性群体中，肌肉衰减是骨质流失的一个危险因素，骨骼肌衰减症人群发生骨质流失的情况是非少肌症人群的 1.676 倍，而骨质疏松则会增加骨折的风险。其次，研究表明，骨骼肌衰减症主要是Ⅱ型肌肉纤维的减少，并伴有运动神经元数量减少，从而减弱肌肉功能，降低步速，导致机体平衡能力下降。最后，研究还发现，患有骨骼肌衰减症的老人中 39%的男性、30.6%的女性失去独立居住能力，这意味着跌倒风险增加。另外，流行病学研究证实，骨骼肌衰减症还会导致胰岛素抵抗和 2 型糖尿病，以及与心血管疾病，甚至全因死亡率增加有关。

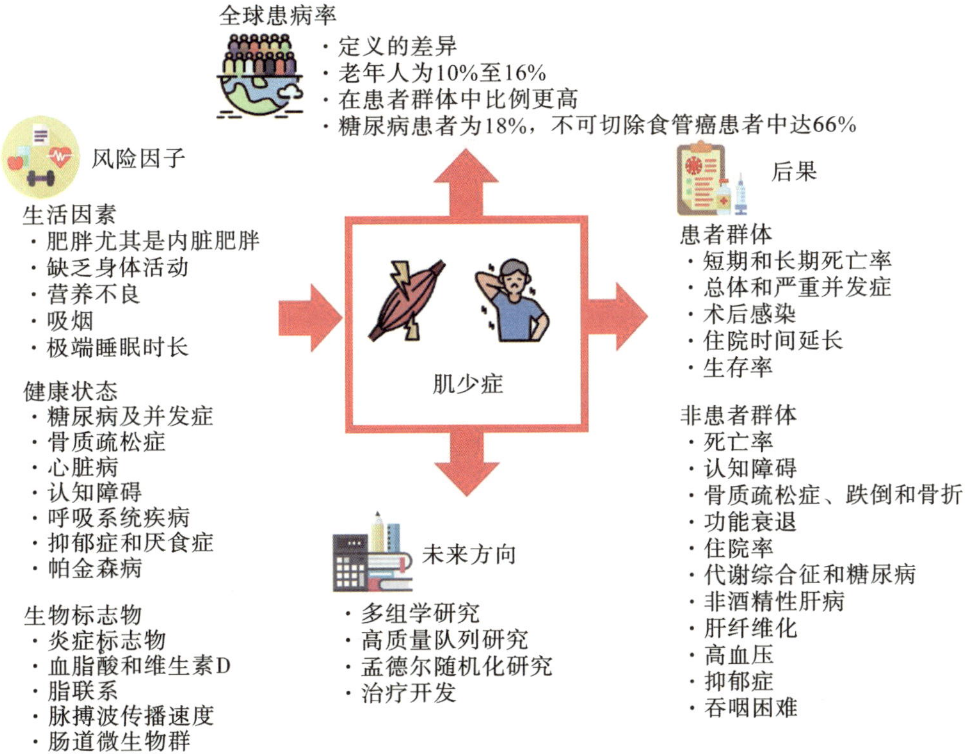

图 1-2-1　骨骼肌衰减症的流行病学[5]

（二）骨骼肌衰减症的发病机制

大量研究已经表明，该病的发生、发展是营养、免疫、激素、代谢、炎症细胞因子浓度增加、神经退行性疾病和生活方式等多因素共同作用的结果（图 1-2-2）。

（1）年龄：在人体衰老的过程中，神经-肌肉系统的机能和表现显著下降，即使是健康的老年人也不可避免地发生骨骼肌质量下降和肌力减退。

（2）生活方式：随着衰老，体力活动水平降低，生理系统机能会适应性下降，运动能力会进一步降低，从而陷入恶性循环。

（3）神经因素：有研究表明，衰老会导致骨骼肌神经支配的改变，包括去神经支配和恢复神经支配、运动单位重塑和丢失。衰老骨骼肌运动单位重塑会导致骨骼肌纤维类型组成的改变。

(4)营养：必需氨基酸(亮氨酸)、蛋白质(乳清蛋白、酪蛋白、大豆蛋白)、肌酸、多不饱和脂肪酸(α-亚麻酸、二十碳五烯酸、二十二碳六烯酸、亚油酸)、抗氧化营养素、维生素(维生素 D)、矿物质等营养素与骨骼肌衰减症的发生和发展密切相关。

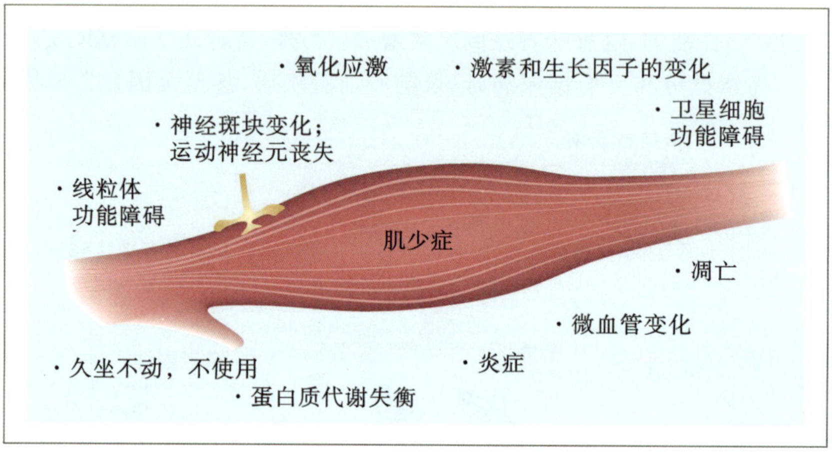

图 1-2-2　骨骼肌衰减症的诱发因素[6]

(三)运动锻炼对骨骼肌衰减症的改善作用

当前大量研究已经证实，长期有规律的运动锻炼干预可以改善骨骼肌衰减症。研究发现，60 岁以上老年人每天进行中、重度体育锻炼时间，少肌症患病率随运动量增加而减少($p=0.0588$)。大量研究表明，抗阻运动和有氧运动均是预防骨骼肌衰减症的有效方法。有氧活动(游泳、跑步和行走)能改善心血管功能和活动耐量，尽管有氧运动不可能使肌纤维数目增多，但可以增加肌纤维横断面积(cross-sectional area，CSA)。不论年龄大小，有氧运动可使线粒体数量和酶的活性增加，肌肉蛋白质合成和肌肉质量提高，同时还可以减少体内(包括肌内)脂肪，从而提高肌肉功能。有研究表明，抗阻运动在减轻少肌症发展方面较有氧运动效果更好。另外，大量研究也表明，打太极拳是预防和改善骨骼肌衰减症的有效锻炼项目。太极拳融合了肌力训练、平衡训练和控制力的训练，尤其是下肢肌力训练，需要髋关节、膝关节和踝关节在各个方向上做向心运动或是离心运动，被认为是预防跌倒的有效措施。

三、延迟性肌肉酸痛

想必大家都有一种经历，即突然运动后，第二天会出现全身酸痛的感觉。很多同学都觉得运动后第二天肌肉酸痛是说明运动训练有效，这种认识对吗？答案当然是错的。这种酸痛的现象在生理学上称为“延迟性肌肉酸痛(delayed onset muscle soreness，DOMS)”。延迟性肌肉酸痛是指人体从事不习惯运动后所出现的肌肉疼痛或不舒适的感觉。由于这种疼痛并不发生在运动后即刻，而是发生在运动后 24～48 h，所以称为延迟性肌肉酸痛。肌肉酸痛的程度一般在 48 h 达到最高，但第 72 h 之后就会有缓解。

（一）延迟性肌肉酸痛的发生机制

延迟性肌肉酸痛的主要症状表现为运动肌会产生不同程度的酸痛，并伴随僵硬、肿胀和肌力下降等，以及运动能力降低。DOMS 的产生会对运动能力产生非常大的影响（图 1-2-3）。肌肉功能降低：DOMS 诱导运动后 48 h 内下肢的向心和离心峰值力矩显著降低，且在离心运动中表现最为显著。肌肉募集模式改变：DOMS 引起受伤部位的肌肉产生的力减少，使得来自受伤肌肉或其他肌肉的未受伤区域出现补偿性募集。关节活动度减少：肌肉损伤的急性炎症反应可引起肌肉肿胀，导致肌肉关节活动范围降低。本体感觉损失：大量研究显示，肌肉疲劳导致关节位置觉的准确性降低，本体感觉功能下降，姿势改变，使关节受伤的危险性增高。

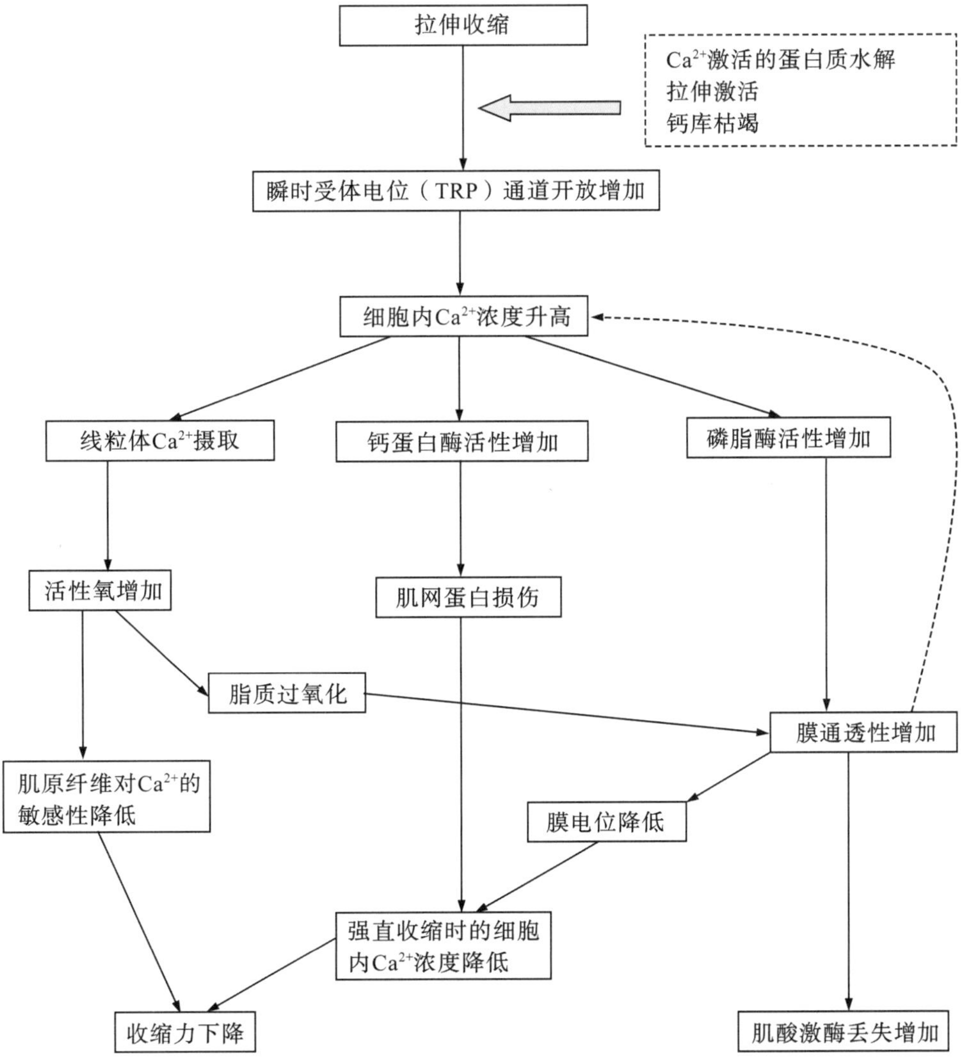

图 1-2-3　DOMS 发生机制示意图[7]

1.乳酸堆积学说

很多人认为肌肉酸痛是由于乳酸堆积造成的。事实上,这种观点是错的。运动生理学家发现,在离心收缩中,肌肉的能量明显低于向心收缩,乳酸堆积少于向心收缩,但DOMS症状较向心收缩明显。同时,肌肉乳酸在运动后即刻增加,运动后24 h基本消失,而DOMS在运动后24 h更为明显,时间上是不一致的。这些研究说明,乳酸堆积并不是肌肉酸痛的原因。

2.肌肉损伤学说

目前,已经揭示的DOMS的原因有多种学说。其中,研究最为广泛的是"肌肉损伤学说"。肌肉损伤学说认为DOMS是由骨骼肌纤维损伤造成的。支持损伤学说的证据是大负荷运动后,骨骼肌纤维会发生超微结构改变。根据损伤学说,骨骼肌中某些酶,如肌酸激酶(creatine kinase, CK)和乳酸脱氢酶(lactate dehydrogenase, LDH)等,可因运动导致骨骼肌细胞膜的通透性增大而由细胞进入血液。因此,除了把骨骼肌超微结构变化作为骨骼肌直接损伤的证据外,血液中某些肌肉蛋白酶如肌酸激酶、乳酸脱氢酶等也通常作为肌肉损伤的间接指标。研究发现,150次离心性手臂屈伸后血液中的CK含量增加,也支持了这一学说。

3.急性炎症学说

该学说是由史密斯(D. Smith)和张向荣(M. Cheung)等在系统分析了延迟性肌肉酸痛和肌肉炎症反应,如肿胀、炎症因子浸润之间的关系之后提出的。该学说主要论点是:肌肉损伤后,骨骼肌多种蛋白水解酶降解损伤的蛋白质结构,可诱发单核细胞和中性细胞浸润到肌肉损伤部位。阿姆斯特朗(R. B. Armstrong)发现运动引起免疫反应、变性变化,且离心运动(下坡跑)比向心运动(水平跑或上坡跑)明显得多。库伊珀斯(J. M. Kuypers)等发现运动后即刻2 h,大鼠比目鱼肌的中性粒细胞浸润增多。施万(M. I. Schwarz)等发现,运动后外周白细胞的数量增多。这些研究均表明,急性炎症的产生也是DOMS的重要原因。

4.骨骼肌蛋白降解学说

该学说是由王瑞元教授等人提出,该学说认为运动可以导致骨骼肌收缩蛋白和骨架蛋白降解,最终导致骨骼肌骨架解体。弗里登(Friden)等发现运动导致肌间蛋白断裂,提示细胞骨架蛋白的破坏是导致超微结构变化的重要原因。利伯(Lieber)等发现,离心运动30 min后,结蛋白损失最早在运动后5 min或15 min发生,24 h最为显著。另外,大量研究表明,大负荷运动会导致骨骼肌收缩蛋白,如肌球蛋白、肌动蛋白,以及骨架蛋白,如结蛋白、肌联蛋白、伴肌动蛋白等降解或解聚过程加强而合成过程降低。

根据这一学说,读者可以思考一下为什么剧烈运动后,特别是离心收缩时,肌肉容易发生DOMS。首先,什么是离心收缩?离心收缩是指肌肉在收缩产生张力的同时被拉长的收缩,如肱二头肌弯举时,肱二头肌在收缩的同时被拉长。肌肉最大收缩时产生张力的大小取决于肌肉收缩的类型和收缩速度。同一块肌肉,在收缩速度相同的情况下,离心收缩产生的力量比向心收缩大50%左右,比等长收缩大25%左右。肌肉离心收缩时所消耗的能量低于向心收缩,其耗氧量也低于向心收缩。另外是代谢的原因。肌肉离心收缩时，其他与代谢有关的生理指标的反应（如心率、心输出量、肺通气量、肺换气效率、肌肉的血流量和肌肉温度等）均低于向心收缩。肌肉做退让工作时容易引起肌肉酸痛和损伤。肌肥大负荷离心收缩引起肌肉酸痛和肌纤维超微结构改变，以及收缩蛋白代谢的变化最显著，等长收缩次之，向心收缩最低。

此外，由于肌肉收缩时肌小节长度可有 1% 的变化，肌肉收缩时，肌节间的运动速度就不一致。根据卡茨（Katz）速度-力量关系曲线，在向心收缩时，相邻的肌节间所受到的张力差异只有最大张力的 1%～2%，而在离心收缩时的差异可达 50%，甚至超过肌节所能承受的最大张力值。离心收缩时这些负荷加在 Z 盘上，就造成了 Z 盘的流变，使 Z 盘的结构遭到破坏。

5.肌肉痉挛学说

“肌肉痉挛学说”也是 DOMS 的重要学说。德弗里斯（De Vries）根据骨骼肌大负荷运动后，肌肉激活程度仍在加强，因而推测运动会导致运动肌局部发生痉挛，并提出了该学说。肌纤维中的微血管因肌纤维痉挛而受到挤压以致局部肌肉缺血，导致 P 物质等酸痛物质积累，这又反过来进一步刺激疼痛神经末梢，反射性地加剧了肌肉痉挛和局部缺血，进而形成恶性循环，最后导致 DOMS。但该学说一直存有争议，有研究发现，肌肉酸痛时，肌电图并没有显著变化。也有研究发现，肌肉疼痛时，肌电图显示肌肉活动增加，但其变化大小和疼痛感之间无任何关系。因此，肌肉痉挛到底是不是产生 DOMS 的原因还需进一步研究。

6.钙离子损伤学说

（1）胞外 Ca^{2+} 内流：由于机械性牵拉，或造成膜损伤，或是牵拉细胞膜上的敏感性钙通道，使细胞外 Ca^{2+} 顺浓度差进入细胞内。

（2）胞内 Ca^{2+} 代谢异常：运动影响调节 Ca^{2+} 的主要细胞器，如肌浆网（sarcoplasmic reticulum，SR）和线粒体，从而影响 Ca^{2+} 代谢。

（3）肌浆网摄取和释放 Ca^{2+} 能力下降：肌浆网膜 Ca^{2+}-ATP 酶活性下降，降低 SR Ca^{2+} 转运能力，同时造成骨骼肌 SR 终池和纵管系统肿胀，运动后 SR 的功能和形态学变化，将导致 SR 调节 Ca^{2+} 能力下降，使胞浆 Ca^{2+} 浓度上升，通过多种途径造成肌肉收缩蛋白成分降解。

（4）线粒体 Ca^{2+} 超载：当细胞内 Ca^{2+} 浓度增加时，线粒体主动摄取 Ca^{2+}，以缓解胞浆 Ca^{2+} 的过度增加，从而导致线粒体 Ca^{2+} 聚积，影响线粒体本身的氧化磷酸化过程，ATP 生成减少。

DOMS 的发生机制除了以上学说之外，目前还有自由基损伤学说、代谢失调学说、肌肉温度上升学说、收缩/弹性成分张力学说、缺血再灌注学说等。

（二）延迟性肌肉酸痛的预防和治疗

目前大量的研究已经证实，在运动前以及运动后进行热疗是一种预防 DOMS 的重要方法。研究表明，热休克蛋白对运动造成的损伤具有一定的保护作用。在运动前 24 h 对受试者进行热疗预处理，可增加肌肉中的热休克蛋白浓度，从而起到缓解 DOMS 的作用。运动后对肌肉进行热敷可加快血液流动速度，进而加快炎性因子的清除。另外，静力牵张也是改善 DOMS 的重要方法，也就是大家熟悉的准备活动和整理活动。研究发现，在大负荷运动后，对参加运动的相关肌肉进行牵拉，可以使损伤后的粘连组织分离，并提高局部肌肉组织温度，改善血液循环，以加速代谢物的排除。牵拉可以引起内啡肽等物质释放，值得注意的是，内啡肽、亮氨酸脑啡肽和蛋氨酸脑啡肽的止痛作用较吗啡明显。再就是物理疗法，有研究人员对大负荷运动后的骨骼肌进行针刺后发现，与对照组相比，针刺 24 h 后，骨骼肌的微细结构恢复正常。按摩产生的机械压力可使血流加快、肌肉张力减少和神经兴奋性改变。另外，2017 年，有学者在《体育科学》上发表的研究也证实，肌内效贴贴扎也可减轻 DOMS 后的肌肉酸痛，并对肌力恢复具有一定的作用。

案例拓展

（一）案例背景

随着中国人口老龄化进程的持续深化，骨骼肌健康的维护，尤其是对抗肌少症，已成为保障中老年群体独立生活能力和生活质量的核心议题。流行病学研究表明，我国 60 岁及以上人群肌少症的患病率为 10%～30%，且呈现随年龄急剧上升的趋势，80 岁以上高龄人群患病率可能高达 50%～60%。值得注意的是，肌少症患病率存在性别差异，老年男性的整体发病率通常高于老年女性。骨骼肌作为人体运动系统的动力来源和至关重要的代谢器官与内分泌组织，其质量的进行性下降与功能的显著衰退（肌少症的核心特征），不仅导致身体活动能力减弱、步速减慢、易疲劳，更会引发一系列严重后果。在这一背景下，深入探究运动干预对骨骼肌的结构维持、功能增强（包括力量、耐力、爆发力）及分子代谢通路激活的具体效应，特别是如何通过精准化、个体化的科学运动策略有效预防、延缓甚至逆转肌少症的发生发展，具有迫切的现实意义和重大的健康战略价值。

（二）案例警示：肌少症的系统性危害与早期、主动干预的极端紧迫性

肌少症绝非简单的“人老力衰”，其后果是系统性的、渐进式的，并最终导致功能依赖和生活质量下降。肌肉量与力量作为维持日常基本生活活动（如行走、上下楼梯）和工具性日常活动能力（如购物、做饭）的基石，其衰退直接导致爬楼梯、从椅子上起身、提物等基本动作日益困难，这是老年期丧失独立生活能力、陷入依赖状态的最主要的生理因素。同时，下肢肌肉力量作为动态稳定的根基一旦削弱，将大幅削弱姿势控制、步态平衡和应激反应能力，致使跌倒风险急剧攀升；而跌倒发生时，肌肉对骨关节的保护作用减弱，加之常伴随的骨质疏松，共同导致了如髋部骨折等高致残、致死性骨折的发生率飙升（髋部骨折后一年内死亡率可达 20%以上）。肌少症的影响远不止于行动不便和跌倒风险，骨骼肌作为体内最大的糖脂代谢“工厂”，其体量减少会显著降低基础代谢率，损害胰岛素敏感性及脂质处理能力，从而显著提高胰岛素抵抗、2 型糖尿病、血脂异常及向心性肥胖（形成“少肌性肥胖”）的风险，

进一步加剧多病共存的慢性病负担。此外，肌少症状态还与慢性低度炎症相关，骨骼肌分泌多种参与免疫调控的肌细胞因子，其功能受损，导致机体抵抗力下降，感染易感性增高，伤口愈合延迟，以及对手术、创伤等应激事件的耐受能力和术后康复潜力显著降低。大量研究已证实，肌少症本身是一个独立于其他慢性病的强效预测因子，显著增加全因死亡率和心血管疾病死亡率。最终，个体失能引发生活质量断崖式下跌、尊严感丧失和社交退缩，乃至抑郁焦虑，给家庭带来沉重的长期照护压力与经济负担（涉及护理费用、辅助设备购置及额外医疗支出）；而在社会层面，与肌少症相关的失能浪潮将直接导致医疗卫生服务需求剧增、长期护理保险支付压力陡增和社会整体抚养成本持续上升，构成严峻的多重挑战。所有这些相互关联、步步深入的危害，深刻揭示了对抗肌少症的极端紧迫性，以及实施早期、主动、科学干预（特别是以运动为核心）的绝对必要性。

结语：加强科研与宣传，共筑健康防线

作为未来的科研人员和教育者，我们承担着推动运动生理学发展、提高公众健康意识的重要使命。面对骨质疏松症这一严峻的健康挑战，我们应积极投身科研工作，深入探索运动对肌肉功能和骨骼健康的影响机制，为制定更有效的预防和治疗策略提供科学依据。

第三节　运动对心血管功能的“双重”影响

心血管系统作为生命活动的支撑网络，以其复杂而精妙的结构和功能，维持着我们的生命活力。心脏作为这一系统的核心动力源，与血管、血液共同协作，确保了氧气和营养物质的输送，以及代谢废物的排出。从心脏的解剖结构到其精密的泵血机制，从血管的分布与类型到血液的组成与循环路径，每一个细节都承载着生命的奥秘。然而，运动并非总是心血管系统的福音。随着研究的深入，研究发现运动对心血管系统的影响具有双重性。一方面，适量的运动能够显著提升心血管功能，表现为心率适宜加快、心输出量增加、血压得到有效控制，以及血管弹性的增强。这些变化不仅提高了我们的运动能力，更为我们的长期健康提供了有力保障。另一方面，过度的运动或不当的运动方式也可能对心血管系统产生潜在的负面影响，如运动性心脏肥大等病理性变化，甚至导致运动猝死。

一、心血管系统基本结构和功能

心血管系统是人体最重要的系统之一，负责将氧气、营养物质以及激素等输送到全身各个组织，同时将代谢废物和二氧化碳等排出体外。它由心脏、血管和血液三部分组

成，这三部分相互协作，共同维持着人体的生命活动。

（一）心脏的结构和功能

心脏是一个肌肉泵，位于胸腔中部偏左的位置，稍大于个人的拳头。它分为四个腔室：左心房、左心室、右心房和右心室。心脏的四个腔室通过四个瓣膜——二尖瓣、三尖瓣、主动脉瓣和肺动脉瓣相互连接，确保血液在心脏内单向流动。左心房接收肺静脉回流的血液，左心室则通过主动脉将这些富含氧气的血液输送到全身各个组织。右心房接收来自上腔静脉和下腔静脉的血液，这些血液在右心室内通过肺动脉泵入肺部进行氧合。心脏的收缩和舒张是通过心肌细胞的电活动实现的。心肌细胞具有自动节律性，可以产生电信号，这些信号沿着心肌细胞传播，导致心肌细胞的收缩和舒张，从而推动血液的流动。

（二）血管的结构和功能

血管是血液流动的管道，它们将心脏与全身各个组织连接起来。血管分为动脉、静脉和毛细血管三种类型。动脉负责将血液从心脏输送到全身各个组织。它们具有较高的弹性和韧性，能够承受血液流动时产生的压力。动脉的管壁由内膜、中膜和外膜组成。内膜光滑，有助于血液的顺畅流动；中膜富含弹性纤维和平滑肌细胞，可以调节血管的直径；外膜则与周围组织相连，为血管提供支撑。静脉负责将血液从全身各个组织回流到心脏。它们的管壁较薄，弹性较差，但具有较多的静脉瓣，可以防止血液逆流。静脉的管壁也由三层组成，但与中动脉相比，它们的中膜较薄，平滑肌细胞较少。毛细血管是连接动脉和静脉的微小血管。它们的管壁非常薄，仅由一层内皮细胞组成，这使得血液与组织细胞之间的物质交换变得非常容易。毛细血管的数量众多，遍布全身各个组织，为细胞提供必要的氧气和营养物质，同时带走代谢废物和二氧化碳。

（三）血液的成分和功能

血液是心血管系统中流动的液体，由血浆和血细胞两部分组成。血浆是血液的液体部分，约占血液总量的55%。它含有水、无机盐、蛋白质、激素等物质，为血细胞提供营养和运输环境。血浆中的蛋白质包括白蛋白、球蛋白和纤维蛋白等，它们具有维持血浆渗透压、运输物质、免疫防御等功能。血细胞包括红细胞、白细胞和血小板。红细胞富含血红蛋白，可以携带氧气和二氧化碳；白细胞是免疫系统的组成部分，可以吞噬和消化病原体；血小板则参与凝血过程，防止血液过度流失。

心脏、血管和血液共同构成了心血管系统，它们之间的相互作用维持着人体的生命活动。心脏的收缩和舒张推动血液的流动，血管则调节血流量和血压，确保血液能够顺利地输送到全身各个组织。血液为细胞提供必要的氧气和营养物质，同时带走代谢废物和二氧化碳。这种相互作用是心血管系统能够正常工作的基础。

二、运动对心血管系统的影响

运动是保持心血管系统健康的重要因素之一。适量的运动可以增强心肌收缩力、提高血管弹性、改善血液循环等，对心血管系统产生积极影响。然而，过度或不适当的运动也可能对心血管系统产生负面影响（图 1-3-1）。因此，了解运动对心血管系统的双重影响对于指导运动实践具有重要意义。

(一)运动对心血管系统的积极影响

增强心肌收缩力:适量的运动可以增强心肌细胞的代谢和增殖能力,使心肌收缩力增强。这有助于提高心脏的泵血功能,使心脏在安静时能够以较低的频率和较小的搏出量维持正常的血液循环。

提高血管弹性:运动可以促进血管内皮细胞的增殖和代谢,增强血管壁的弹性和韧性。这有助于防止血管硬化和高血压等心血管疾病的发生。

改善血液循环:运动可以促进血液循环,加快血液流动速度,减少血液在血管内的滞留时间。这有助于降低血液黏稠度,防止血栓形成。

降低心血管疾病风险:适量的运动可以降低血压、血糖和血脂等心血管疾病的危险因素,减少心血管疾病的发生风险。

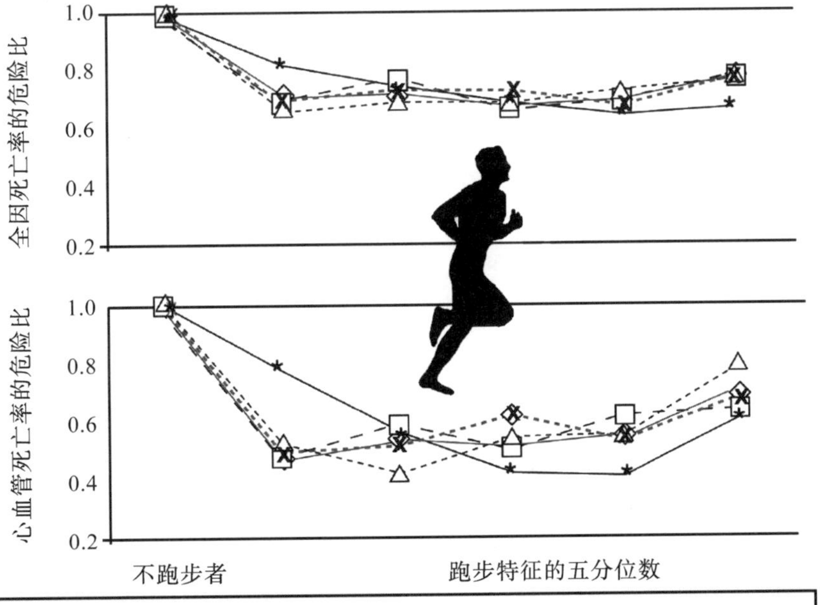

—◇— 时间（分/周）	0	<51	51～80	81～119	120～175	≥176
-□- 距离（英里/周）	0	<6	6～8	9～12	13～19	≥20
---△-- 频率（次/周）	0	1～2	3	4	5	≥6
--✱--- 总量（MET-分/周）	0	<506	506～812	813～1199	1200～1839	≥1840
—✱— 速度（英里/时）	0	<6.0	6.0～6.6	6.7～7.0	7.1～7.5	≥7.6

图 1-3-1　按跑步特征(每周跑步时间、距离、频率、总量和速度)划分的全因死亡率和心血管死亡率的危险比[8]

注:1 英里≈1609 米。

(二)运动对心血管系统的潜在负面影响

心律失常:过度或不适当的运动可能导致心律失常,如心动过速、心动过缓或心律不齐等。这些心律失常可能会影响心脏的正常泵血功能,甚至导致猝死。

心肌损伤:长时间、高强度的运动可能导致心肌细胞损伤或坏死。这可能是由于心肌细胞在运动中过度消耗能量,产生过多的自由基或受到炎症等因素的损害。

血压升高:虽然适量的运动可以降低血压,但过度或不适当的运动可能导致血压升高。这可能是由运动时交感神经过度兴奋、血管收缩或血液重新分配等因素导致的。

血管壁损伤:过度或不适当的运动可能导致血管壁损伤,如血管内膜撕裂、血管壁炎症等。这些损伤可能会影响血管的正常功能,甚至导致心血管疾病的发生。

(三)运动对心血管系统影响的分子机制

运动对心血管系统的影响涉及多个分子机制,包括心肌细胞的增殖和代谢、血管平滑肌细胞的增殖和凋亡、血液成分和血流动力学参数的改变等。

心肌细胞的增殖和代谢:运动可以促进心肌细胞的增殖和代谢,增加心肌细胞的数量和活性。这有助于增强心肌收缩力和提高心脏的泵血功能。

血管平滑肌细胞的增殖和凋亡:运动可以调节血管平滑肌细胞的增殖和凋亡,使血管壁保持适当的厚度和弹性。这有助于防止血管硬化和高血压等心血管疾病的发生。

血液成分和血流动力学参数的改变:运动可以改变血液成分和血流动力学参数,如红细胞数量、血小板功能和血流速度等。这些改变有助于改善血液循环和降低患心血管疾病的风险。

三、运动员心脏

(一)运动性心脏肥大的机制

目前,研究已经揭示了运动性心脏肥大的多种机制(图 1-3-2)。研究表明,运动训练诱导心脏肥大与瘦素及胰岛素介导的相关通路有关。瘦素及胰岛素介导的信号通路最终都通过激活 ROCK 蛋白发挥作用。另外,有研究表明,胰岛素信号通路 PI3K/AKT/mTOR 信号通路是否激活是区分生理性和病理性心脏肥大的重要指标。

除了运动性心脏肥大之外,长期的运动训练也会促使运动员出现运动性心脏徐缓。具备运动员心脏者普遍出现安静心率明显低于正常值的现象,称为运动性心脏徐缓。

在优秀耐力性运动员中,心率常降到 40～50 次/分,最低者竟达 21 次/分。运动性心动徐缓的原因主要是安静状态下迷走神经紧张性相对增高。运动员心脏在安静时虽然心率降低,但由于心脏肥大而表现出较高的搏出量,因此安静状态下的心输出量与普通心脏无明显差异。安静状态下,运动员心脏以较低的心率和较大的每搏输出量保证供血,以较小的能量消耗保证了同样的供血量。在规定的时间内完成定量运动负荷时,运动员心脏较普通心脏泵血功能变化幅度小。无论是运动性心脏肥大,还是运动性心动徐缓都表明,长期的运动训练可以促使心血管功能产生适应性变化。

其实,除了运动员,在正常人群中,长期的运动锻炼也可以对心血管功能产生影响,而这些有益影响可以起到预防和改善心血管疾病的重要作用。《循环研究》(Circulation Research)杂志发表一篇文章综述了当前研究已经揭示的运动改善心血管疾病的相关分子机制,这些机制涉及中枢系统和外周系统的相关变化,主要包括维持或增加心肌氧的供应、减少心肌工作的耗氧量、心肌收缩力增强、增加毛细血管数量、改善末梢循环、增强骨骼肌功能；并且研究还发现，长期的运动训练可以降低低密度脂蛋白胆固醇、升高高密度脂蛋白胆固醇、增加胰岛素敏感性、降低血糖。此外，除了生理性的良性变化之外，研究也发现，长期的运动干预可以改善年轻人和老年人冠心病患者的不良心理应激改变。

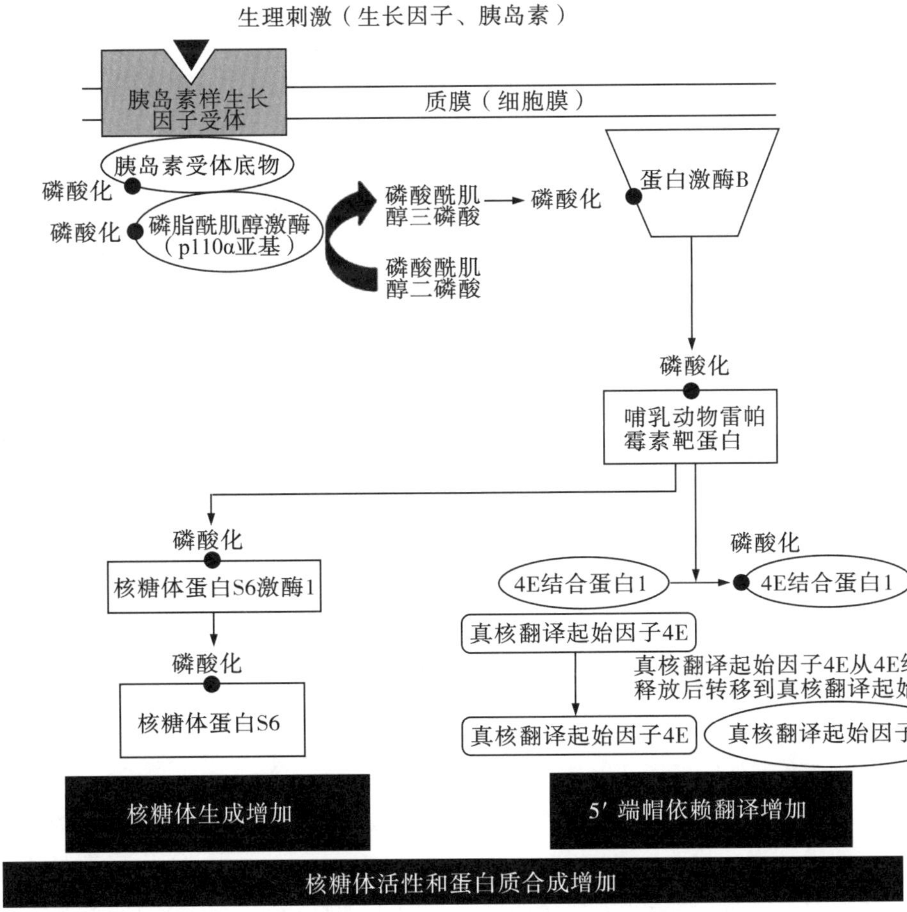

图 1-3-2　运动性心脏肥大的生理学机制[9]

（二）运动性猝死

尽管运动对心血管功能有很多益处，但运动也有风险，健身需要谨慎。运动风险是指运动对人的健康、生存与发展所带来的不确定性。运动性猝死是频发的运动风险。近年来最引人瞩目的就是埃里克森在足球比赛中心脏骤停，但被救回，避免了运动性猝死的发生。另一个易发生运动风险的就是冠心病患者，虽然长期运动干预可以改善冠心病，但冠心病也是产生运动风险的重要因素。运动性猝死是指有或无症状的运动员或进行体育锻炼的人在运动过程中或运动后 24 h 内发生意外死亡。研究表明，35 岁以上者的诱发因素主要是冠心病，35 岁以下者的诱发因素主要是先天性心血管异常（马方综合征）、心肌病理性肥厚、冠状动脉畸形等。有研究对参加医学健康研究的 21481 人做了有关运动期间发生猝死危险的评估，经过 12 年的跟踪发现有 122 人死亡，其中有 23 人是死于大运动量活动时或是运动后 30min 内，表明在运动中和运动后即刻死亡的危险性要比安静时高 16 倍。另外，运动猝死发生比例最高的项目是跑步，占 33.98%；其次是足球，占 10.68%；再次是篮球，占 8.74%。冠心病是运动性猝死的重要危险因素。冠心病是由冠状动脉粥样硬化引起的缺血性心脏病。运动中动脉扭曲、斑块脱落、脱水、血栓形成、斑块下出血均成为心肌缺血、梗死的主要原因。明确诊断为冠心病的患者在较大强度[60%～84%储备心率（heart rate reserve，HRR），或 77%～93%最大心率（maximun heart rate，HR_{max}）]运动时发生心血管风险概率增加 100 倍。对于学习运动生理学的同学来说，在进行生理学实验时，要注意对招募的实验人员进行相关医学检查，这非常重要！

适量的运动可以增强心肌收缩力、提高血管弹性、改善血液循环等，对心血管系统产生积极影响。然而，过度或不适当的运动也可能对心血管系统产生负面影响。因此，了解运动对心血管系统的双重影响对于指导运动实践具有重要意义。在未来的研究中，我们需要进一步探讨运动对心血管系统影响的分子机制，为制定更加科学的运动处方提供理论依据。

案例拓展

（一）案例背景：某知名足球运动员猝死事件

在绿茵场上，运动员们以矫健的身姿和精湛的球技赢得了无数掌声与喝彩。然而，在这荣耀的背后，却隐藏着不可忽视的健康风险。某知名足球运动员在比赛中突发心脏病，经抢救无效不幸离世，这一事件震惊了全球足坛，也让人们再次关注到运动员的心血管健康问题。

（二）案例警示

1.运动对心血管健康的积极影响

运动作为增强体质、提升健康水平的重要手段，对心血管系统具有显著的积极影响。适量的运动能够增强心脏功能，提高心肌收缩力和心输出量，从而满足机体对氧和营养物质的需求。此外，运动还能改善血管的弹性，促进血液循环，降低血压和血脂，减少患心血管疾病的风险。

对于足球运动员而言，高强度的训练和比赛虽然带来了极大的身心压力，但同时也锻炼了他们的心血管系统。长期的科学训练能够提升运动员的心肺功能，改善他们的运动耐力和竞技表现。然而，这并不意味着运动员可以无限制地挑战身体极限，忽视健康风险。

2.猝死事件背后的健康警示

该知名足球运动员的猝死事件，无疑给人们敲响了警钟。尽管运动对心血管健康具有积极影响，但过度运动和不当的锻炼方式也可能带来严重的后果。运动员在追求竞技成绩的同时，必须关注个人健康，合理安排训练和休息时间，避免过度疲劳和压力过大。

此外，运动员的饮食和营养摄入也至关重要。合理的膳食搭配能够为身体提供充足的能量和营养，支持运动员在高强度训练和比赛中保持良好的状态。然而，不合理的饮食习惯，如暴饮暴食、过度节食或摄入过多的高热量、高脂肪食物，都可能对心血管健康造成负面影响。

3.倡导科学锻炼和合理膳食

为了避免类似悲剧的再次发生，我们必须倡导科学锻炼和合理膳食的健康生活方式。

科学锻炼：运动应该根据个人身体状况和需求，在合适的时间、地点和方式下进行。运动员应该制订科学的训练计划，合理安排训练和休息时间，避免过度疲劳和压力过大。同时，要定期进行身体检查，及时发现并处理潜在的健康问题。

合理膳食：饮食是维持身体健康的重要基础。运动员应该注重膳食的营养均衡，摄入足够的蛋白质、糖类、脂肪、维生素和矿物质等营养素。同时，还要避免过度摄入高热量、高脂肪和高糖分的食物，以免对心血管健康造成不良影响。

结　语

运动对心血管功能的双重影响，既是对生理机制的深刻揭示，也是对健康观念的深刻反思。我们应该以该知名足球运动员的猝死事件为鉴，倡导科学锻炼和合理膳食的健康生活方式，关注身心健康，培养健康意识和责任感。只有这样，我们才能为社会的健康发展贡献更多的力量。

第四节　运动对心肺机能的影响

运动对心肺功能的影响是运动生理学的核心议题之一。心肺功能即心血管系统和呼吸系统的功能，是身体摄取、运输和利用氧气的关键。通过运动，心肺系统能够发生适应性变化，从而提高氧气输送和利用效率，进而增强身体耐力和运动表现(图 1-4-1)。本章将深入探讨肺部、血液和血管系统向细胞输送氧气的机制，以及训练如何帮助身体使用更多氧气的机制。

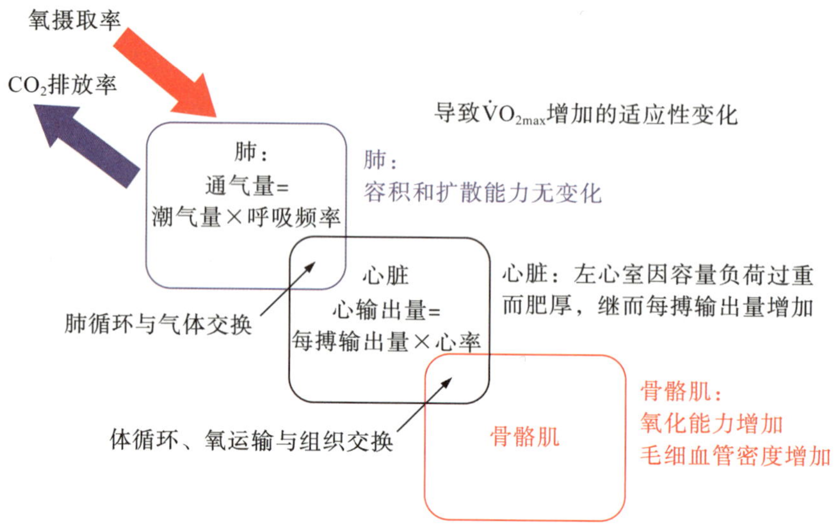

图 1-4-1　运动训练的适应性变化：增加最大摄氧量[10]

一、肺部向血液输送氧气的机制

（一）呼吸过程与肺通气

呼吸是生命的基本过程，通过肺通气实现外界与肺泡之间的气体交换。吸气时，肋间外肌和膈肌收缩，胸廓扩大，肺容积增大，外界空气被吸入肺泡；呼气时，肋间外肌和膈肌舒张，胸廓缩小，肺容积减小，肺泡内气体被排出体外。这种呼吸运动是肺通气的基础。

（二）氧气在肺泡中的扩散

氧气从肺泡进入血液是气体扩散过程，由浓度差决定。肺泡中的氧气浓度高于血液中的氧气浓度，因此氧气会顺浓度梯度从肺泡扩散到血液中。这一过程中，肺泡壁和毛细血管壁的单层细胞结构有利于氧气的快速扩散。

（三）氧气与血红蛋白的结合

溶解在血液中的氧气大部分会与红细胞内的血红蛋白结合，形成 HbO_2，这是氧气在血液中运输的主要方式。HbO_2 的形成大大提高了氧气的运输效率。

二、血液和血管系统向细胞输送氧气的机制

（一）血液循环与氧气运输

心脏通过不停地搏动推动血液在心血管系统中循环往复地流动。左心室射出的富含氧气的血液经主动脉及各级分支流入全身毛细血管，供给细胞氧气，并运走二氧化碳。这一过程实现了氧气从心脏到细胞的输送。

（二）毛细血管与组织细胞的氧气交换

毛细血管壁极薄，仅由单层内皮细胞构成，有利于氧气和营养物质的快速交换。在毛细血管处，氧气从红细胞中释放出来，通过自由扩散的方式进入组织细胞。这一过程中，氧气需要穿过肺泡壁、毛细血管壁、红细胞膜以及组织细胞膜等多层膜结构。

三、氧气进入肌肉的机制

氧气进入肌肉主要通过两个环节：肺换气和组织换气。肺换气是指在肺循环中，当来自肺动脉的静脉血液流经肺泡毛细血管时，由于肺泡气中 PO_2 高于静脉血中 PO_2，而肺泡气中 PCO_2 低于静脉血中的 PCO_2，O_2 由肺泡扩散入血液，CO_2 则由血液向肺泡扩散，由此完成肺换气，从而使含 O_2 较少、含 CO_2 较多的静脉血，转变为含 O_2 较多、含 CO_2 较少的动脉血。组织换气是指在组织中，当体循环的动脉血流经组织毛细血管时，由于动脉血的 PO_2 高于组织中的 PO_2，PCO_2 低于组织中的 PCO_2，O_2 从血液中向组织细胞扩散，CO_2 则由组织细胞向血液扩散，由此形成了组织换气。因此，在运动时，血液中 PCO_2 升高，pH 值降低，体温升高，红细胞的糖酵解产物 2,3-二磷酸甘油酸增多，因此当含氧血液到达肌细胞时，氧分子和血红蛋白解离，以促使更多的氧分子扩散进入肌肉。

四、运动锻炼对心肺功能的影响

大量的研究已经表明，长期的运动训练可以引起心肺功能或有氧能力的提高。这主要表现于心肺系统的良好适应：最大和次最大肺通气量（通过肺部的空气量）增加、心脏流向肺部的血液增加、流向肺上部的血液增加、左心室的体积增加、每搏输出量增加、心输出量增加。另一个是肌肉血液流动的改善：血容量增加、肌肉小动脉生成增多、毛细血管生成增加、动员毛细血管能力增加、可将血液更有效地分配到活跃的肌细胞、可将血液能够从活动较少的组织重新分配到肌肉组织中。正因为长期运动训练具有以上的良好适应性改变，所以运动训练被列为改善慢性阻塞性肺疾病（chronic obstructive pulmonary disease，COPD）的重要机制（图1-4-2）。慢性阻塞性肺疾病又称慢阻肺，是以气流受限且不完全可逆为特征的疾病，气流受限通常是进行性发展，并伴有肺对有害颗粒或气体的异常炎症反应。它是一种可以预防和治疗的疾病。患者可有咳嗽、活动时气促等症状。多于中年时起病，病情缓慢进展。可以根据以下问题进行判断：您是否经常咳嗽？您是否经常有痰？您是否比同龄人更容易感觉气短？您的年龄是否大于四十岁？您现在是否吸烟或您是否曾经经常吸烟？如果您有 3 个或 3 个以上问题回答“是”，请咨询医生是否患有 COPD。大量研究已经表明，有氧运动、抗阻运动、上肢和平衡训练，以及练瑜伽、打太极、吸气肌训练、全身振动训练和神经-肌肉电刺激均可以作为改善 COPD 的重要手段。

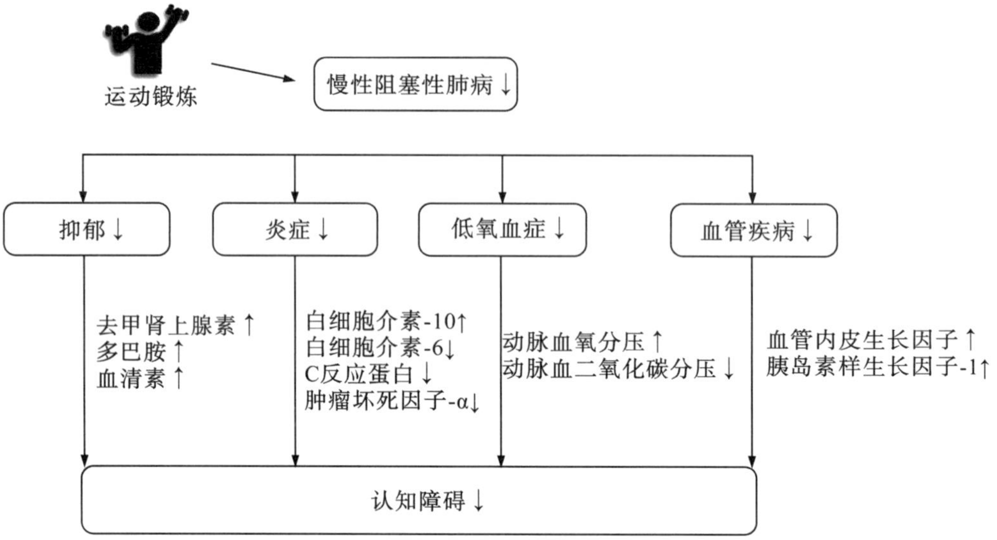

图 1-4-2　运动训练改善 COPD 的机制[11]

运动训练除了对心肺功能有影响外，对红细胞也可以产生诸多影响。红细胞的作用是运输氧气和二氧化碳、缓冲血液的酸碱度。血红蛋白（hemoglobin，Hb）是红细胞内的主要成分，是一种结合蛋白质。每一分子血红蛋白由一分子的珠蛋白和四分子亚铁血红素组成，珠蛋白约占 96%，血红素约占 4%。血红蛋白中的亚铁（Fe^{2+}）在肺泡氧分压高时，易与氧结合，生成 HbO_2，这种现象称氧合作用。在组织内氧分压低时，与氧容易分离，把氧释放出来，供细胞代谢之需要，这种现象称为氧离作用。研究表明，运动后即刻观察到红细胞数目增多，这主要是由血液重新分布的变化所引起。运动后 1～2 h 恢复正常值。此外，大量研究表明，运动员红细胞总量较一般人有明显增加。有研究表明，耐力训练可使人体总血量增加 8%，但更多的是增加血浆容量，而红细胞容量增加相对较少。然而，经过长时间、系统的运动训练，尤其是耐力训练的运动员在安静时，其红细胞数量甚至有可能低于正常值，这种现象可被诊断为运动性贫血。

正常情况下，我国成年男性血红蛋白浓度为 120～160 g/L，成年女性为 110～150 g/L。虽然血红蛋白含量存在个体差异，但是一般男运动员血红蛋白不得超过 170 g/L，女运动员不得超过 160 g/L。血红蛋白过高或过低都会影响运动员的运动能力。血红蛋白低于正常值，即出现贫血，氧和营养物质供给不足，必然导致工作能力下降。血红蛋白值过高时，血液中的红细胞数量和压积也必然增多，血流的黏滞性增大，造成血流阻力增加和心脏负担加重，使血液动力学改变，引起一系列的不适应。

五、运动员血液

1979 年，日本学者吉村寿人等首先提出了“运动员血液”的概念。运动员血液是指经过良好训练的运动员，由于运动训练，其血液的性状发生了一系列适应性变化，如纤维蛋白溶解作用增加、血容量增加、红细胞变形能力增加、血黏度下降等，这种变化在运动训练停止后是可以恢复的。具有这种特征的血液称为运动员血液。

运动员血液具有以下特征：

①纤维蛋白溶解作用增加：经常性地运动训练可抗血栓的形成。

②血容量增加：血容量增加有助于增大运动时的心输出量，对于提高有氧耐力意义重大。“血液回输法”已作为“血液兴奋剂”被禁用。

③红细胞变形能力增加：红细胞变形能力增加和血液稀释使红细胞压积减少，这两个因素可以使血液黏度下降，从而改善血液流动性。

④血黏度下降：运动员血液黏滞性下降，血容量增多，这些因素有利于减少血流阻力，加快血流速度，使营养物质、激素等运输，以及代谢物的排除更为迅速，也有利于体温调节和大强度运动时散热，使足够多的血液流向皮肤。

案例拓展

（一）案例背景

COPD 作为一个重要的呼吸系统疾病案例，为我们深入理解运动干预在呼吸系统疾病中的作用提供了契机。慢阻肺是一种影响全球数亿人口的慢性疾病，其主要特征是持续的呼吸道症状和气流受限，通常由长期吸烟、职业暴露于有害气体或颗粒物等因素引起。随着病情进展，患者可能出现呼吸困难、咳嗽、咳痰等症状，生活质量显著下降，甚至导致死亡。运动作为非药物治疗手段之一，近年来在慢阻肺的康复治疗中展现出显著效果。适量的运动不仅能改善患者的呼吸功能，提高运动耐力和生活质量，还能减少急性加重次数，降低医疗成本。运动通过增强呼吸肌力量、优化肺通气和换气功能、促进心肺适应性等多种机制，对慢阻肺产生积极影响。然而，如何在保证安全的前提下，科学合理地设计运动方案，最大化运动效益，同时关注患者的心理健康和社会支持，是当前研究的重要方向。

（二）案例警示：运动干预的复杂性与科研伦理的挑战

尽管运动对慢阻肺的改善作用已得到广泛认可，但在实际操作中，仍面临诸多挑战。首先，慢阻肺患者的运动耐受性较低，如何平衡运动强度与安全性，避免运动诱发的不良反应，是制订个性化运动方案的关键。其次，运动干预的长期效果及其机制尚未完全明确，需要更多高质量的临床研究来验证和深化理解。此外，科研过程中如何确保患者的知情同意，保护其隐私和权益，避免过度医疗或误导性宣传，是科研伦理的重要考量。

近年来，一些研究因未能严格遵守科研诚信原则，导致数据造假、结果夸大等不端行为频发，严重损害了科研的公信力和患者的信任。这不仅阻碍了慢阻肺运动干预领域的健康发展，也违背了科研服务于人类健康福祉的初衷。因此，加强科研伦理教育，提高研究生的科研道德水平，确保研究过程的透明、公正和可靠，是当务之急。

结语：人文关怀与科研诚信并重，共筑慢阻肺康复之路

我们不仅要掌握运动预防和改善慢阻肺的作用及其机制的研究进展，更要关注呼吸系统疾病患者的健康状况，培养人文关怀精神。这意味着，我们要深入了解患者的生理、心理和社会需求，提供全面、个性化的康复指导，帮助他们在身体、心理和社会层面实现全面康复。

同时，我们要深刻认识到科研伦理的重要性，坚守科研诚信原则。在科研活动中，我们要秉持科学、严谨、诚实的态度，确保数据的真实性和结果的可靠性。我们要尊重患者的知情同意权，保护其隐私和权益，避免任何形式的伤害。此外，我们还要加强科研合作与交流，共享研究成果，推动慢阻肺运动干预领域的持续进步。

第五节 运动时的三大能源供应物质

人体需要七大类营养素：水、糖、脂质、蛋白质、核酸、无机盐、维生素。其中最重要的供能物质是糖、脂质、蛋白质。首先，我们了解一个非常关键的分子——三磷酸腺苷(adenosine triphophate，ATP)。ATP 是生命活动的直接能源物质。肌肉收缩时，横桥头部 ATP 酶激活，ATP 分解释放能量，横桥摆动，使细肌丝向肌节中央滑行，肌节收缩。另外，ATP 还可为离子转运提供能量。三大能源物质——糖、脂质、蛋白质，它们在体内氧化分解代谢途径各不相同，但又存在着许多共同之处，最终都要进入三羧酸循环产生 ATP(图 1-5-1)。

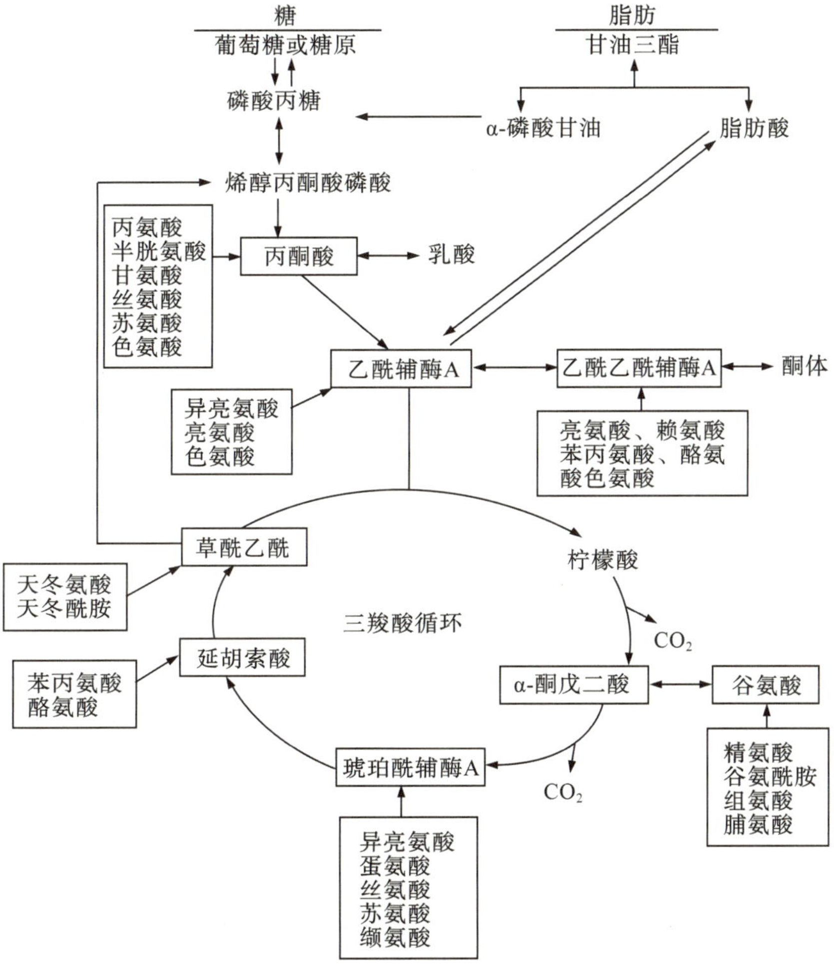

图 1-5-1　糖、脂肪、蛋白质分解代谢关系图[12]

一、糖

人体内的糖约占人体干重的 2%，按作用主要分为结合糖和游离糖。结合糖的生理作用是与其他物质结合参与人体成分的组成，如糖与脂质可结合形成糖脂，构成神经细胞和细胞膜的主要成分。

游离糖主要指溶于体液（如血液）中的单糖（如葡萄糖），是糖的运输形式。糖原（如肌糖原、肝糖原）是葡萄糖分子聚合形成的多糖，是糖在体内的储存形式。正常人体空腹血糖浓度为 4.4～6.6 mmol/L，总量约为 6 g。当血糖浓度降到约 3.3 mmol/L 以下时，就会引起头昏、恶心等低血糖症状。其主要原因是人体的脑中含糖原较少，总量不到 2 g。在耐力运动中，当血糖浓度降低时，便会出现运动性中枢疲劳。肌糖原约占体内糖原储备总量的 75%，为肌肉质量的 1%～2%，肌糖原含量为 1～1.5 g/100 g（以湿肌计），总量为 350～400 g。长期从事耐力训练的运动员机体中，肌糖原含量较高，可达2～

3 g/100 g(以湿肌计)。肝糖原可占肝重的 5%,约占体内糖原储备总量的 20%,总量为 75～100 g。糖代谢是人体获得能量的重要途径之一。其代谢底物主要有两种,一种是存在于各组织中的糖原,另一种是循环至各组织细胞的血糖。根据代谢时氧气的参与程度,糖代谢可分为无氧糖酵解和有氧氧化两类过程。糖在氧气供应不足情况下,经细胞液中一系列酶催化,最后生成乳酸的过程称为糖酵解(anaerobic glycolysis)。在正常生理条件下,糖酵解并不是大多数组织的代谢途径,但在氧气供应不足(如剧烈运动)时,糖酵解供能则具有重要的作用。葡萄糖或糖原在有氧条件下氧化分解,生成二氧化碳和水,同时释放出大量能量的过程称为糖的有氧氧化。糖酵解是在细胞质中进行,有氧氧化是在线粒体内进行。

在这里,我们了解一个对于三大能源物质非常重要的生化途径——三羧酸循环:在线粒体中,乙酰辅酶 A 先与草酰乙酸缩合成柠檬酸,再经过一系列酶促反应,最后生成草酰乙酸;接着再重复上述过程,形成一个连续、不可逆的循环反应,消耗的是乙酰辅酶 A,最终转化为 CO_2 和 H_2O。由于这个循环首先生成的是具有 3 个羧基的柠檬酸,故称为三羧酸循环(tricarboxylic acid cycle,TCA cycle)或柠檬酸循环。

那运动训练对糖代谢能产生哪些影响? 1～2 min 的短时间大强度运动,主要依赖肌糖原酵解供能,由于运动时间短,血糖浓度变化不大。4～10 min 的全力运动时,骨骼肌依赖糖的有氧和无氧代谢供能,由于肝脏输出葡萄糖的速率也增加,血糖浓度明显上升。5～30 min 的全力运动时,骨骼肌依赖糖的有氧氧化供能,消耗血糖的速率超过肝脏释放葡萄糖的速率,血糖浓度开始回落但仍高于安静水平。

1～2 h 的长时间运动疲劳时,肌糖原大量排空,骨骼肌利用血糖的速率显著增加,肝糖原也大量排空,血糖水平即使处在正常范围,也属于低限区。2～3 h 长时间运动之疲劳时,如果没有外源性葡萄糖补充,会出现低血糖。长期运动训练促使机体组织中的糖原增多。一般成人体内糖原总储量约为 500 g,而有良好训练的运动员体内的糖原可达 700 g。

二、脂质

脂质是指由脂肪酸和醇所形成的酯类及其衍生物,是化学组成和结构不同但功能和性质相似的一类有机化合物。根据化学结构及组成,脂质可分为脂肪和类脂两大类。脂肪即甘油三酯(triglyceride,TG),也称三酰甘油。类脂主要包括磷脂、糖脂和胆固醇等。脂肪的生理功能主要包括:①储脂功能;②提供必需脂肪酸;③促进脂溶性维生素吸收;④热垫作用;⑤保护垫作用;⑥构成血浆脂蛋白。而类脂的生理功能主要包括:①维持生物膜的结构和功能;②胆固醇可转变为类固醇激素、维生素、胆汁酸等;③构成血浆脂蛋白。脂肪酸是长时间运动的基本燃料。在有充足氧供给的情况下,脂肪酸在线粒体内一系列酶的催化下,逐步裂解生成乙酰辅酶 A,再经三羧酸循环完全氧化,生成 CO_2 和 H_2O,释放大量能量,因此脂肪酸是机体主要能量来源之一。肝和肌肉是进行脂肪酸氧化最活跃的组织,其最主要的氧化形式是 β-氧化。脂肪酸的 β-氧化代谢步骤:①脂肪酸活化;②脂酰辅酶 A 进入线粒体;③脂酰辅酶 A 的 β-氧化;④脂肪酸的完全氧化和 ATP 的生成。

研究表明，长时间的运动训练可以对脂质代谢产生影响。运动对血浆游离脂肪酸含量的影响：①在运动过程中，血浆游离脂肪酸(free fatty acid，FFA)的浓度升高。②进行长时间中等强度的运动时脂肪被大量动员，进入血浆的脂肪酸增多，血浆FFA/清蛋白的比值可以增加到3～4，大大超过清蛋白的运载能力。运动对血浆游离脂肪酸利用的影响：①安静时血浆游离脂肪酸利用。②动脉血FFA是安静肌的基本燃料，大约50%的血浆FFA在流经肌肉的过程中被吸收利用。③安静时骨骼肌的能量来源几乎全部依赖于FFA的有氧氧化。而运动时血浆游离脂肪酸利用：①短时间高强度运动时，血浆游离脂肪酸参与供能的意义不大。②超过20～30 min的长时间中等强度(60%～70% VO_{2max})运动时，血液中FFA持续而缓慢地升高，肌细胞摄取血浆FFA供能的比例增大。③耐力训练能引起骨骼肌中毛细血管密度增加，有利于脂肪酸的有氧氧化。

三、蛋白质

蛋白质的基本组成单位是氨基酸。必需氨基酸是指机体无法自身合成或合成的数量不足以满足机体需求，必须通过食物途径获得的一类氨基酸。人体内共有8种必需氨基酸：赖氨酸、缬氨酸、色氨酸、亮氨酸、异亮氨酸、蛋氨酸、苯丙氨酸和苏氨酸。

骨骼肌和肝脏是体内主要的“氨基酸代谢库”，而血浆中游离氨基酸的变化值则是观察骨骼肌与肝脏之间蛋白质参与代谢程度的重要“窗口”。通过这个“窗口”可以了解、推断人体在运动过程中机体蛋白质含量的改变状况，以及这种改变对运动能力的影响程度。体内80%的游离氨基酸存在于骨骼肌的“氨基酸代谢库”中。氨基酸代谢库的大小决定了氨基酸参与供能程度的大小。

肌肉中氨基酸主要是通过脱氨基作用生成的α-酮酸作为三羧酸循环的中间产物而发挥供能作用的。

在氨基酸代谢中，谷氨酰胺的代谢以及支链氨基酸的代谢与运动密切相关，这主要是因为谷氨酰胺的代谢以及支链氨基酸的代谢与运动疲劳密切相关。谷氨酰胺是NH_3的一个重要载体，也是NH_3在体内的一种安全存在形式。谷氨酸在谷氨酰胺合成酶的作用下与NH_3结合生成谷氨酰胺，这个过程主要发生在脑和肌肉等器官和组织中，并需要消耗ATP。运动导致能量需求增加，谷氨酰胺分解生成的谷氨酸可以作为能量的补充物，间接参与供能。外源性谷氨酰胺主要是指通过食物途径直接从体外摄取进入体内的谷氨酰胺。由于骨骼肌是体内谷氨酰胺合成与分解的主要部位，运动中及运动后，大量谷氨酰胺从肌肉中释放，目前认为谷氨酰胺持续下降是过度训练的指标之一。支链氨基酸是亮氨酸、异亮氨酸和缬氨酸的总称。缬氨酸是生糖氨基酸，亮氨酸是生酮氨基酸，异亮氨酸是生糖兼生酮氨基酸。支链氨基酸的代谢产物葡萄糖和酮体都是机体可以利用的能量物质。因此，支链氨基酸是长时间持续运动时参与供能的重要氨基酸。

长时间的运动训练同样可以对蛋白质代谢产生影响。力量训练对蛋白质代谢的适应性影响：力量训练可以增进蛋白质的合成代谢，使肌肉肥大，加快损伤后肌纤维的修复。耐力训练对蛋白质代谢的适应性影响：耐力训练使骨骼肌线粒体数目增多，酶代谢活性增强,提高了氧化蛋白质的能力。

案例拓展

（一）案例背景

对于运动员而言,合理的营养补充是提升竞技成绩、保持最佳竞技状态的关键因素之一。其中,水、糖和蛋白质的补充尤为重要,它们直接关系到运动员的体能恢复、运动表现和运动后的恢复。尽管水、糖和蛋白质的补充对运动员的竞技成绩有着重要影响,但在实际操作中,运动员和教练往往容易陷入一些误区。例如,一些运动员认为在比赛前大量摄入糖分能够提升能量储备,但实际上,过量的糖分摄入可能导致血糖水平过高,引发胰岛素反应,反而影响运动表现。同样,蛋白质的补充也需要适量,过量摄入会增加肾脏负担,甚至导致蛋白质中毒。

（二）案例警示:营养补充的误区与科研诚信的挑战

在营养补充领域,一些研究可能存在数据造假、结果夸大等问题,这不仅误导了运动员和教练,也损害了科研的公信力和运动员的身体健康。因此,加强科研伦理教育,提高研究生的科研道德水平,确保研究结果的可靠性和真实性,是保障运动员健康和提升竞技成绩的重要前提。

结语:科学营养补充,助力运动员实现竞技梦想

营养补充并非简单地“多吃多补”,而是需要根据个人的实际情况进行科学合理的安排。运动员应该了解自己的身体状况、运动类型和强度,以及营养补充的需求和原则,制订个性化的营养补充计划。同时,我们也要加强科研伦理教育,提高科研人员的道德水平。在科研活动中,我们要秉持科学、严谨、诚实的态度,确保研究结果的可靠性和真实性。我们要尊重运动员的知情同意权,保护其隐私和权益,避免任何形式的伤害。

第六节　运动时的三大供能系统

运动时的三大供能系统主要包括磷酸原供能系统、糖酵解供能系统、有氧代谢供能系统。其中,磷酸原供能系统、糖酵解供能系统为无氧代谢供能系统。

一、磷酸原供能系统

磷酸原供能系统是由 ATP、磷酸肌酸(creatine phosphate, CP)组成的。ATP、CP 分子结构中均含有高能磷酸键。CP 的分子结构是肌酸(creatine,C)磷酸化产物。人体肌酸总量约为 120 g,其中 95%存在于肌肉中。肌酸可接受 ATP 分子中的高能磷酸键

生成 CP。所以，ATP-CP 合称为磷酸原，ATP-CP 分解反应组成的供能系统称为磷酸原供能系统。那磷酸原供能系统是如何供能的呢？运动时 ATP 转化率大大加快，与运动强度成正比。肌肉中的 ATP 含量仅能够维持最大强度运动约 1 s。ATP 水解释放能量的同时，释放的 ADP 激活肌浆中的磷酸肌酸激酶，催化 CP 水解，将高能磷酸基团转移给 ADP，重新合成 ATP。磷酸原供能系统的供能特点为：运动强度越大，骨骼肌对磷酸原的依赖性也越大。磷酸原供能系统运动开始时启用最早、利用最快，且具有不需要氧气参与和高功率输出的特点。ATP 中高能磷酸键断裂时释放的能值极高，无需氧参与，磷酸原系统最大输出功率可达 1.6～3.0 mmol ～P/(kg・s)（以干肌计）。肌细胞内磷酸原储量有限，可维持最大强度运动 6～8 s，在短时间最大强度或最大用力的运动中起主要供能作用，与速度和爆发力密切相关，是短时爆发性运动如短跑、投掷、举重等项目运动的最佳能源。而长期系统的运动训练可以促使磷酸原供能系统发生良好的适应性改变。

运动训练可以明显提高 ATP 酶的活性，加快运动中骨骼肌 ATP 利用和再合成的速度，提高肌肉最大做功能力。速度训练可以提高肌酸激酶的活性，提高 ATP 的转换速率和肌肉最大功率输出，有利于运动员提高速度素质和 CP 的重新合成，促进 CP 的恢复。运动训练使骨骼肌 CP 储量明显增多，延长磷酸原供能时间，但对骨骼肌内 ATP 储量影响不明显。这也是很多教练员给训练中的运动员补充肌酸粉的重要原因。

二、糖酵解供能系统

糖原或葡萄糖无氧分解生成乳酸并合成 ATP 的过程称为糖酵解。运动过程中，骨骼肌依靠糖酵解供能的过程又称为糖酵解供能系统。任何运动开始时，ATP 都会在 ATP 酶催化下迅速水解放能。ATP 浓度一旦下降，CP 立刻分解放能，以合成 ATP。肌肉利用 CP 的同时，糖酵解过程被激活，肌糖原迅速分解参与运动时的能量供应。当运动强度增加、持续时间在 1 min 左右时，糖是占支配地位的能源。糖酵解供能系统的特点是在最大强度运动 30～60 s 时，糖酵解达最大速率，其输出功率约为 1 mmol ～P/(kg・s)（以干肌计）。此后其供能速率逐渐下降，可维持 2～3 min。因此，糖酵解是 30～120 s 高强度运动的主要供能系统，如 400 m 全力跑、800 m 全力跑、100 m 游泳等速度耐力性项目。糖酵解供能不需氧，但产生乳酸，而乳酸堆积是导致疲劳的因素之一。因此，在对速度、耐力型运动员进行训练时，教练员要注意给运动员补充强化碱性食物。在训练过程中运动肌糖原快速消耗、运动肌及体液酸化，因此要注意消除乳酸，以消除肌肉疲劳。

三、有氧供能系统

糖、脂肪和蛋白质在有氧条件下彻底氧化成 H_2O 和 CO_2 的反应过程称为有氧氧化（aerobic oxidation)，也称有氧代谢。运动过程中，骨骼肌通过三大能源物质进行有氧代谢释放能量合成 ATP，构成有氧代谢供能系统。由定义可知，在运动中，糖、脂质、蛋白质是有氧供能的重要能量来源。我们前面已经学习了这三大能源物质的供能特点。其中糖既可以参与无氧糖酵解供能，也可以参与有氧氧化供能。糖原：储量较多，小强度运动1～2 h，肌糖原耗尽。脂肪：①储量丰富，理论上供能时间不受限，但氧化过程对糖有依赖性；②供能比例随运动强度的增大而降低，随运动时间延长而增加；③中低强度运动时能量代谢的主要基质。蛋白质：①大强度运动 30 min 以上开始参与供能，供能比例与糖原储备有关；②糖原储备充足时，蛋白质供能仅占 5%左右；③肌糖原耗竭时，蛋白质供能可占 10%～15%，最多不超过 18%。

在有氧代谢中，糖和脂肪是主要供能物质，同时利用才能获得最佳耐力。运动中机体尽可能多地利用脂肪酸氧化供能，可起到糖节省化，维持血液中葡萄糖浓度的相对恒定，满足大脑对血糖的需求，使有限的糖储备维持到运动结束的作用。根据图 1-6-1 可以看到，随着运动强度增大，糖的供能比例增加，而脂肪的供能比例降低。但在超长时间运动中，随着运动时间的增加，糖的供能比例降低，脂肪的供能比例升高。

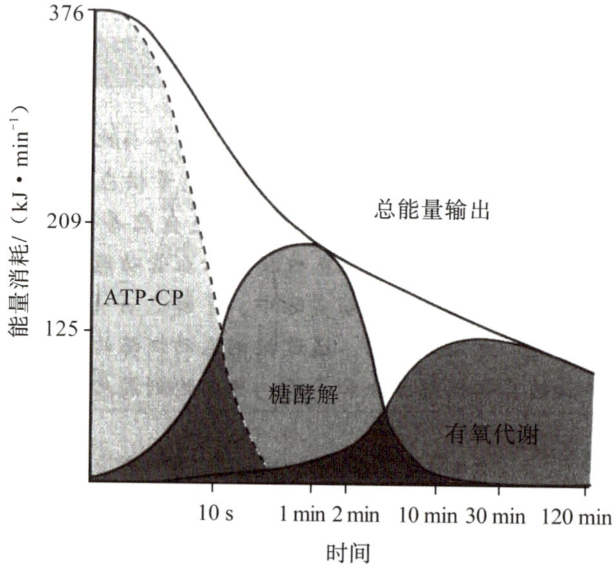

图 1-6-1　全力运动时骨骼肌三大供能系统的关系图[13]

四、运动中三大供能系统之间的关系

研究表明，随着运动时间的增长，磷酸原供能系统依次向糖酵解、有氧代谢供能转变。运动过程中，骨骼肌各供能系统同时发挥作用，肌肉可以利用所有的能源物质。不存在一种能源物质单独供能的情况，只是时间、顺序和相对比例随运动状况而异（图 1-6-1）。运动开始时，磷酸原系统首先投入供能，然后根据输出功率的要求动员相应的供能系统参与能量的供应。各供能系统的最大输出功率差异较大，其顺序为磷酸原系统＞糖酵解系统＞糖有氧氧化＞脂肪氧化。以最大输出功率进行运动时，磷酸原系统仅能维持 6～8 s；糖酵解系统能维持最大强度运动 30～60 s，最多可维持 2 min 左右；3 min 以上的运动，能量需求主要依赖有氧代谢供能系统。运动时间越长，强度越小，肌肉利用脂肪供能的比例越大。

案例拓展

（一）案例背景

以短跑和马拉松为例，两者在供能系统的利用上存在显著差异。短跑是一项高强度、短时间的运动，主要依赖 ATP-CP 系统和糖酵解系统供能。因此，短跑运动员的训练应侧重于提高肌肉爆发力和速度，以及优化 ATP-CP 系统和糖酵解系统的能量供应效率。而马拉松则是一项长时间、中低强度的耐力运动，主要依赖有氧氧化系统供能。因此，马拉松运动员的训练应着重于提高心肺功能和肌肉耐力，以及优化有氧氧化系统的能量供应能力。然而，在实际操作中，许多运动员和教练往往忽视了运动项目特点与供能系统之间的紧密联系，导致训练方法和能量供应策略的不合理。这不仅影响了运动员的竞技成绩，还可能对运动员的身体健康造成潜在威胁。

在某次国际马拉松比赛中，一名短跑出身的运动员试图挑战马拉松项目。尽管他在短跑领域取得了不俗的成绩，但在马拉松比赛中却表现平平，甚至在比赛中途因体力不支而被迫退赛。经过分析发现，该运动员在训练过程中未能充分考虑马拉松项目的特点，仍然沿用短跑的训练方法和能量供应策略。这导致他的有氧氧化系统无法得到充分锻炼，无法满足马拉松比赛中的能量需求。

（二）案例警示：运动项目特点与供能系统的不匹配

运动项目特点与供能系统之间存在紧密联系，忽视这一联系将导致训练方法和能量供应策略的不合理。因此，在制订运动训练计划时，我们必须深入了解运动项目的特点，明确所需的供能系统，并据此制订科学合理的训练方法和能量供应策略。

此外，运动员和教练应加强对运动生理学的学习和研究，提高专业素养和认知水平。只有深入了解运动时的能量代谢机制，才能制订出更加科学有效的运动训练计划，为运动员的竞技成绩和身体健康提供有力保障。

结语：深入研究项目特点，科学制订训练计划

我们应深刻认识到运动项目特点与供能系统之间的紧密联系，以及制订科学有效运动训练计划的重要性和紧迫性。在未来的学习和实践中，我们应更加注重对运动项目特点的研究和分析，明确所需的供能系统，并据此制订科学合理的训练方法和能量供应策略。

第二章　运动促进健康的量效关系及机制

第一节　身体活动概述

一、身体活动和运动的概念与区别

（一）身体活动

身体活动是指任何在静息能量消耗的基础上，由骨骼肌产生的需要进一步增加能量消耗的活动，主要包括工作、做家务、休闲娱乐、交通出行四方面。

（二）运动

运动是指旨在促进或维持一种或多种体适能的身体活动，是有计划、有目的的身体活动。体适能主要包括心肺适能、肌肉适能、柔韧适能和身体成分。

（三）身体活动与运动的区别

身体活动是一个更广泛的概念，包括所有由骨骼肌产生的活动行为，涵盖了日常生活中的各种活动。而运动则是身体活动的一种特殊形式，是有计划、结构化、重复性的身体活动，其目的是改善或维持体适能的某些组成部分，如心肺功能、肌肉力量和身体成分等。总的来说，所有运动都是身体活动，而并非所有身体活动都是运动。

二、身体活动对健康的益处

（一）人为什么要进行身体活动？

坦桑尼亚哈扎部落外出狩猎过程会持续很长时间，捕猎者或走或跑，持续 50 km，直到猎物因为热射病而亡，但人类为何会安然无恙？从进化的角度来看，人类数百万年的进化过程形成了现有的运动模式。一方面，人类的进化趋势更向着有助于行走的模式而发展，使得人类能够以更少的能量消耗获得更大的行动范围。另一方面，人体有丰富的汗腺，在运动的过程中，能够产生汗液，帮助降低体温。因此，无论是从解剖学上还是从生理学上来讲，人体都已适应了较高水平的身体活动。

然而，近30年来，世界经济、科技等方面都发生了巨变，伴随而来的是人们身体活动量的逐渐下降。据统计，1991～2020年，中国成年居民平均身体活动量从385.9 MET·h/w下降到了200.1 MET·h/w，预计2030年将继续下降到188.5 MET·h/w。根据中国疾病预防控制中心的报告，从2010年到2018年，身体活动不足的比例呈现上升趋势。男性每周进行中高强度身体活动不足150 min的比例从20.1%上升到了24.4%，女性从15.7%上升到了20.2%，这一数据说明超过五分之一的成人未能达到指南推荐的适宜身体活动量。

我国成年居民的身体活动量显著下降，这一变化的原因在很大程度上可以归结为社会经济与科技的发展。社会的快速变革促使人们的生活方式逐渐向少动多坐转变。一方面，科技革命使得人们的学习、工作和休闲活动大多被屏幕时间所占据。另一方面，过去需要大量身体活动的家务劳动逐渐被科技化的家用电器所替代。此外，经济与科技的发展还改变了人们的出行方式，日常步行或自行车出行逐渐被私家车和电动车所取代，进而形成了少动多坐的生活方式。

（二）世界卫生组织《关于身体活动和久坐行为指南》

世界卫生组织在最新一版的《关于身体活动和久坐行为指南》中指出了六点关键信息：

(1)身体活动对心脏、身体和精神都有好处。定期进行身体活动可以预防和帮助控制心脏病、2型糖尿病和癌症，这些疾病导致全球近四分之三的死亡。进行身体活动也可以减轻抑郁和焦虑症状，促进思维、学习和整体幸福感。

(2)任何强度的身体活动都比不活动好，多多益善。为了健康和福祉，建议所有成人每星期至少进行150～300 min的中等强度身体活动（或等量的高强度身体活动），儿童和青少年每天平均进行60 min的中等强度身体活动。

(3)所有身体活动都是有益的。身体活动可作为工作、休闲或交通（步行、轮滑和骑自行车）的一部分，也可作为日常家务的一部分进行。

(4)肌肉强化对人人都有好处。老年人（65岁及以上）应该增加强调平衡和协调的身体活动，以及肌肉强化，以帮助防止跌倒和改善健康。

(5)久坐不动的行为不利于健康。久坐行为会增加患心脏病、2型糖尿病和癌症的风险。限制久坐时间，积极进行中高强度的身体活动对健康有好处。

(6)人人都可以从增加身体活动和减少久坐行为中受益，包括孕妇和产后妇女，以及慢性病患者或残疾人。

（三）《中国人群身体活动指南》

为了改变我国各人群逐渐少动多坐的生活方式，国家陆续发布了许多相关政策、规划和指南。2016年，中共中央、国务院发布了《“健康中国2030”规划纲要》，这是以推进健康中国建设，提高人民健康水平为目的的纲领性文件。《“健康中国2030”规划纲要》指出，要提高全民的身体素质，通过完善全民健身公共服务体系，开展全民健身运动，加强体育融合和非医疗健康干预，促进重点人群体育活动，并提出在2030年要有5.3亿人能够经常参加体育锻炼。2022 年,由中国营养学会发布的《中国居民膳食指南(2022)》也指出,要吃动平衡,保持健康体重;坚持日常身体活动,每周至少进行 5 天中等强度身体活动,累计 150 min 以上;主动身体活动最好每天达到 6000 步;适当进行高强度有氧运动,加强抗阻运动,每周 2～3 天;减少久坐时间,每小时起来动一动。另外,从 1995 年开始,我国就开启了以形成健康文明的生活方式,提高全民族身体素质、健康水平和生活质量,促进人的全面发展等为目的的全民健身计划,并陆续发布了多个指导性文件,如《全民健身计划(2016—2020 年)》,以及 2021 年国务院发布的最新的《全民健身计划(2021—2025 年)》。

2021 年,由国家卫生健康委指导,中国疾病预防控制中心、国家体育总局组织编制的《中国人群身体活动指南(2021)》(以下简称《指南》)正式发布。这是对 2011 年《中国成人身体活动指南(试行)》的一次重要修订,覆盖了幼儿、儿童、青少年、成年、老年和慢性病患者,这也是我国首个面向全人群的权威性身体活动指南。《指南》的总则中提到了四点:第一,动则有益,多动更好,适度量力,贵在坚持;第二,要减少静态行为,每天保持身体活跃状态;第三,身体活动应达到每周 150 min 的推荐量;第四,要安全地进行身体活动。除了总则规定之外,《指南》第二章对中国各个人群的身体活动提供了相应的指导。例如,对于 18～64 岁的中国成人来说,要达到每周 150～300 min 的中等强度身体活动,而且每周至少进行两天的肌肉力量训练,另外要尽可能地增加身体活动的总量。

第二节　身体活动与死亡

一、中国人死亡原因变化趋势以及原因分析

(一)中国人主要死亡原因

从 1990 年到 2017 年,中国人死亡原因发生了较为显著的变化,新生儿疾病和自残已不再是主要死亡原因之一,这反映了近年来我国公共卫生政策和医疗条件的改善和作用。与此同时,阿尔茨海默病、高血压性心脏病和食管癌成为新的主要死亡原因。阿尔茨海默病的发病率与人口老龄化密切相关,随着老年人口比例的上升,认知障碍和相关疾病的发生率也随之上升。高血压性心脏病发病率的上升则与生活方式的变化有关,如饮食结构不合理、缺乏运动和心理压力增大等因素。食管癌的发病率上升部分归因于饮食习惯的改变和环境因素的影响,例如吸烟和饮酒的增加。

(二)慢性非传染性疾病

《中国居民营养与慢性病状况报告》的数据显示,2019 年我国死亡人数达到 998 万,其中因慢性病导致的死亡人数为 883 万,占总死亡人数的 88.5%。根据世界卫生组织的调查,影响健康的主要决定因素中,15%源于遗传因素,8%源于医疗卫生因素,17%源

于环境因素。值得关注的是，生活方式，包括运动、营养、睡眠和压力等，构成了健康的主要决定因素，约占60%。

二、身体活动与死亡之间的量效关系

(一)身体活动死亡率

研究表明，身体活动与死亡之间存在一种非线性的剂量反应关系。首先，低强度身体活动对健康具有显著益处，但要将死亡风险降到最低，每天需进行375 min的低强度身体活动。而中高强度身体活动结果显示，每天仅需24 min的中高强度身体活动即可有效降低死亡风险。此外，久坐行为的影响也不容忽视。结果显示，如果每天的久坐时间超过9.5 h，死亡风险将显著增加。

(二)身体活动和久坐行为与死亡率的联合分析

关于身体活动是否能够抵消久坐行为带来的危害，相关文献存在不同观点。有研究表明，适量的身体活动确实可以对抗久坐带来的健康风险。中高强度身体活动能够显著降低久坐带来的代谢风险，即使每天的久坐时间较长，但通过增加身体活动也能降低心血管疾病的发生率。然而，另有研究强调久坐行为的独立危害，认为身体活动无法完全抵消其负面影响。虽然身体活动有益，但长时间久坐的危害可能无法通过身体活动来逆转。

有研究将中高强度身体活动时间和久坐时间各分成了低、中、高三种类别，发现两者之间存在复杂的交互作用。低的中高强度身体活动时间和高的久坐时间是全因死亡风险增加的危险因素。将高的中高强度身体活动时间和低的久坐时间设为最优组合(即每天进行34.3 min以上的中高强度身体活动、久坐行为在8.5 h以下)作为参照，得出以下结果：与最优组合相比，即使久坐时间高，只要将每天的中高强度身体活动时间维持在34.3 min以上，就可以抵消长时间的久坐行为所带来的死亡风险增加的结果；若无法达到34.3 min以上的中高强度身体活动时间，则也可进行11.2～34.3 min的中高强度身体活动，并将久坐行为控制在8.5 h以下。

(三)身体活动的能量消耗及中高强度占比与死亡率的关系

先前研究调查了身体活动和久坐行为联合对健康产生的影响，揭示了减少久坐时间和增加身体活动量能够为健康带来更大的益处。在此基础上，增加能量消耗是否一定会对健康产生积极影响也值得进一步研究。

首先，增加每日能量消耗确实能对健康产生影响。研究显示，当每日总能量消耗增加15 kJ/kg(体重)时，死亡风险可降低70%，表明能量消耗与健康收益之间存在正相关关系。其次，即使在相同的能量消耗总量下，能量消耗的方式不同也会对健康产生不同影响。例如，假设两人每天每千克体重都多消耗30 kJ的能量，其中一位有20%的能量消耗来自中高强度的身体活动，而另一位仅有10%来自该类型的活动，其身体受益可能有较大区别。研究表明，能量消耗中20%来自中高强度身体活动时，其死亡风险将进一步降低45%。综上所述，能量消耗对健康具有积极影响，其消耗方式同样重要，不仅要考虑能量消耗的总量，还要重视能量消耗强度的占比。

三、身体活动促进健康的机制

身体活动作为一种单一的干预形式，能够为健康带来多系统的益处。研究表明，身体活动可以通过多种生物机制促进整体健康。首先，身体活动对代谢系统有积极影响，能够促进或改善血糖、血脂等的代谢。其次，身体活动可以增强心脏和血管的功能，从而降低患心血管疾病的风险。最后，身体活动还能调节神经系统，改善情绪与心理健康，减少焦虑和抑郁症状。此外，定期进行身体活动还可以提高免疫功能，增强机体对疾病的抵抗能力。

2020 年发表在《循环》(*Circulation*)杂志上的一项研究显示，研究人员观察了 588 种代谢产物在运动前后的变化，发现 502 种代谢产物在休息与运动高峰(持续时间为 11.9 min ±2.1 min)之间发生了显著变化。这些代谢产物在调节身体关键功能方面发挥着重要作用，包括胰岛素抵抗、氧化应激、血管反应、炎症和寿命等。例如，与心脏病、糖尿病及寿命缩短相关的代谢产物谷氨酸在运动后下降了 29%，与糖尿病和肝病风险增加相关的代谢产物二甲基胍基戊酸下降了 18%等。因此，身体活动可以通过激活和调节不同生理系统，促使身体多个系统协同工作，进而提高身体整体生理功能。

第三节　身体活动与肥胖

一、肥胖的定义、判断、流行状况

(一)肥胖的定义

肥胖是指人体脂肪的过量储存，表现为脂肪细胞增多和/或细胞体积增大，即全身脂肪组织块增大，与其他组织失去正常比例的一种状态。概括地说，肥胖是机体脂肪的过度积聚与脂肪组织的过量扩增。

(二)肥胖的判断

1.体重指数(body mass index，BMI)

(1)体重指数的计算公式：体重指数＝体重(kg)÷身高$(m)^2$

(2)BMI 的分类标准(表 2-3-1)

表 2-3-1　BMI 分类标准　　单位：kg/m^2

分类	WHO	亚洲	中国
体重过低	<18.5	<18.5	<18.5
正常范围	18.5～24.9	18.5～22.9	18.5～23.9
超重(肥胖前期)	25.0～29.9	23.0～24.9	24.0～27.9
Ⅰ度肥胖	30.0～34.9	25.0～29.9	28.0～29.9
Ⅱ度肥胖	35.0～39.9	≥30	≥30
Ⅲ度肥胖	≥40	≥40	≥40

(3)BMI 的局限性：在评估个体的肥胖程度时，单纯依赖 BMI 可能会导致误判。因为当两个人的身高、体重和 BMI 相同时，他们的身体成分可能存在显著差异。例如，肌肉发达的运动员由于其较高的肌肉质量，可能在 BMI 计算中被误认为是超重或肥胖，而实际上他们的体脂率可能处于健康范围内。老年人的肌肉组织与其脂肪组织相比，肌肉组织减少得较多，BMI 值可能低估其肥胖程度。此外，腹部肥胖(如通过测量腹部直径)与较差的临床结果相关，而 BMI 在这方面的预测能力较弱。

2.体脂率

(1)体脂率定义：人体内脂肪质量在人体总体重中所占的比例，又称体脂百分数，反映人体脂肪含量的多少。

(2)测量方法：水下称重法、皮褶厚度测量法、生物电阻抗法(BIA)、双能 X 射线吸收法(DEXA)。

(3)体脂率的计算公式：体脂率＝1.2×BMI＋0.23×年龄－5.4－10.8×性别(男＝1；女＝0)。

(4)体脂率的分类标准(表 2-3-2)

表 2-3-2　体脂率分类标准

性别	年龄	正常	超重	肥胖
男	18～39	10%～20%	21%～25%	>25%
	40～59	10%～21%	22%～26%	>26%
	≥60	10%～23%	24%～27%	>27%
女	18～39	17%～30%	31%～35%	>35%
	40～59	17%～31%	32%～36%	>36%
	≥60	17%～32%	33%～37%	>37%

3.BMI、体脂率与健康的关联

当同时考虑 BMI 和体脂率时，低 BMI 和高体脂率与死亡风险增加之间存在显著的独立关联。研究发现，女性的低 BMI 和高体脂率均与死亡风险增加相关，男性的低 BMI 和高体脂率同样显示出显著的死亡风险增加。这些发现强调了在评估死亡风险时，直接测量体脂率的重要性。

腰围在一定程度上可以反映内脏脂肪的多少，其对健康也有着不可忽视的作用。研究发现，在老年人中，BMI 的增加与死亡风险呈反向关系，最佳 BMI 约为 28.0 kg/m^2。同时，腰围的增加与死亡风险呈正相关，每增加 5 cm 的腰围，死亡风险约增加 10.8%。联合分析显示，低 BMI 和高腰围的组合与最高死亡风险相关，而高 BMI 和低腰围的组合则与最低死亡风险相关，表明在同时考虑 BMI 和腰围时，低 BMI 和高腰围与死亡风险增加相关。

(三)肥胖的流行状况

全球范围内，18 岁以上成年男性和女性的肥胖率普遍呈现上升趋势。主要原因可能是饮食结构的变化、久坐不动的生活方式，以及社会经济发展带来的便利性增加等多种因素。不同地区的 BMI 变化可能存在显著差异，一些国家或地区在经历肥胖率上升的同时，其他地区仍然面临营养不良等问题。有研究显示，中国的超重和肥胖率分别为 41.9%和 6.0%，总人数已达到 6 亿，占总人口的 50.7%，居全球首位。

二、肥胖的成因

(一)继发性肥胖

1.疾病原因

本型肥胖可继发于神经-内分泌-代谢紊乱基础上的肥胖症，如下丘脑病、垂体病、甲状腺功能减退症、肾上腺皮质功能亢进症等。

2.药物原因

神经精神类药物、激素类药物(如皮质激素)或避孕药、胰岛素和磺酰脲类等抗糖尿病药物以及一些 α 和 β 受体阻断药等抗高血压药物也可导致体重增加和肥胖。

(二)单纯性肥胖

本型肥胖单纯由于人体摄入的能量大于消耗的能量，多余的能量以脂肪形式积聚于机体内，临床主要表现为肥胖，可伴有糖脂代谢异常以及内分泌紊乱，占肥胖的绝大多数。虽然传统观点普遍认为营养过剩是单纯性肥胖的主要成因，但近年来新的理论模型开始挑战这一观念。新模型强调遗传、代谢、心理和环境因素对肥胖发展的复杂影响，揭示了单纯性肥胖形成的多维度机制。

1.能量平衡模型

能量平衡模型认为，单纯性肥胖是机体摄入能量超过消耗能量所致，但它忽略了食物对激素和新陈代谢的影响。

2.糖类-胰岛素模型

糖类-胰岛素模型认为肥胖是一种代谢紊乱，更多与“吃的是什么”有关，而不是“吃了多少”。当我们在吃高度加工的糖类时，身体会增加胰岛素分泌，并抑制胰高血糖素的分泌，反过来又向脂肪细胞发出信号，让其储存更多的能量，减少肌肉和其他代谢活跃组织所需的能量。当大脑感知到身体没有获得足够的能量时，就会导致饥饿感。同时，新陈代谢也可能在身体试图保存能量的过程中减慢，而且即使脂肪继续增加，仍旧会感觉到饥饿。

三、身体活动与肥胖

(一)运动中的能量消耗

能量消耗通常通过代谢当量(metabolic equivalent，MET)来衡量，代谢当量是相对于安静时静息代谢的单位。一个 MET 等于安静状态下的基础代谢率，通常约为每千克体重每分钟消耗 3.5 mL 的氧气。

身体活动与肥胖之间存在着密切的关系，适度的运动对预防和管理肥胖及相关疾病具有重要作用。根据美国运动医学会的建议，成人每周应至少参与 150 min 的中等强度身体活动，以有效维持健康体重。此外，参与约 90 min 的高强度身体活动也能显著降低肥胖发生的概率。2022 年版《中国居民膳食指南》同样强调了身体活动的重要性，建议成人每周至少进行 150 min 的中等强度有氧运动，以促进健康和预防肥胖。

研究证据表明，为实现减重目标，成人每周需进行 300～420 min 的中高强度有氧运动。对于向心性肥胖的管理，目前尚缺乏充分证据来明确适宜的身体活动量，但建议向心性肥胖人群应进行一定量的抗阻运动，这些训练应包括在日常活动中，而不仅限于正式的训练计划。此外，为了预防体重增加，建议每周至少进行 150 min 的中高强度有氧运动，达到 300 min 的效果更佳。如果希望防止体重反弹，建议每周的身体活动量应达到 300 min，以保持长期的体重管理效果。

(二)运动后过量氧耗

运动后，机体在高水平代谢状态下恢复到安静水平时消耗的氧量被称为运动后过量氧耗(excess post-exercise oxygen consumption，EPOC)。EPOC 是运动生理学中的一个重要概念，反映了运动后身体恢复过程中的生理和代谢变化。这种现象的形成涉及多个生理过程，包括肌肉乳酸的清除、体温的下降、激素水平的调节和能量储备的恢复等。

1.磷酸肌酸再合成

在高强度的运动中，肌肉细胞中的磷酸肌酸会分解为肌酸和无机磷酸，释放能量供肌肉收缩使用。运动后，为了恢复这种能量储备，身体会利用氧气重新合成磷酸肌酸，这需要额外的氧气。

2.清除乳酸

在运动中，肌肉产生乳酸，这是无氧代谢的产物。运动后，身体需要耗费氧气来将乳酸转化为更容易代谢的物质，例如乳酸通过氧化还原作用转化为丙酮酸。

3.血红蛋白和肌红蛋白重新饱和氧

高强度运动可能导致血红蛋白和肌红蛋白中的氧分压降低,即缺氧。运动后,为了重新饱和这些蛋白质,身体需要补充额外的氧气。

4.体温升高

运动引起了身体温度的升高。为了恢复正常体温,身体需要消耗额外的氧气,例如通过汗腺排汗来冷却身体。

5.激素的升高

运动引起儿茶酚胺类激素(如肾上腺素和去甲肾上腺素)的释放,这些激素的升高可能导致基础代谢率的增加,从而增加能量消耗。

6.肌细胞修补充糖原

高强度的运动消耗肌糖原,运动后,身体需要利用氧气来合成和储存肌糖原,以满足将来的能量需求。

EPOC与减重有着密切的关系。有研究指出,进行高强度间歇训练(high intensity interval training,HIIT)后,参与者的总能量消耗(包括运动期间和运动后的EPOC)足以超过预防体重增加所需的能量消耗范围。EPOC的增加可以导致更高的能量消耗,从而有助于减重。此外,高强度的运动,尤其是高强度间歇运动,在EPOC效应上显著优于等能量消耗的中等强度连续运动。高强度间歇运动能够有效提升代谢率,延长锻炼后燃脂的时间,让运动者在运动后继续消耗更多热量。因此,将EPOC作为减重计划的一部分,可以帮助个体通过高强度运动实现更有效的能量消耗。

(三)注意事项

针对不同年龄人群,应采取不同的运动方法。推荐超重或肥胖患者根据自身健康状况和运动能力,在专业医师的指导下制订运动计划,根据个性化原则和循序渐进原则,以有氧运动为主,同时结合抗阻运动,还可以通过变换运动方式或采用高强度间歇运动,在保障安全的前提下,提高运动收益。WHO对于不同超重或肥胖人群的运动量提供了建议(表2-3-3)。

表2-3-3 WHO对于不同超重/肥胖人群运动量的建议

人群	有氧运动	抗阻运动
儿童青少年	每周进行中高强度、全身性有氧运动至少150 min,每天运动30～60 min,每周运动4～7 d	3～4次/周,隔天进行
成年人	每周进行中等强度有氧运动至少150 min,最好每天运动30～90 min,每周运动3～7 d,总共达到200～300 min/w	2～3次/周,隔天进行
老年人	每周进行适当中低强度有氧运动至少150 min,每周3～5 d	2次/周,隔天进行,加强平衡锻炼
孕产妇	每天进行中低强度有氧运动15～30 min,每周运动3～5 d,以步行、游泳、水中运动为主	2次/周,隔天进行

第四节　身体活动与高血压

一、高血压的定义、诊断和流行状况

(一)高血压的定义

高血压是指血管压力过高(超过 140/90 mmHg 或更高,1 mmHg≈133.32 Pa),以动脉收缩压和/或舒张压升高为标志,常伴有心、脑、肾和视网膜等器官功能性或器质性改变的全身性疾病。非同日测量血压,且两天的收缩压均≥140 mmHg 和/或两天的舒张压均≥90 mmHg,即可诊断为高血压。

(二)高血压的诊断(表 2-4-1)

表 2-4-1　高血压诊断标准

分类	收缩压/mmHg		舒张压/mmHg
正常血压	<120	和	<80
正常高值	120～139	和/或	80～89
高血压	≥140	和/或	≥90
1 级高血压(轻度)	140～159	和/或	90～99
2 级高血压(中度)	160～179	和/或	100～109
3 级高血压(重度)	≥180	和/或	≥110
单纯收缩期高血压	≥140	和	<90
单纯舒张期高血压	<140	和	≥90

(三)高血压的流行状况

1.高血压的患病率

(1)2019 年全世界高血压患者约为 12.5 亿人。其中女性中高血压未检出率为 41%,治疗率为 47%,控制率仅为 23%;男性中高血压未检出率为 51%,治疗率为 38%,控制率仅为 18%。

(2)在 1958～1959 年、1979～1980 年、1991 年、2002 年、2012～2015 年进行的全国范围内的高血压抽样调查发现,成人高血压的患病率总体呈上升趋势,患病人数达 2.45 亿。2012～2015 年进行的中国高血压调查发现,中国成人血压正常高值(130/85 mmHg)粗检出率为 39.1%,加权患病率为 41.3%,患病人数为 4.35 亿。2018 年,我国≥18 岁成人高血压的加权患病率为 27.5%。

2.高血压的知晓率、治疗率和控制率

(1)对比全国高血压抽样调查(1991 年)、中国健康与营养调查(2002 年)、中国居民营养与慢性病状况调查(2012 年)和中国高血压调查(2012～2015 年),18 岁以上人群对高血压的知晓率、治疗率和控制率分别为 51.6%、45.8%和 16.8%,较 1991 年和 2002 年明显增高。

(2)我国高血压患者的知晓率、治疗率和控制率已有明显改善,但总体仍处于较低的水平,分别达 51.6%、45.8%和 16.8%。China PEACE 研究(2014～2017 年)采用方便抽样对 1738886 例 35～75 岁个体进行调查发现,标化年龄和性别后,高血压的知晓率、治疗率和控制率仅分别为 36.0%、22.9%和 5.7%。

二、高血压的症状、危害和危险因素

(一)高血压的症状

胸痛、气短、心悸、跛行、周围水肿、头痛、视力模糊、夜尿症、血尿、头晕等。

(二)高血压的危害

高血压没有症状不等于没有危害,2017 年,中国有 254 万人死于高血压,其中 95.7%(95.6%～96.4%)死于心血管疾病。高血压的危害主要表现为:

1.血管的损害

血压长期处于偏高状态,会使动脉血管逐渐硬化,出现动脉粥样硬化斑块,导致动脉血管狭窄甚至闭塞,受累血管所供应的器官则出现供血不足,多发于心脏的冠状动脉和头顶部的血管,进而引起缺血性心脑血管疾病,如脑卒中、冠心病等。

2.脑部损害

头晕和头痛是血压波动最常见的脑部症状。除了动脉血管狭窄或闭塞导致脑供血不足外,长期的血压增高引起动脉硬化,会使血管壁的弹性降低、脆性增加。当血压急剧升高时(如情绪激动、剧烈活动等),可能会使血管壁破裂,造成脑出血。同时,高血压也是慢性、无症状脑损伤的主要危险因素,最终可能导致痴呆。

3.心脏的损害

心脏泵血入血管,动脉血管压力的持续升高,增加心脏的负担,形成代偿性左心室肥大,进一步会导致心脏扩张、心脏功能降低、心脏瓣膜关闭不全等,甚至可能导致心律失常、心力衰竭甚至心源性猝死。

4.其他器官的损害

长期血压的增高会引起眼底视网膜病变,出现视网膜出血、视盘水肿等症状。同时也会引起肾脏损害,肾脏一旦出现功能不全或发展成尿毒症,其损害是不可逆转的。

(三)高血压的危险因素

高血压是多因素、多环节、多阶段和个体差异性较大的疾病。基础和临床研究表明,高血压是一种非同质性疾病,不同个体间的病因和发病机制不尽相同。此外,高血压病程较长,进展较缓慢,不同阶段的始动、维持和加速机制不同,且发病机制间存在交互作用。常见的危险因素主要包含以下几个方面：

(1)年龄。

(2)超重和肥胖。体重每变化10%，体重指数每增加5 kg/m^2，发生高血压的风险增加49%，并且基线超重或肥胖的中老年人群的体重变化对血压的影响更大，体重每变化10%，收缩压增加4.94 mmHg，舒张压增加2.50 mmHg。

(3)膳食因素。高钠、低钾膳食。

(4)吸烟和饮酒。每日吸烟量在5支以上，每日50度白酒2两(100 g)以上。

(5)心理社会因素导致的自主神经功能紊乱或交感神经过度兴奋。高血压患者更容易伴发精神心理问题，为非高血压患者的2.69倍。

(6)空气污染。世界卫生组织指出，空气污染已成为全球最大的环境健康威胁，使用家庭固体燃料和吸烟造成的室内空气污染与患高血压风险的增加呈显著相关。

(7)身体活动不足。身体活动时间达不到世界卫生组织推荐的中等强度身体活动每周150 min。

(8)其他危险因素。肿瘤治疗、高海拔(在居住地海拔超过3000 m的西藏居民中，海拔每升高100 m，高血压患病率增加2%)。

三、身体活动与血压

(一)运动对血压的影响

1.单次运动对血压的影响

单次运动时，身体为了适应运动的需求，心率会加快，心脏的射血量增加，从而导致收缩压上升，通常幅度在20～30 mmHg。此时，有氧运动通过促进肾上腺素和其他血管扩张因子的释放，导致血管扩张，进而降低血压。此外，运动还改善了心脏的泵血效率，提高了周围组织对氧气和营养物质的需求，降低了外周阻力。由于总外周阻力降低，舒张压通常保持不变或出现轻度降低。然而，对于高血压患者来说，运动时舒张压可能会有所上升。这主要是由于高血压导致的内皮功能损害和血管弹性降低，使得高血压患者在运动时失去了外周阻力降低的能力。运动结束后，由于负反馈机制的作用，血压会逐渐下降，并能够在较长时间内维持在较低水平。这一现象对于高血压患者尤为重要，因为它表明适度的运动可以作为一种有效的非药物干预策略，帮助控制血压。

2.长期运动对血压的影响

长期运动作用于大脑皮质及皮质下的血管运动中枢，调整了其功能状态。运动使交感缩血管神经的兴奋性降低，迷走神经的兴奋性升高，使血管扩张。运动使肌肉中的毛细血管扩张，降低了血管的外周阻力，尤其是对舒张压的降低具有较大的意义。运动可以调节紧张情绪、缓解压力、降低体重，产生较为明显的降压效果。

(二)身体活动与高血压的剂量关系

根据美国心脏协会的建议，成人应至少每周进行150 min的中等强度有氧运动，或者75 min的高强度有氧运动。此外，力量训练应每周进行2次。研究表明，符合这些运动标准的个体相比于缺乏运动的人，收缩压平均降低 3～10 mmHg。此外，增加身体活动与高血压改善呈正相关，意味着运动量越大，控制血压的效果越明显。世界卫生组织《关于身体活动和久坐行为指南》(下文简称《指南》)提出，成人应每周至少进行 150 min 的中等强度身体活动或75 min的高强度身体活动。

有相关指南也强调了身体活动在高血压管理中的重要性，建议每周至少进行 150 min 的中等强度有氧运动，例如快走、游泳或骑自行车。同时，相关指南建议力量训练应结合在运动中，每周进行 2～3 次。研究显示，长期坚持适量运动的高血压患者，其血压显著下降，且心血管健康风险减小。

(三)注意事项

高血压患者在进行运动前应咨询医生，以评估个人健康状况和运动适应性。适合高血压患者的运动类型包括有氧运动(如步行、慢跑、骑自行车等)和力量训练(如深蹲、哑铃训练)，但应避免极限负重。运动量应采取渐进式增加的方法，避免剧烈运动。在运动前、运动中和运动后，应测量血压，确保血压水平维持在安全范围内。此外，患者应选择安全的运动环境，并在气温较低的时间段(如早晨或傍晚)进行锻炼。通过制订每周的运动计划，建立持久的运动习惯，从而改善血压水平。

第五节　身体活动与糖尿病

一、糖尿病的定义、诊断、流行状况

(一)糖尿病的定义

糖尿病是由于胰岛素分泌或作用缺陷导致胰岛素的绝对/相对缺乏从而引起的以高血糖为主要特征的代谢性疾病，可导致眼、肾、神经、心脏、血管等组织器官慢性进行性病变、功能减退及衰竭。

(二)糖尿病的诊断(表 2-5-1)

表 2-5-1　中国采用的 WHO 糖代谢标准

糖代谢分类	空腹血糖/(mmol/L)	餐后 2 h 血糖/(mmol/L)
正常血糖	＜6.1	＜7.8
空腹血糖受损	≥6.1，＜7.0	＜7.8
糖耐量减低	＜7.0	≥7.8，＜11.1
糖尿病	≥7.0	≥11.1

注：《中国 2 型糖尿病防治指南(2020 年版)》指出，在有严格质量控制的实验室，糖化血红蛋白(HbA1c)≥6.5％可以作为糖尿病的补充诊断标准。

(三)糖尿病的患病率

《柳叶刀》全球疾病负担研究显示,2021 年,全球有 5.29 亿糖尿病患者,年龄标化患病率为 6.1%。20～79 岁人群中,估计有 4.85 亿糖尿病患者。全球有 43 个国家或地区的糖尿病年龄标化患病率超过 10%。1990～2021 年,糖尿病的年龄标化患病率从 3.2%增加至 6.1%。97 个国家或地区的糖尿病患病率的增加超过了 100%。2021～2050 年,预计糖尿病年龄标化患病率增加 59.7%,即 2050 年,全球糖尿病患病人数将达到 13.1 亿。

二、糖尿病的症状、危害和危险因素

(一)糖尿病的症状

糖尿病早期无明显症状,症状期为“三多一少”,即多食、多饮、多尿和体重减轻。

(二)糖尿病的危害

糖尿病与心血管疾病(缺血性心脏病、卒中)、肿瘤(肝癌、胰腺癌、女性乳腺癌、女性生殖系统肿瘤)、慢性肝病、慢性肾病等疾病的死亡率增加有相关性。

1.心血管疾病

心血管病变占糖尿病患者死亡原因的 70%以上。糖尿病患者动脉粥样硬化的发病率显著高于常人。这与脂类、黏多糖等代谢紊乱有关。

2.肿瘤

长期高血糖状态为肿瘤细胞提供了丰富的营养,促进其生长,加速癌症进展。糖尿病患者的免疫功能受损,使肿瘤细胞更易逃避免疫系统的监控。此外,长期使用胰岛素可能刺激肿瘤细胞增殖。

3.慢性肝病

肝脏储存人体所需的葡萄糖或能量物质,并有助于保持循环中的血糖水平和其他能量物质水平稳定。糖尿病和肝脏损伤可互相影响,导致彼此疾病顽固难治,使得患者生活质量下降和预期寿命缩短。

4.感染

高血糖环境导致代谢紊乱和免疫力降低,增加了感染的风险。糖尿病患者易发生泌尿系统、呼吸道和皮肤感染,同时,感染也是酮症酸中毒的常见诱因。

5.慢性肾病

典型糖尿病肾脏病变,较多见于 1 型糖尿病患者起病约 2 年后,与病程长短呈正相关,为 1 型糖尿病患者主要死亡原因。

(三)糖尿病的危险因素

1.遗传因素

2 型糖尿病具有更强的遗传倾向。

2.年龄

45 岁及以上的人群更为常见。

3.肥胖(或超重)

体重指数(BMI)≥24 kg/m^2或向心性肥胖(男性腰围≥90 cm,女性腰围≥85 cm)。

4.身体活动不足

不能达到世界卫生组织推荐的每周 150 min 中等强度身体活动。

5.膳食因素

高脂肪、高蛋白质、高糖类和缺乏纤维素的膳食。

6.早期营养

低体重新生儿较高体重新生儿在成长期更容易发生糖尿病,母亲营养不良或胎盘功能不良可以阻碍胎儿胰岛 β 细胞的发育。

7.糖耐量损害

餐后 2 h 血糖≥9.4 mmol/L 且伴有 BMI>25 kg/m^2 或腹部肥胖等更易转化为糖尿病。

8.胰岛素抵抗

空腹胰岛素水平高的人更易发展为糖尿病。

9.心血管疾病史及其他易患因素

糖尿病患者常常合并高血压、血脂紊乱等心血管疾病的重要危险因素。

三、身体活动与血糖

(一)运动对血糖的影响

1.单次运动的影响

运动可以增强胰岛素信号转导相关信号分子的传递效率。此外,单次运动还可以增加葡萄糖转运蛋白的数量,并诱导其转位至细胞膜,从而增强细胞对葡萄糖的摄取。在进行中等强度的有氧运动时,2 型糖尿病患者的肌肉通常会增加对血糖的利用,导致血糖水平下降。这种效应通常在运动后持续 2~72 h,具体取决于运动的强度和持续时间。

2.长期运动的影响

长期的运动能够改善胰岛 β 细胞的功能,增强胰岛素信号通路的持久性,进而提高胰岛素的分泌能力。长期运动还会增加葡萄糖转运蛋白的表达,显著提高葡萄糖的摄取能力。此外,长期运动有助于改善脂肪代谢,降低胰岛素抵抗,比如长期的有氧和抗阻运动均能改善胰岛素敏感性和血糖控制,即使在没有体重减轻的情况下,规律的有氧运动也能改善全身的胰岛素敏感性。

(二)身体活动与糖尿病的剂量关系

身体活动与 2 型糖尿病之间存在显著的剂量-反应关系。研究表明,规律的有氧运动能够有效改善成人 2 型糖尿病患者的血糖水平,通常可使 HbA1c 降低 0.5%~0.7%。还有研究发现,参与者每周进行的中等强度身体活动时间越长,2 型糖尿病的风险越低。具体而言,每周进行 150 min 的中等强度身体活动与每周 300 min 的活动相比,后者与更好的血糖控制相关,且发展为 2 型糖尿病的风险显著降低。根据国际糖尿病联盟和中国糖尿病学会的指南，建议成人每周至少进行150 min的中等强度有氧运动，并结合力量训练，以达到最佳的血糖控制效果。高强度抗阻运动在血糖管理和降低胰岛素水平方面优于中低强度的抗阻运动。进行高强度的抗阻运动可以显著改善胰岛素敏感性，从而有助于控制血糖水平。此外，餐后运动的能量消耗也能有效降低整体血糖水平，持续45 min以上的运动能够提供最稳定的获益，无论运动的强度或类型如何。值得注意的是，对于有胰岛素抵抗和BMI较高的患者，每天进行少量多次的活动以打破久坐行为，可以适度降低餐后血糖水平。

（三）注意事项

低血糖：血糖低于3.3～3.9 mmol/L（60～70 mg/dL）。

原因：①胰岛素或口服降糖药剂量过大；②糖类摄入过少；③进食不规律；④过量或不恰当的运动，糖尿病患者血糖过低可在运动中或运动之后的几小时内发生。一般超过30 min的中、高强度运动可提高胰岛素敏感性，导致血糖利用增多，极易在运动后诱发运动性迟发性低血糖。

处理：①刚开始参与运动的糖尿病患者应在运动前后检测血糖变化，更为全面地了解运动效果。②发生低血糖时，意识清醒者可服用15 g单/双糖或240 mL脱脂奶或180 mL碳酸饮料，一般15～20 min可消除症状，如持续可再服；丧失意识者立即拨打“120”，可注射胰高血糖素。③胰岛素在运动前的注射应适当减量并注射于腹部，避免腿部注射。

第三章　运动素质测量与评价

第一节　力量素质

一、力量素质基本定义与表现形式

力量素质是指人的机体或机体某一部分肌肉工作(收缩和舒张)时克服内外阻力的能力,是一切身体素质的基础。肌肉力量的大小与速度、灵敏度、耐力等身体素质密切相关,是绝大多数运动形式的基础。

从本质上来看,力量来源于肌肉的收缩,即在机体供能系统支持下,粗肌丝和细肌丝相互滑动所引起的肌肉缩短和拉长。因此,根据肌肉长度变化,肌肉收缩可划分为向心收缩、离心收缩、等长收缩、超等长收缩和等速收缩(表 3-1-1)。向心收缩肌肉所产生的张力大于外加阻力,肌肉的长度缩短,牵拉其附着的骨杠杆做向心运动,肱二头肌弯举就是典型的肱二头肌向心收缩。向心收缩是机体实现各种加速运动的基础。肌肉做离心收缩所产生的张力小于外加阻力,因此收缩时被拉长,做退让工作,杠铃深蹲时的下落阶段就是股四头肌被拉长的离心收缩。等长收缩是指当肌肉两端被固定或承载无法负荷重量时的收缩,此时肌肉虽积极收缩,但长度并不变化,又称为静力收缩。在做经典平板支撑或尽力拎重物但无法拎起时,肌肉做等长收缩。超等长收缩是指肌肉先做离心式拉长,再做向心式收缩的一种复合式收缩形式,跳深练习就是典型的股四头肌超等长收缩。等速收缩又叫等动收缩,是另一种特殊的肌肉收缩形式,肌肉在进行等速收缩时,以关节为轴,肢体角速度保持不变,在全幅度运动过程中始终保持最大用力收缩。等速收缩在一般日常生活中并不常见,常用于特殊人群的肌力训练和运动康复。

根据不同的表现形式,力量可以分为最大力量、快速力量和力量耐力。最大力量是指肌肉收缩所能对抗的最大阻力,与体重密切相关。快速力量即我们俗称的爆发力,是指人体快速产生力的能力。快速力量对于追求速度的运动项目异常重要。在百米跑运动中,每一次足落地都是足踝周围肌肉快速力量的体现。力量耐力是肌肉持续收缩的能力,这一素质在大多数体育运动中均有体现,但在不同的运动项目中表现形式也各有不同。例如，在一些高强度对抗性的运动中，运动员需要在面对对手较大阻力时连续抗阻；在游泳项目中，运动员需要连续重复同样的动作对抗水的阻力，这些都要求相关肌群具有较好的力量耐力。

表 3-1-1　不同肌肉收缩类型

肌肉收缩类型	肌肉张力	收缩速度	肌肉长度	例子
向心收缩	大于外加阻力	随外力和肌力变化	缩短	肱二头肌弯举、引体向上（上拉阶段）、俯卧撑（上推阶段）
离心收缩	小于外加阻力	由外力决定	拉长	杠铃深蹲（下落阶段）、引体向上（下降阶段）、跑步下坡时的大腿肌群
等长收缩	等于外加阻力	静止（速度为零）	无变化	平板支撑、尝试提起无法提起的重物、靠墙静蹲
超等长收缩	先小于后大于外加阻力	复合速度，离心后转向心	先拉长，后缩短	跳深练习中的股四头肌、台阶跳、负重跑的起跳和落地阶段。
等速收缩	最大张力，负荷需专用设备设定	恒定角速度，需设备支持	视动作而定	等速肌力训练（康复训练或评估用）

二、力量素质的生理学机制

人体的力量素质受到哪些生物学因素的影响呢？从微观上来说，力量素质主要受到肌纤维类型、肌肉横截面积和肌纤维收缩初长度的影响。根据肌纤维的收缩速度可将肌纤维分为快肌纤维和慢肌纤维。快肌纤维兴奋性高，收缩力量大，但容易疲劳，持续时间短；慢肌纤维兴奋时冲动频率较低，但可持续较长时间。肌肉横截面积是另一个影响力量素质的重要因素，是指垂直横切某块肌肉中所有肌纤维的横断面积之和。快肌纤维相比于慢肌纤维更加粗大，因此肌肉横截面积也与肌纤维类型有关。快肌纤维占比更大的肌肉通过训练后，肌肉横截面的面积会更大，所带来的力量收益也就更大。肌肉收缩初长度也是影响力量素质的一个重要因素，在适当的肌纤维初长度下肌肉的收缩效果最好，肌节过短或过长都会影响肌球蛋白横桥与肌动蛋白结合的数量，从而导致肌力下降。而神经系统则通过协调肌群活动、提高中枢神经的兴奋程度、增加肌肉同步兴奋收缩的运动单位数量来提高肌肉的力量表现。

三、力量素质的测量与评价

（一）最大力量测试

通常使用 1RM，即完成一次特定动作能举起的绝对重量的最大值来评估最大力量。

由于人体的运动一般都是涉及多肌群、多关节平面的负荷运动，多关节 1RM 测试更具参考价值，如杠铃前蹲和后蹲、硬拉、卧推和腿举等，更加专业性的竞技测试还会涉及奥林匹克举重动作（如高翻、抓举和挺举）。卧推是最常见的上肢力量练习动作之一，因此卧推 1RM 测试也被用来测试上肢肌群的最大力量。而腿举是测试下肢力量的动作之一，与传统的负重深蹲一样，也是髋关节、膝关节的双关节动作，但对脊柱的压力更小，因此比深蹲更能反映人体极限力量。本节以卧推为例来介绍最大力量的测试方法。

1.渐进负荷测试法

测试者仰卧在卧推凳上，双腿分开，双脚踩牢在地板，背部平靠在卧推凳。双手正握杠，位置稍宽于肩[图 3-1-1(a)]。卧推时，在保护者帮助下先将杠铃从架上推起直至手臂完全伸展（杠铃位于胸部上方）[图 3-1-1(b)]，然后屈肘降低杠铃至杠铃，轻触胸部（约胸骨下方）[图 3-1-1(c)]，然后发力伸展肘部将杠铃推起[图 3-1-1(d)]，注意肘部不需完全伸直，也不要用胸部弹起杠铃或借助身体其他部位的力量。杠铃下落阶段吸气，抬高阶段呼气。

(a) (b) (c) (d)

图 3-1-1 渐进负荷测试法

在进行正式测试之前，测试者先进行 10 min 的动态拉伸，然后进行低重量的卧推练习。在整个卧推过程中，保护员应始终站在卧推架后面的适当位置，并使用交换握动作（一只手旋后握，另一只手旋前握法）在杠铃附近进行保护，但不要碰到杠铃。

(1)首先以自感最大重量的40%～60%负荷完成5～10次卧推，休息1 min。

(2)然后将负荷提高到自感最大重量的60%～80%，完成3～5次，休息3 min。

(3)继续将负荷提高到自感最大重量的90%，完成1次，休息3 min。

(4)根据预期的最大重量进行1RM试举，如果试举成功且相对轻松，则休息3 min，下次将负荷量增加5～10 kg；如果试举成功但较为困难，则休息3 min，将下次负荷量增加1～5 kg，继续重复试举，直至达到1RM。如果试举失败，将负荷减少1～10 kg，再次试举，但负荷量要大于最后一次成功试举的负荷量。

(5)重复第(4)步，当最后试举不成功时，将1RM负荷确定为成功完成的最大负荷量。

2.最大重复次数估计法

上述直接测试1RM的方法属于渐进负荷最大力量测量，具有较高的准确性，但存在较高的风险，且实施时间较长，对受测者和引导者的专业性要求较高，比较适合专业运动员或有一定训练基础的健身人群。对于缺少训练基础的普通人群来说，最大重复次数估计法是更合适的1RM测试方法，即利用次最大负重下的最大重复次数(repetitions to fatigue，RTF)预测参与运动肌群的最大力量。

以卧推为例：

动态拉伸热身完成后，

(1)受测者依次以自感最大力量的50%、70%和90%各完成6次卧推，组间间隔3 min。

(2)将重量调整至87%，让受试者尽可能多次地完成卧推，如果重复次数超过10次，则休息3 min，并将负荷量增加2.5%～5.0%继续卧推，直到卧推次数少于10次则为测试完成，记录受测者最后一次的RTF及负荷量(repetition-weight，RepWt)。代入公式即可计算出预测的最大力量(表3-1-2)。

表3-1-2　1RM最大重复次数估计法预测公式[37]

作者(年)	预测公式
Adams(1998)	1RM(kg)＝RepWt/(1－0.02×RTF)
Berger(1970)	1RM(kg)＝RepWt/(1.0261－0.00262×RTF)
Brown(1992)	1RM(kg)＝(Reps×0.0338＋0.9849)×RepWt
Bryzcki(1993)	1RM(kg)＝RepWt/(1.0278－0.0278×RTF)
Cummings and Finn(1998)	1RM(kg)＝1.175×RepWt＋0.839×Reps－4.29787
Kemmler et al. (2008)	1RM(kg)＝RepWt×(0.988＋0.0104×RTF＋0.0019×RTF^2－0.0000584×RTF^3)
Lander(1994)	1RM(kg)＝RepWt/(1.013－0.0267123×RTF)
Lombardi(1989)	1RM(kg)＝$RTF^{0.1}$×RepWt
Mayhew et al. (1992)	1RM(kg)＝RepWt/(0.522＋0.419×$e^{-0.055\times RTF}$)

续表

作者(年)	预测公式
O'Connor(1989)	1RM(kg)=0.025×(RepWt×RTF)+RepWt
Reynolds et al. (2006)	1RM(kg)=RepWt/(0.5551×$e^{-0.0723\times RTF+0.4847}$)
Tucker(2006)	1RM(kg)=1.139×RepWt+0.352×Reps+0.243
Wathen(1994)	1RM(kg)=RepWt/(0.488+0.538×$e^{-0.075\times RTF}$)
Welday(1988)	1RM(kg)=(RTF×0.0333)×RepWt+RepWt

注:RepWt,重复重量;RTF=重复次数。(引自:MAYHEW,2008)

运用最大重复次数估计法时,4~10RM(或78%~89% 1RM)是最理想的负重。实际上,根据人体的肌肉分布规律和力量动作的表现层次,可以通过多种动作来测试不同肌肉群或运动形式的最大力量。例如,上肢运动多为推、拉、抓、握等动作,测试动作为卧推、卧拉、抓握等;下肢运动多以蹬、伸动作为主,测试动作为深蹲、硬拉等;而躯干运动多以旋转、支撑为主,测试动作为负重转体等;对于全身的综合最大力量,一般采用挺举、高翻等动作。

3.静态最大力量测试

上文介绍的测试都是常见的动态最大力量,对于静态最大力量来说,使用等长测功计可直接测得。例如,握力计(握力)、背力计(背伸)、多关节等长肌力测试仪器(悬垂高拉、后深蹲、卧推)等。

(二)力量耐力测试

1.动态力量耐力

力量耐力兼有力量与耐力的双重特点,既要求肌肉具有较大的力量,又要求肌肉能够长时间地坚持工作,力量耐力的测试过程中需要受测者在保持动作模式的基础上多次完成抗阻动作。根据发力部位与动作模式,1RM测试中的一些器械动作同样可以用于测量力量耐力,如卧推、腿举、硬拉、杠铃蹲起等。考虑到便利性和普适性,一些徒手的测试动作在力量耐力的测试中也很常见。例如,上半身的俯卧撑、引体向上、卷腹等,下半身的深蹲等。

(1)俯卧撑:测试者两手分开,与肩同宽,背部挺直,两腿并拢,以两手掌和脚趾作为支点[图3-1-2(a)],当听到“开始”指令时,弯曲肘部,直到上臂平行于地面[图3-1-2(b)],然后伸展手臂向上推[图3-1-2(c)],直到双臂伸直,重复该过程。

(a) (b) (c)

图3-1-2 俯卧撑

(2)引体向上:测试者用双手抓住上拉杆,两手距离比肩略宽,掌心朝前。让身体垂下来,肘部充分伸展[图 3-1-3(a)]。当听到“开始”指令时,把身体向上拉到杆上,直到下巴在杆的上方[图 3-1-3(b)],然后再向下放到起始位置[图 3-1-3(c)]。尽量减少身体的摆动。重复此过程。

(a)　(b)　(c)

图 3-1-3　引体向上

(3)卷腹:测试者平躺,膝关节呈 90°,两手放于体侧,掌心向下,贴着地面[图3-1-4(a)]。当听到“开始”指令时,将上半身卷起来,用手指从起始的胶带位置沿着地面移动到第二条胶带位置[图 3-1-4(b)]。然后慢慢展开躯干,让手指回到起始位置[图3-1-4(c)],重复此过程。

(a)　(b)

(c)

图 3-1-4　卷腹

(4)深蹲:测试者双脚平行,分开,与肩同宽,双手放在头后,或者手臂交叉在胸前,保持背部挺直,目视前方[图 3-1-5(a)]。当听到“开始”指令时,屈膝屈髋,直到大腿与地面平行[图 3-1-5(b)],然后恢复初始姿势[图 3-1-5(c)],重复此过程。

(a)　　(b)　　(c)

图 3-1-5　深蹲

针对老年人或其他体弱者,测试通常会对测试动作的姿势要求进行修改,让受测者进行难度更小的变式动作,如上半身的跪姿俯卧撑、斜板引体、半卷腹等,以及下半身的椅子坐起等。在测试过程中,计算在给定时间段内(通常为 30～120 s)完整动作的重复次数或直到姿势和技巧变形时的重复次数,作为最终的结果。

(5)跪姿俯卧撑:测试者两手分开,与肩同宽,背部挺直,弯曲小腿,膝盖并拢,以两手掌和膝盖作为支点[图 3-1-6(a)],当听到“开始”指令时,弯曲肘部,直到上臂平行于地面[图 3-1-6(b)],然后伸展手臂向上推,直到双臂伸直[图 3-1-6(c)]。重复该过程。

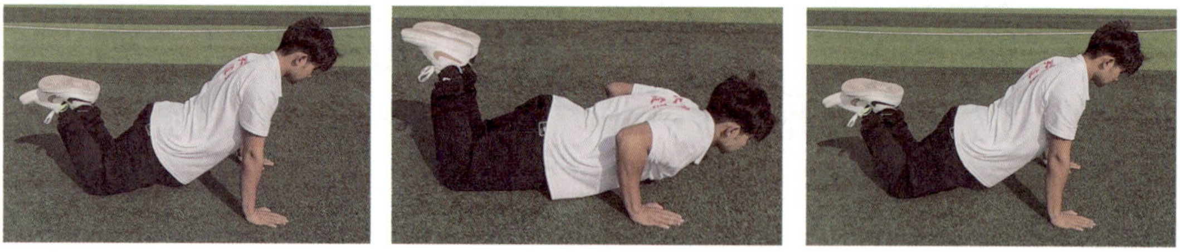

(a)　　(b)　　(c)

图 3-1-6　跪姿俯卧撑

(6)斜板引体向上:降低拉杆高度,使测试者的脚接触地面作为支撑,测试者用双手抓住上拉杆,两手距离比肩略宽。肘部充分伸展,让身体垂下来[图 3-1-7(a)]。当听到“开始”指令时,把身体向上拉到杆上,直到下巴接触拉杆[图 3-1-7(b)],然后再向下放到起始位置[图 3-1-7(c)]。重复此过程。

(a)　　(b)　　(c)

图 3-1-7　斜板引体向上

2.静态力量耐力测试

静态力量耐力体现了特定肌群在较长时间内保持所要求姿势的能力，较为经典的测试有屈臂悬垂（上肢）、靠墙静蹲（下肢）和平板支撑（躯干）等。测试方法也比较简单，当测试对象不再能够保持正确姿势，或无法再完成动作时，结束计时，计时结果作为最终结果。

（1）屈臂悬垂：测试者双手略宽于肩抓住拉杆，掌心朝前。屈臂将身体拉起，使下巴在杆的上方（图 3-1-8），然后保持姿势稳定 3 s，计时员开始计时。

图 3-1-8　屈臂悬垂

（2）靠墙静蹲：测试者双脚平行，与肩同宽，靠墙蹲下，调整身体保持坐姿、半蹲的姿势，踝关节、膝关节、髋关节均呈 90°。手臂垂在身体两侧，靠紧墙壁，保持头部、肩膀和背部与墙的接触（图 3-1-9）。保持姿势稳定 3 s 后，计时员开始计时。

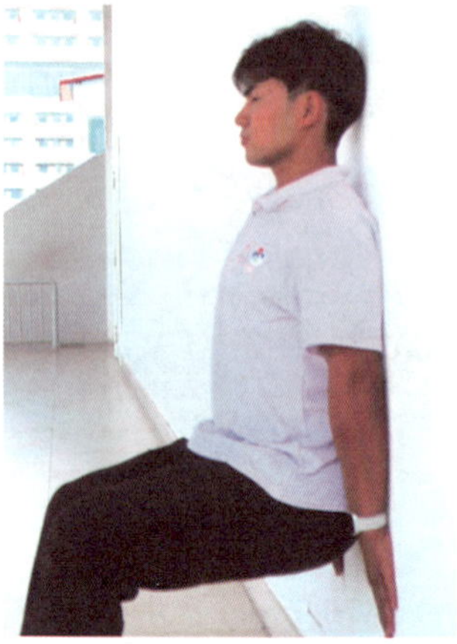

图 3-1-9 靠墙静蹲

(3)平板支撑:测试者俯卧,用肘部、前臂和脚趾撑起身体。肘部与肩同宽,双脚靠拢,保证腿、躯干和脖子成一条直线(图 3-1-10)。保持姿势稳定 3 s 后,计时员开始计时。当测试者摆好动作所需姿势并稳定 3 s 后,开始计时。测试过程中,用语言提醒测试对象维持正确姿势。当测试对象不再能够保持正确姿势,或无法再完成动作时,结束计时。

图 3-1-10 平板支撑

(三)等速力量

由于等速收缩是另一种特殊的肌肉收缩形式,因此等速力量的测试也需要一种特殊的仪器——等速测力仪。这种特殊设备能够设定恒定的速度,使肌肉在等速的情况下收缩,同时施加的阻力根据受测者的用力而变化,使肌肉收缩在每个关节角度都能达到最大用力。等速测力仪不仅能够进行测试,而且还是有效的力量训练仪器。等速力量训练不仅可以增加肌肉力量,提高爆发力,增强肌肉耐力,还是运动康复的常用手段之一,目前已经被公认为当今康复和运动科学中最安全、最有效的力量训练。以下是等速力量测试方法(以下肢等速向心肌力测试为例):

经过热身后,受测者平稳地坐在等速测试仪中,臀部、背部贴紧支撑垫,用腰带进行躯干固定,双手抓紧两侧支撑柄,膝关节活动轴心与动力头的轴心一致[图 3-1-11(a)]。调节动力臂的长度,设定关节解剖 0°位和关节活动范围。等速力量测试分为等速向心[图 3-1-11(b)]和等速离心测试[图 3-1-11(c)],测试速度≤60°/s 时为慢速测试,主要测定肌肉力量；测试速度≥180°/s时为快速测试，主要测定肌肉耐力。正式检查前先让受检者进行3～4次预测试，以使受检者熟悉检查方法和要领；慢速测试时，测试次数为4～6次；快速测试时，测试次数为20～30次。每种测试速度之间通常间歇1 min，以使肌肉有短暂休息，耐力测试后需要间歇1.5 min以上，两侧肢体的测试应间歇3～5 min。评定指标如下：

(1)峰力矩：肌肉收缩产生的最大肌力，单位为牛顿·米(N·m)。

(2)峰力矩体重比：可用于不同体重个体或人群之间肌力比较。

(3)峰力矩角度：肌肉收缩的最佳用力角度。

(4)总做功：力矩曲线下总面积，单位为焦耳(J)。

(5)平均功率：肌肉做功效率，单位为瓦特(W)。

(6)力矩加速能：肌肉收缩爆发能力，单位为焦耳(J)。

(7)耐力比：肌肉重复收缩时的耐疲劳能力，用百分比表示。

(8)主动肌与拮抗肌峰力矩比：关节活动中主动肌与拮抗肌之间的肌力平衡情况，对判断关节稳定性有一定意义。

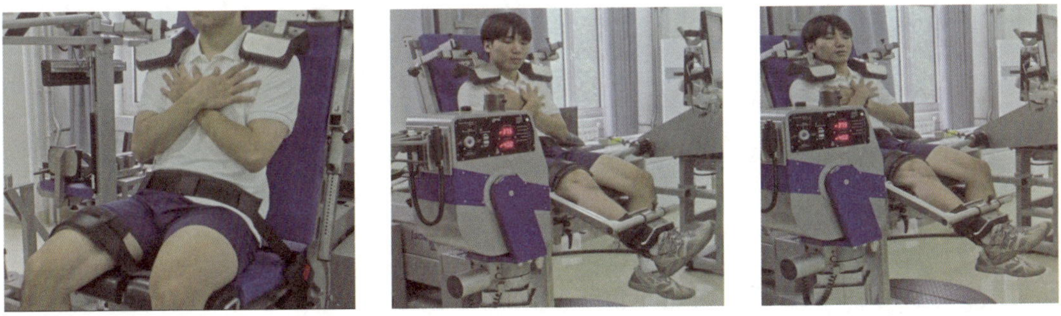

(a)　(b)　(c)

图3-1-11　等速测试仪测试

第二节　速度素质

一、速度素质的基本定义

速度素质是指人体进行快速运动的能力或在最短时间内完成某种运动的能力。速度素质在许多运动项目中都占据着重要地位，各种径赛项目以及游泳、赛艇、骑自行车等都是直接比赛速度。根据速度素质在运动中的表现形式，可将其划分为反应速度、动作速度和周期性运动的位移速度。其中，反应速度是指机体对外界信号刺激做出应答的速度，例如百米运动员从发令枪响到启动的速度；动作速度是指人体某一部分完成特定动作的移动速度，例如排球扣球的挥臂速度、打羽毛球时的挥拍速度；位移速度指运动员在周期性运动中以单位时间通过的距离，例如百米跑的速度。

二、速度素质的生理学机制

影响不同类型速度的生理学机制并不一致。反应速度是机体对刺激的反应，是一种神经反射活动，其结构基础为反射弧。任何影响反射弧的因素都会影响反应速度，主要包括感受器的敏感程度（兴奋阈值的高低）、中枢延搁、效应器（肌纤维）的兴奋性等。对于竞技运动员来说，中枢神经系统的机能状态是影响反应速度的最重要因素之一。因此，赛前充足休息，保持充沛精力，临近比赛再通过训练手段做好神经激活，能够提高比赛时的反应速度。动作速度主要取决于肌肉力量和肌纤维的类型。快肌纤维收缩速度快、慢肌纤维收缩速度慢。另外，动作速度也与肌肉的兴奋性有关，肌肉兴奋性高，低强度的刺激就能引起组织兴奋，收缩的潜伏期短，收缩速度加快。对于位移速度来说，以径赛为例，一般取决于步长和步频。而步长又取决于腿长、下肢关节的灵活性及肌肉力量。步频则主要受到神经系统的机能状态、快肌纤维百分比和肥大程度，以及各肌肉之间协调能力的影响。

三、速度素质的测量与评价

不同的速度表现形式测量方法有所差异。

（一）反应速度

反应速度一般需要通过专门的反应时测定仪来测量。我国国民体质监测中的老年人测试项目，使用专用的反应时测定仪来测试反应速度（图 3-2-1）。受测者首先需要持续按住开始键，然后根据灯光信号做出按键反应，随后手指立即返回开始键并再次按压，等待下一次灯光信号。经过 5～10 次的按键后，测试结束，仪器会自动记录平均反应时间作为最终结果。另一种测试方法更为简单便捷，即美国尼尔森根据“自由落体”原理设计的落尺测试（图 3-2-2）。受测者坐于桌椅前，手臂放松平放于桌面上，手指伸出桌边 3～4 cm，拇指与食指稍稍张开。施测者捏住计时尺的上端，并将尺的 0 点基准线对准受测者拇指和食指的上缘。测试人员发令，从预备到计时尺下落间隔控制在 1.5～2 s，发令后受测者迅速用拇指和食指捏住即将下落的计时尺，从拇指上缘刻度上记下读数，读数越小说明反应速度越快。以上仅介绍了两种测试方法，帮助理解反应速度的测试原理。对于专业运动员来说，根据不同的项目特征，借助专业设备有着多种多样的反应速度测试方法。

图 3-2-1　选择反应时测试

（引自《国民体质测定标准（2023 年修订）》）

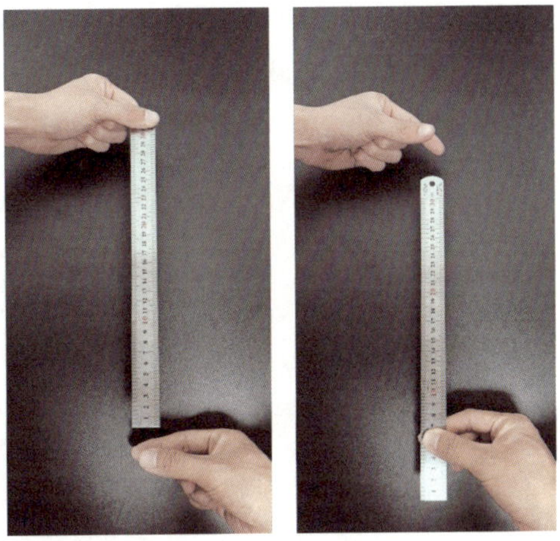

图 3-2-2　落尺测试

（二）动作速度

动作速度可以通过直接测量和间接测量两种方式进行。使用专用的反应时测试仪，并配备高速摄影仪和测试肌电的仪器，能够直接精准测试出所完成动作的速度。而间接测试法则通过对单位时间内完成动作的重复次数计数获得，测试精度不如直接测量，但在无专业仪器的情况下不失为一种较好的替代方法。

（三）位移速度

位移速度是速度素质的一种非常重要的表现形式，又可以分为直线（单方向）位移和多方向位移，本节讨论的位移速度为直线位移速度。对于位移速度来说，加速能力、最大速度、途中速度和速度保持能力都非常重要，在专业的位移速度测试中，应尽量对速度进行全面评估。加速能力体现了从静止状态短时间内加速的能力，测量距离较短；最大速度体现了在短时间内达到的最高速度，测试距离需让受测者达到最大速度；途中速度体现了在极速奔跑中所能够保持的速度；而速度保持能力体现了人在奔跑中所能够保持最大速度的时间，因此测试距离相对更长。配备电子测速仪和高速摄像机，受测者从起点竭力冲刺超过 60 码（1 码＝0.9144 m）后，就能够获得极限速度完成位移的各个要素的结果。然而，这种力竭的冲刺并不适合体质较差的人群。因此，对于老年人或体弱者，一般采用 6 m 的距离来测量步行位移速度。让受测者分别以正常步行速度和最快的步行速度步行至少 8 m，用中间 6 m 的通过速度来评价正常和最快的步行位移速度。

1.直线位移速度测试方法

在直线跑起点、10 码、30 码、40 码和 60 码处分别放置电子计时器，受测者由蹲踞式起跑或站立式起跑姿势开始，听到起跑口令后竭力冲刺 60 码，然后逐渐减速停止测试（图 3-2-3）。从起点到 10 码速度体现了受测者从静止状态开始，短时间内的加速能力；起点到 40 码速度体现了受测者在短时间内达到最大速度的能力；10 码到 30 码速度体现了受测者在极速奔跑中所能够保持的途中速度；而起跑到60码的速度则体现了受测者在奔跑中所能够保持最大速度的能力。

图 3-2-3 直线位移速度测试

2.六米步行测试方法

在地面平整、无障碍物的空地设置一段8 m直线路程，受测者站立于开始线后，听到“开始”口令后以日常步行速度向前步行8 m，然后转身，再以自身最快步行速度往回步行8 m回到开始线后(图 3-2-4)。记录两次中间6 m的步行速度。

图 3-2-4 六米步行测试

第三节 灵敏素质

一、灵敏素质的基本定义

灵敏素质是指人体在各种突然性变换条件下快速改变体位、协调准确地完成动作和随机应变的能力，是运动技能和各种素质在运动活动中的综合表现，体现了一种复杂的素质。对于各种对抗性项目来说，灵敏素质极为重要。

二、灵敏素质的生理学机制

灵敏素质受到大脑皮层神经过程的灵活性影响，神经过程的灵活性好，兴奋与抑制转换得快，机体在环境发生变化时就能够迅速地做出判断和反应。灵敏素质还受到感觉器官机能状况的影响，在完成动作的过程中，良好的感觉机能能够使机体动作准确，变换迅速，并且表现出准确的定时定向能力。因此，充分的准备活动可以保持感觉器官机能状况，降低肌紧张度，解除肌肉活动时内在的阻力，提高灵敏素质的水平。除此之外，运动技能的巩固程度也在一定程度上影响灵敏素质的发挥，在掌握的运动技能数量越多而且越熟练时，动作协调稳定且高度自动化，技术动作表现灵活而省力。

三、灵敏素质的测试与评价

前面在速度素质中介绍了直线位移速度的测量方法，实际上，灵敏素质与速度素质密不可分。灵敏素质中常用的短距离多方向测试，就是多方向位移速度的体现。这种测试要求人体在短距离中加速并快速完成变向，能够很好地评价灵敏素质。目前常用的灵敏素质测量方法主要有以下几种。

(一)5-10-5 测试和 5-0-5 测试

5-10-5 测试是最常见的灵敏测试之一，其要求受测者以骑跨的方式面向前方、立于中线，先往左跑 5 码，然后快速变向往右跑 10 码，最后往左跑 5 码回到中线，每次脚踩线为到达要求位置，记录受测者从中线出发到回到中线的时间。这一测试体现了受测者的多方向速度和计划性变向能力。另一个与 5-10-5 测试类似的测试叫 5-0-5 测试，受测者从起点出发，然后往右跑 15 码，然后快速变向往回冲刺 5 码，记录受测者从 10 码位置处开始，到变向后完成冲刺的时间。这一测试体现了受测者在保持速度的情况下快速变向的能力。

1.5-10-5 测试方法

在地面平整、无障碍物的空地设置竖着的开始线，开始线左侧 5 码和右侧 5 码分别设置两条平行于开始线的标志线。受测者面向前方，以骑跨的方式立于开始线[图 3-3-1(a)]，听到“开始”口令后，迅速往左蹬转并冲刺 5 码，单脚踩到标志线视为到达[图 3-3-1(b)]，然后蹬转往右冲刺 10 码[图 3-3-1(c)]，最后往左奔跑冲刺过起点线[图 3-3-1(d)]。记录受测者从开始线出发，最后回到开始线的时间。

(a)

(b)

(c)

(d)

图 3-3-1 5-10-5 测试

2.5-0-5 测试方法

在地面平整、无障碍物的空地设置竖着的开始线，开始线右侧 10 码和 15 码处分别设置两条平行于开始线的标志线。受测者面向前方，以骑跨的方式立于开始线[图 3-3-2(a)]，听到“开始”口令后，迅速往右蹬转冲刺 15 码[图 3-3-2(b)]，单脚踩到 15 码处标志线后，迅速蹬转往回冲刺过 10 码处标志线[图 3-3-2(c)]。记录受测者从开始线出发，最后冲刺过 10 码处标志线的时间。

(a)

(b)

(c)

图 3-3-2 5-0-5 测试

（二）“T”形跑测试和“Y”形跑测试

与前面介绍的两种灵敏测试相比，以下几种测试体现了更多的变向方向。“T”形跑，顾名思义，就是需要受测者完成一个“T”形的测试线路。从“T”的底部出发，往前跑10码触摸标志桶，然后快速变向往左滑步5码，左手触摸标志桶，随后快速变向往右滑步10码，右手触摸标志桶，然后往左变向回到“T”顶端中部，最后后退回到起点完成测试，整个测试过程要求受测者整个身体朝前，且不允许出现交叉步。这一测试体现了受测者的多方向速度（前后左右）和计划性变向能力。与“T”形跑的左右变向相比，“Y”形跑的变向为斜方向，并且当受测者冲刺5码到达“Y”形中心交叉点时，要根据测试人员发出的信号指令随机往左斜或者右斜45°进行变向冲刺，因此还体现了非计划性的随机变向能力。

1.“T”形跑测试方法

在地面平整、无障碍物的空地放置两个标志牌作为起点，起点正前方10码处放置1个标志桶，在该标志桶左、右侧5码各放置1个标志桶，使测试场地呈“T”形。受测者以站立式起跑姿势立于起点[图3-3-3(a)]，听到“开始”口令后，往前跑10码触摸正前方标志桶[图3-3-3(b)]，然后快速变向往左滑步5码，左手触摸标志桶[图3-3-3(c)]，随后快速变向往右滑步10码，右手触摸标志桶[图3-3-3(d)]，然后往左变向滑步回到“T”顶端中部[图3-3-3(e)]，最后后退回到起点[图3-3-3(f)]。整个测试过程要求受测者整个身体朝前，且不允许出现交叉步。记录受测者从起点开始，最后回到起点的时间。

(a)

(b)

(c)

(d)

(e)

(f)

图 3-3-3 “T”形跑测试

2.“Y”形跑测试方法

在地面平整、无障碍物的空地放置两个标志牌作为起点，起点正前方 5 码处放置 1 个标志桶，在该标志桶左前 45°、右前 45°方向 5 码处各放置 1 个标志桶，使测试场地呈“Y”形。受测者以站立式起跑姿势立于起点后[图 3-3-4(a)]，听到“开始”口令后，迅速往前奔跑[图 3-3-4(b)]，当受测者跑到约 2.5 码处时，测试人员随机发出左或右的信号指令，受测者跑至 5 码处后根据信号指令往左前或者右前变向冲刺 5 码[图 3-3-4(c)]。记录受测者从起点到变向冲刺 5 码后的时间。

(a)

(b)

(c)

图 3-3-4 “Y”形跑测试

（三）六边形跳测试和十字象限跳测试

在体育比赛中，运动员在场上的灵活变向并不全是跑步变向，还有跳跃变向。因此，跳跃变向能力也是评估灵敏素质的重要部分。目前，最常见的跳跃变向能力测试有六边形跳测试和十字象限跳测试。六边形跳要求受测者在一个边长为 24 英寸（约 60 cm）、120°内角的六边形中，顺时针方向双脚从中心快速跳到每个边外，再跳回中心，跳跃过程中整个身体始终朝前。这一测试不仅体现了多方向的跳跃变向能力，还体现了身体在空中的控制能力。十字象限跳是国家体育总局《国家体育锻炼标准》中要求的灵敏测试项目，与六边形跳的要求类似，都是要求受测者连续跳跃，但路线有所不同。在长宽均为 1 m的十字场地中，四个象限 1、2 和 3、4 分别交叉排列。受测者按照 1、2、3、4、1 的顺序连续跳跃，跳跃路线呈交叉形，连续循环 10 次并记录成绩。

1.六边形跳测试方法

在地面平整的空地设置一个边长为 60 cm、内角为 120°的六边形。受测者双脚站立于六边形中心[图 3-3-5(a)]，听到开始信号后，双脚起跳，顺时针方向从中心快速跳到每个边外[图 3-3-5(b)]，然后跳回中心[图 3-3-5(c)]，跳跃过程中整个身体始终朝前。记录受测者从起跳到最后一次跳回到中心的时间。

(a)

(b)

(c)

图 3-3-5　六边形跳测试

2.十字象限跳测试方法

在地面平整的空地上设置长宽均为 1 m 的十字，四个象限 1、2、3、4 分别交叉排列。受测者站立于第 1 象限[图 3-3-6(a)]，听到开始信号后，双脚起跳，按照 1、2、3、4、1 的顺序连续跳跃，跳跃路线呈交叉形，连续循环 10 次，最后回到第 1 象限[图 3-3-6(b)]。记录从第 1 象限开始，循环跳跃 10 次，最后回到第 1 象限的时间。

(a)

(b)

图 3-3-6　十字象限跳测试

（四）计时起立行走测试

以上我们介绍的测试方法适合运动员、儿童青少年及健康成年人等群体，对于老年人或其他体弱群体来说，要采用其他的测量方法。计时起立行走（time up and go，TUG）测试能够反映体质较弱的群体在变化条件下快速和协调移动的能力。目前，TUG 测试已经发展出了一些变式，但都是从坐姿开始。标准版 TUG 测试中，受测者需要从坐姿站起，然后快速步行 5 m 到达边长为 0.6 m 的正方形框中，步行转身 180°然后步行回到椅子上坐下，即一次测试结束。另一个变式——540°TUG 测试，要求受测者达到方框后步行转 540°，然后再步行回到椅子坐下。绕框 TUG 测试要求受测者到达方框后不进入方框，而是围绕方框外缘步行一圈，然后步行回到椅子上坐下。双重任务 TUG 测试则要求受测者在完成测试动作的过程中，一边走一边与测试人员交谈。另外，所有的 TUG 测试都需要受测者左、右方向轮流进行，具体测试方法如下：

在地面平整、无障碍物的空地放置一个舒适高度的椅子，椅子前方 5 m 处设置一个边长 0.6 m 的正方形方框。①标准版 TUG 测试：受测者坐于椅子上[图 3-3-7(a)]，听到“开始”信号后，受测者从椅子上站起，然后快速步行 5 m 进入方框[图 3-3-7(b)]，在方框内步行转身 180°[图 3-3-7(c)]，然后步行 5m 回到椅子坐下[图 3-3-7(d)]。记录受测者从椅子上站起并回到椅子坐下的时间。②540°TUG 测试中受测者到达方框后步行转 540°。③绕框 TUG 测试中，受测者到达方框后不进入方框，而是围绕方框外缘步行一周。④双重任务 TUG 测试则要求受测者在完成测试动作的过程中与测试人员交谈，思考并回答测试人员的问题，其余要求与标准版 TUG 测试一样。

(a) (b) (c) (d)

图 3-3-7 计时起立行走测试

第四节　有氧耐力

一、有氧耐力的基本定义

有氧耐力是指人体长时间进行有氧工作的能力，竞技运动项目中的长距离跑就是典型的有氧耐力项目。人体在进行长时间工作时，体内储存的直接可用的 ATP 不足以供给长时间运动，因此需要氧气对体内储存的糖、脂肪、蛋白质进行有氧氧化，以释放能量，这个过程受到有氧供能系统的控制。有氧代谢是人体运动过程中最主要的供能系统，也是人体运动能力的基础，任何运动都离不开有氧运动能力的支撑。

二、有氧耐力的生理学机制

决定机体有氧耐力的生理因素与氧气和能源物质储备有关。其中，运动中氧气的供应因素主要包括肺的通气与换气机能、血红蛋白的含量及其载氧能力、心脏泵血功能等。从呼吸系统机能来看，肺的通气量越大，吸入体内的氧气就多，并且深度大、频率小的呼吸方式更易于运动；吸入肺内的氧气通过血液内的血红蛋白运输到各组织细胞，单位时间内血液循环量越多，运输氧的能力越强；心脏泵血功能则是运动中供氧充足的保证，单位时间内，心脏泵血量越多，氧气运输能力就越强，对于经过系统训练的运动员来说，心脏形态和机能会发生适应性变化，从而提高心脏的工作效率，适应长时间运动的需要。肌糖原是肌肉进行有氧代谢的主要能源物质，肌肉中糖原含量越高，有氧供能的潜力就越大。此外，肌纤维的组成成分及其氧化供能能力被认为是决定有氧耐力的外周机制。慢肌纤维具有丰富的毛细血管分布，肌纤维中的线粒体数量多、体积大且氧化酶活性高，肌红蛋白含量也高，有利于提高肌纤维的摄氧能力。

三、有氧耐力的测试与评价

（一）最大摄氧量

氧气充足是实现有氧工作的先决条件，也是制约有氧工作的关键因素。因此，单位时间内机体的最大摄氧水平及氧的利用率是评价人体有氧工作能力的重要指标。VO_{2max}指的是人体在进行有大量肌肉参加的长时间激烈运动中，心肺功能和肌肉利用氧的能力达到本人极限水平时，单位时间内所能摄取的氧量。VO_{2max}是目前普遍被认为评价心肺功能和有氧运动能力的重要指标，可以通过极限强度测试法和亚极限强度测试法获得。极限强度测试法要求受测者进行力竭性运动，而亚极限强度测试法不需要受测者达到力竭，适合的人群更为广泛，但在准确性上不如极限强度测试法。本节先来介绍两种分别基于实验室测试环境和运动场地测试环境的常见极限强度测试法。

1.极限强度测试法

(1)布鲁斯(Bruce)跑步机测试:布鲁斯跑步机测试是直接测量有氧耐力的一种方法(图 3-4-1),属于实验室测量,需要专门的仪器和较为严格的测试程序,其测试的准确性也比较高。测试者在测试前,需要戴上心率监测器、呼吸面罩等专业设备,测量测试者的静息心率和气体代谢数据。随后,按照设定测试方案,调整跑步机速度和坡度,记录每个阶段的心率及各气体代谢数据,直到测试者无法再继续测试或在达到 VO_{2max} 测试标准后停止测试。在运动过程中至少具备以下一项指标即可评定为达到 VO_{2max}:VO_2 不再增加而出现平台、心率达到或超过 180 次/分、呼吸熵(呼出 VCO_2 ÷ 吸入消耗 VO_2)超过 1.15、运动后血乳酸大于 8 mmol/L。使用功率自行车进行递增负荷测试来获得 VO_{2max} 的方法与跑步机原理一样。

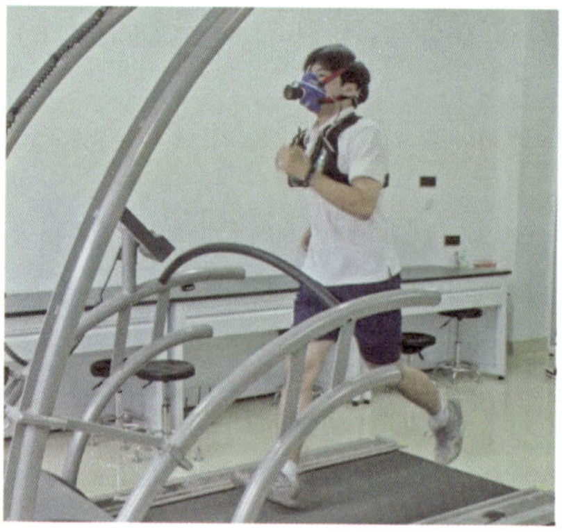

图 3-4-1 布鲁斯跑步机测试

布鲁斯跑步机测试具体方法如下:

代谢车校准后,输入受测者信息。受测者站至跑步机上后,为受测者佩戴心率监测器和面罩,并测量受测者静息心率和气体代谢数据。然后受测者以坡度<10%,速度<2.74 km/h的强度热身 3~5 min。热身结束后,要求受测者以第一阶段的强度开始测试,测试开始同时启动秒表。第一阶段跑步机坡度为 10%,速度为 2.74 km/h。每 3 min 增加一次坡度和速度,各阶段强度见表 3-4-1,直到受测者无法继续测试,每阶段的最后 30 s 收集测试者的心率(heart rate,HR)、VO_2、VCO_2、呼吸交换率(respiratory exchange ratio,RER)、每分钟通气量(minute Ventilation,VE)和主观用力程度(rating of perceived exertion,RPE)。当测试者无法继续测试时,将跑步机的速度减少至 4.83 km/h,并将坡度降至 0。让测试对象继续戴着吹口放松 5 min(在放松过程中记录 RER)。立即记录测试所用总时间,用于估算 VO_{2max}。测试结束后,受测者继续保持活动至少 5 min,直至心率达到约 120 次/分。使用公式计算 VO_{2max}:

男性 $VO_{2max}=14.76-(1.379\times 时间)+(0.451\times 时间^2)-(0.012\times 时间^3)$

女性 $VO_{2max}=(4.38\times 时间)-3.90$

表 3-4-1　布鲁斯跑步机测试方案表

阶段	时间/min	速度/(km/h)	坡度/%
1	0	2.74	10
2	3	4.02	12
3	6	5.47	14
4	9	6.76	16
5	12	8.05	18
6	15	8.85	20
7	18	9.65	22

(2)Yo-Yo 间歇性恢复测试：Yo-Yo 间歇性恢复测试是一种经典的有氧耐力场地测量方法，在竞技足球项目的训练与测试中很常见。该方法使用间歇性改变方向的方案，在田径场内即可测量，测试更为简单易行。测试时用声音信号控制被测者的奔跑速度。其中声音信号是不同节奏的嘟声，随着测试时间的持续，信号节奏会越快，被测者跑得也越快。测试者根据声音信号的提示，进行 20 m 往返跑，直到测试者达到极限，无法在信号中及时返回起跑线时，测试结束，并记录已完成的往返距离，并根据公式估算 VO_{2max}。Yo-Yo 测试有两个常用版本，其中 Level 1(YYIR1)主要用于评估个体持续进行高强度有氧运动的能力，适用于有氧运动能力较低的年轻群体或业余运动员，开始速度为 10 km/h；而 Level 2(YYIR2)用于评估需要高强度无氧和有氧结合的间歇运动能力，适用于体能水平较高的精英或职业运动员，开始速度为 11.5 km/h。测试结果可通过查表或公式计算得出，Level 1——VO_{2max}[mL/(kg · min)]＝距离(m)×0.0084＋36.4，Level 2——VO_{2max}[mL/(kg · min)]＝距离(m)×0.0136＋45.3。Yo-Yo 间歇性恢复测试的具体方法如下：

在地面平整、无障碍物的空地测量出 25 m 的长度，0m 处设置恢复线，5 m 处设置起跑线，25 m 处设置转身线。受测者站立于起跑线后，听到第一个音频信号时，从起跑线跑向转身线，在第二个音频信号响起时或响起之前到达转身线处并转身，第二个音频信号响起后往回跑向起跑线，并在第三个音频信号响起时或之前到达起跑线。达到起跑线后，受测者减速并继续向前移动到恢复线，然后转身返回起跑线，回到起跑线后，停下休息，等待第四个音频信号响起然后继续跑向转身线，依次类推(图 3-4-2)。在每个音频信号响起时，应有一只脚已经放在或越过起跑线或转身线。在 Yo-Yo 间歇性恢复测试 Level 1 的正式测试中，开始速度为 10 km/h，持续 1 个往返，然后为 12 km/h，同样持续 1 个往返，接着以 13 km/h 持续 2 个往返，自此，每个阶段速度增加 0.5 km/h，13.5 km/h 持续 3 个往返，14 km/h 持续 4 个往返，从 14.5 km/h 开始，每个阶段都持续 8 个往返，一直到 19 km/h 的 8 个往返。Yo-Yo 间歇性恢复测试 Level 2 更适用于体能水平较高的精英或职业运动员，起始速度为 11.5 km/h，需要完成 10 个往返，每个阶段速度增加

0.5 km/h，12～13 km/h 阶段分别完成 11 次往返，13.5～14 km/h 阶段分别完成 12 次往返，14.5～15.5 km/h 分别完成 13 次往返，16～16.5 km/h 分别完成 14 次往返，17～18 km/h 分别完成 15 次往返。在 Yo-Yo 间歇性恢复测试过程中，当受测者第一次无法按时到达起跑线时给予一次警告，第二次出现这种情况时，结束测试。Yo-Yo 间歇性恢复测试有专门的成绩记录表(表 3-4-2)，受测者每完成 1 次往返，测试人员在记录表上勾掉相应序号。当受测者结束测试时，记录其最后一个阶段对应的速度、往返跑次数及完成的总距离。

表 3-4-2 Yo-Yo 测试成绩记录表(Level 1)

5	(40 m)							
9	(80 m)							
11	(120 m)	2 (160 m)						
12	(200 m)	2 (240 m)	3 (280 m)					
13	(320 m)	2 (360 m)	3 (400 m)	4 (440 m)				
14	(480 m)	2 (520 m)	3 (560 m)	4 (600 m)	5 (640 m)	6 (680 m)	7 (720 m)	8 (760 m)
15	(800 m)	2 (840 m)	3 (880 m)	4 (9200 m)	5 (960 m)	6 (1000 m)	7 (1040 m)	8 (1080 m)
16	(1120 m)	2 (1160 m)	3 (1200 m)	4 (1240 m)	5 (1280 m)	6 (1320 m)	7 (1360 m)	8 (1400 m)
17	(1440 m)	2 (1480 m)	3 (1520 m)	4 (1560 m)	5 (1600 m)	6 (1640 m)	7 (1680 m)	8 (1720 m)
18	(1760 m)	2 (1800 m)	3 (1840 m)	4 (1880 m)	5 (1920 m)	6 (1960 m)	7 (2000 m)	8 (2040 m)
19	(2080 m)	2 (2120 m)	3 (2160 m)	4 (2200 m)	5 (2240 m)	6 (2280 m)	7 (2320 m)	8 (2360 m)
20	(2400 m)	2 (2440 m)	3 (2480 m)	4 (2520 m)	5 (2560 m)	6 (2600 m)	7 (2640 m)	8 (2680 m)
21	(2720 m)	2 (2760 m)	3 (2800 m)	4 (2840 m)	5 (2880 m)	6 (2920 m)	7 (2960 m)	8 (3000 m)
22	(3040 m)	2 (3080 m)	3 (3120 m)	4 (3160 m)	5 (3200 m)	6 (3240 m)	7 (3280 m)	8 (3320 m)
23	(3360 m)	2 (3400 m)	3 (3440 m)	4 (3480 m)	5 (3520 m)	6 (3560 m)	7 (3600 m)	8 (3640 m)

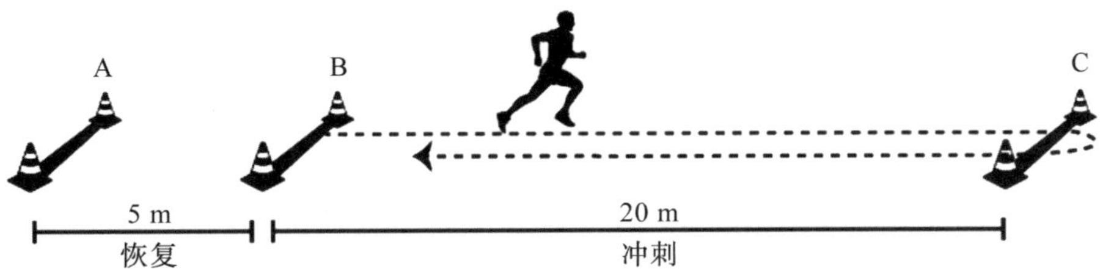

图 3-4-2　测试路线图{引自 WOOD R. The Yo-Yo Intermittent Recovery Test Level 1[EB/OL]. (2018)[2025-5-30]. https://www.theyoyotest.com/yyir1.htm.}

除了以上两种极限强度测试法外，有氧耐力的测试还有一些其他方法。例如巴克-韦尔测试(Balke-Ware 法)和斯托勒-戴维斯测试(Storer-Davis 法)，这是两种适合体质较差群体的测试方法。巴克-韦尔测试要求受测者在跑步机上行走，通过增加坡度和速度的方式递增强度；斯托勒-戴维斯测试则是需要受测者在功率自行车上进行递增强度蹬车。二者都要求受测者尽可能长时间地进行负荷，从而获得 VO_{2max}。另外，12 min 跑/走和 2.4 km 跑/走也是两种较为传统的有氧耐力测试方法，这两种测试要求受测者在固定时间内尽可能多地完成距离，或在最快时间内完成固定距离，然后运用公式估算有氧运动能力。

(3)巴克-韦尔测试：测试者为受测者佩戴心率监测器，要求受测者站至跑步机上，记录静息心率及血压。受测者进行热身后，将跑步机的初始速度设置为 3.3 mile/h(1 mile＝1.609344 km，5.31 km/h)，坡度为 0，然后指示受测者开始测试。在第 1 min 结束时将坡度增加到 2%，然后在每分钟结束时增加 1%。每分钟结束时，测量心率和 RPE，每 2 min结束时测量血压。如果测试达到 25%的坡度，那么逐渐增加 0.2 mile/h(0.32 km/h)的速度。当受测者达到其最大心率的 75%时，测试结束并立即记录心率和 RPE。然后，将跑步机的坡度恢复到 0，要求受测者继续行走 4 min，在每分钟的恢复过程中记录心率和 RPE，最后计算 VO_{2max}。

VO_{2max}[mL/kg · min]＝11.12＋(1.15×时间)

(4)斯托勒-戴维斯测试：测试者为受测者佩戴心率监测器，要求受测者坐上功率自行车，记录心率及血压。然后，受测者以 0 W 空蹬 4 min，此后负荷每分钟增加 15 W，要求功率自行车转速始终保持在 60 r/min 左右，每分钟的最后15 s记录受测者心率，直至受测者无法继续测试，记录此时功率自行车的负荷。然后降低负荷，要求受测者进行放松活动。依据公式计算 VO_{2max}。

男性：VO_{2max}＝10.51 W＋6.35 kg－10.49 yr＋519.3 mL/min

女性：VO_{2max}＝9.39 W＋7.7 kg－5.88 yr＋136.7 mL/min

(5)12 min 跑/走和 2.4 km 跑/走测试

①2.4 km 跑/走测试方法：受测者站立式起跑立于 400 m 起点最内道，听到开始信号后尽可能快地跑步或步行 2.4 km 的距离，记录完成时间，然后使用公式计算 VO_{2max}。

男性：VO_{2max}＝91.736－[0.1656×体重(kg)]－[2.767×时间(min)]

女性：VO_{2max}＝88.020－[0.1656×体重(kg)]－[2.767×时间(min)]

②12 min 跑/走测试方法：测试者站立式起跑立于 400 m 起点最内道，听到开始信号后尽可能快地跑步或步行，记录完成的距离，然后使用公式计算 VO_{2max}。

VO_{2max}＝22.35×距离(km)－11.28

2.亚极限强度测试法

以上介绍了较为常见的有氧耐力极限强度测试法，实际上，有氧耐力极限强度测试法需要受测者达到至少是自感的最大努力，因此在操作上存在一些限制。一方面，有的人可能在未达到自身真实极限水平时就结束了测试；另一方面，对于有些群体来说，达到力竭可能存在较高的健康风险。而亚极限强度测试法的优点在于安全高效，不需要受测者达到力竭即可估算 VO_{2max}。因此，亚极限强度测试和极限强度测试最大的区别之一就是受测者的运动强度。埃贝灵(Ebbeling)次极量跑步机测试与极限强度测试法中的递增负荷测试类似，但 Ebbeling 次极量跑步机测试仅要求受测者完成 4 min 的递增负荷测试，并记录在第 2 min 和第 4 min 的数据，以估算 VO_{2max}。亚极量划船功率计测试则让受测者自己选择一个可以维持 5～10 min 的强度，并完成开始、维持、结束、恢复这四个阶段。每分钟运动结束后，记录测试对象的心率，当测试者的心率在 2 min 内出现稳定时，记录心率以及功率输出(以瓦为单位)并停止测试，估算 VO_{2max}。YMCA 台阶测试使用连续的固定节奏台阶踏步来测试有氧耐力。测试者依据节拍器的蜂鸣声频率上下台阶(女性 88 次/分、男性 96 次/分)，不需要达到力竭，蹬踏 3 min 后就停止蹬踏。在测试完成后大约 5 s，测量并记录 15 s 的心率，并通过公式就可估算 VO_{2max}。45 s 深蹲测试(或 Ruffier-Dickson 测试)则是通过固定节奏深蹲后的心率恢复来测量有氧耐力。测试者在测量静息心率后，依据节拍器的节奏重复完成 45 s 的下蹲站起动作，并在动作完成 15 s 内和休息 1 min 后(75 s 内)完成两次测量，依次估计 VO_{2max}。罗克波特健身步行测试与极限强度测试法中的 2.4 km 跑/走类似，但仅要求受测者尽可能快地行走 1.6 km，且不允许慢跑或跑步，记录总完成时间和运动后即刻心率，估算 VO_{2max}。

(1)Ebbeling 次极量跑步机测试方法：测试者为受测者佩戴心率监测器(同触诊心率比较)，并测量受测者静息血压。根据受测者年龄、性别和预期体能水平，选择 3.2～7.2 km/h的步行速度。让受测者以所选速度在 0 坡度的跑步机上热身 4 min，在第 2 min和第 4 min 测量受测者的触诊心率、血压和 RPE。然后开始 4 min 的单阶段测试，跑步机坡度设置为 5%，速度同热身，在第 2 min 和第 4 min 测量受测者触诊心率、血压和 RPE。最后将坡度降到 0，放松 4 min，在第 2 min 和第 4 min 测量受测者触诊心率、血压和 RPE。根据公式，估算受测者的 VO_{2max}。

VO_{2max}＝15.1＋21.8×速度(mile/h)－(0.327×HR)－0.263×[速度(mile/h)×年龄(岁)]＋0.00504×[HR×年龄(岁)]＋5.98×性别(0＝女性，1＝男性)

(2)亚极量划船功率计测试方法:测试者为受测者佩戴心率监测器。热身结束后,让受测者坐在划船机上,收紧脚上的脚板带,并双手握住手柄。测试开始前,告知受测者选择一个自己可以维持 5～10 min 的速度,保证可以完成开始、维持、结束、恢复这四个阶段,不要试图选择最大的强度进行运动。然后开始测试,密切关注心率监测器,并监督受测者以稳定的亚最大强度(适宜的速度)进行运动,心率低于 170 次/分。每分钟运动结束后,记录受测者的心率,当受测者的心率在 2 min 内出现稳定时,记录受测者心率及输出功率,并停止测试。最后,要求受测者进行放松活动。先根据列线图估计绝对最大摄氧量,然后依据公式计算 VO_{2max}(图 3-4-3)。

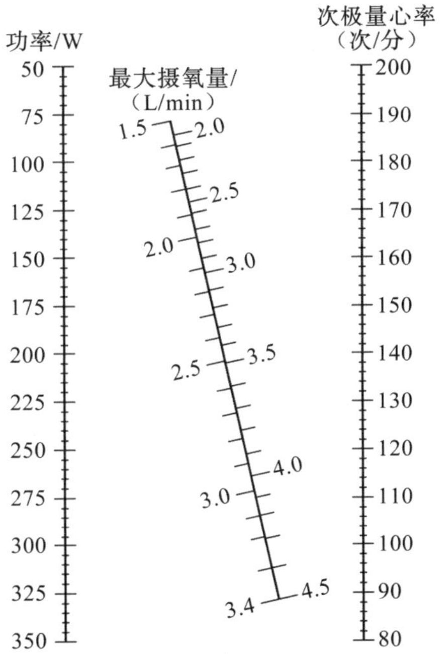

图 3-4-3　列线图估算法

注:VO_{2max}＝绝对最大摄氧量(L/min)/体重(kg)×1000

(3)YMCA 台阶测试方法:准备一个高度为 30～40 cm 的台阶或凳子,受测者佩戴心率监测器,坐在台阶上休息 3 min,测试人员触诊其桡动脉的脉搏 15 s,记录测试对象的静息心率,同时记录心率监测器显示的同步心率。女性受测者的节拍器设置为 88 次/分,按“上上下下”的方式,让受测者在每次节拍器发出信号时一只脚踏上或踏下台阶(图 3-4-4),即蹬踏频率为 22 步/分。男性节拍器设置为 96 次/分,即 24 步/分。正式测试开始后,受测者跟随音频信号蹬踏 3 min,然后停止蹬踏,测试人员立即触诊其桡动脉脉搏,5 s 后准时开始计数,计数 15 s,记录脉搏和心率监测器显示的同步心率。根据 15 s 脉搏计算每分钟心率,然后使用公式估算最大有氧耐力。参见以下健康、年轻成年人的公式:

女性[单位为 mL/(kg · min)]:

VO_{2max}＝65.81－[0.1847×心率(次/分)]

男性[单位为 mL/(kg·min)]:

VO_{2max} = 111.33−[0.42×心率(次/分)]

图 3-4-4 台阶测试

(4)45 s 深蹲测试(或 Ruffier-Dickson 测试):受测者佩戴心率监测器,测量受测者休息 3 min 后的静息心率。然后,受测者双臂交叉或伸在胸前,双脚平行,与肩同宽。听到节拍器“开始”信号后,保持背部挺直,眼睛朝前看,同时膝盖和臀部屈曲下蹲,在下一次信号响起的同时达到要求位置,即踝关节、膝关节和髋关节成直角。然后伸展膝盖和臀部,在听到下一声信号音时回到起始位置(图 3-4-5)。节拍器设置为80 拍/分,即深蹲 40 次/分,受测者将以这个速度在 45 s 内完成 30 次深蹲。45 s 后,马上测试受测者 15 s 心率,然后休息 1 min 后第 75 s 时再次测试 15 s 心率。根据公式估算受测者的 Ruffier-Dickson 指数(Ruffier-Dickson index,RDI),然后再根据 RDI 指数估算最大有氧耐力。公式如下:

$$RDI=[(HR_{15s}-70)+2(HR_{75s}-HR_{rest})]/10$$

$$\text{男性}:VO_{2max}=(-0.0309\times\text{年龄})+\left[4.533\times\frac{\text{身高(cm)}}{100}\right]-(0.0864\times RDI)-3.228$$

$$\text{女性}:VO_{2max}=(-0.0309\times\text{年龄})+\left[4.533\times\frac{\text{身高(cm)}}{100}\right]-(0.0864\times RDI)-3.788$$

图 3-4-5 45 秒深蹲测试

(5)罗克波特健身步行测试方法

受测者站立式起跑，立于 400 m 起点最内道，佩戴心率监测器。听到开始信号后，尽可能快地步行 1.6 km，越过 1.6 km 标记后，记录完成时间，并立即触诊心率 15 s 测量心率。根据公式，估算每个测试对象的 VO_{2max}。

男性：

18～29 岁：VO_{2max}[mL/(kg · min)] = 97.660 − [0.0957 × 体重(磅，1 磅 = 0.45359237 kg)] − [1.4537 × 步行时间(分)] − [0.1194 × 心率(次/分)]

30～79 岁：VO_{2max}[mL/(kg · min)] = 139.168 − (0.3877 × 年龄) − [0.1692 × 体重(磅)] − [3.2649 × 步行时间(min)] − [0.1565 × 心率(次/分)]

女性：

18～29 岁：VO_{2max}[mL/(kg · min)] = 88.768 − [0.0957 × 体重(磅)] − [1.4537 × 步行时间(min)] − [0.1194 × 心率(次/分)]

30～79 岁：VO_{2max}[mL/(kg · min)] = 132.853 − (0.3877 × 年龄) − [0.1692 × 体重(磅)] − [3.2649 × 步行时间(min)] − [0.1565 × 心率(次/分)]

峰值摄氧量(Peak VO_2)是区别于最大摄氧量而反映有氧工作能力的另一指标。测试峰值摄氧量的运动模式、测试仪器、测试步骤与最大摄氧量的实验室直接测量方法一样，唯一的区别在于峰值摄氧量的测试时间更加考虑受测者的自身感受，当受测者自感不适，且摄氧量已经维持 1 min 时，即认为达到了峰值摄氧量。峰值摄氧量一般小于或等于最大摄氧量。峰值摄氧量测试和最大摄氧量的亚极限强度测试法都更适合体质相对较弱、运动水平较低的普通人群，老年人，以及呼吸、循环系统器质性或功能性病变者。

(二)乳酸阈

最大摄氧量是衡量有氧代谢过程中运动能力的尺度，反映了个体有氧运动能力的最大潜力。然而，有氧运动能力的提高并不仅仅是最大摄氧量增长的结果。因为一般来说，耐力运动员并非维持在最大摄氧量的强度下运动，而是在低于最大摄氧量的亚极限度下完成负荷。与最大摄氧量具有同等重要意义的另一个指标——乳酸阈(lactate threshold，LT)，比最大摄氧量更能反映人体的有氧耐力。我们知道，有氧运动的特点是强度较低，维持的时间长。随着运动强度的增加，例如，当跑步的速度越来越快时，呼吸会越来越急促，双腿也开始变得酸痛、沉重。这是因为随着运动强度的增加，体内储存的糖分氧化分解速度跟不上机体的能量需求。这时，为了维持较高强度的运动，糖也可以在氧气供应不充分的情况下，分解提供能量，从而产生乳酸，使肢体出现酸胀感。实际上，此时人体的无氧供能系统已经介入了能量供应中。因此，在进行递增负荷运动中，人体血乳酸出现急剧增加的点就被称为“乳酸阈”，它反映了机体的代谢方式从以有氧代谢为主过渡到以无氧代谢为主的临界点或转折点，传统的理论也将乳酸阈称为“无氧阈”。乳酸阈的高低是反映机体有氧工作能力的另一个重要生理指标，一个人的乳酸阈值越高，说明其在渐增负荷运动中，无氧代谢供能系统动员得越晚，即能够最大限度地动员有氧代谢系统而不过早地动员无氧供能系统，使乳酸积累出现得更晚，即说明其有氧工作能力越强。接下来本节介绍乳酸阈的两种常见测试方法。

侵入性测试法又叫有创测试法，是乳酸阈的直接测量方法。即在实验室环境下，受测者进行多级递增强度运动，在每一级测试中采集受测者的血样，一般采集耳垂或指尖血，然后使用血乳酸便携分析仪即可测试出血乳酸浓度。以运动时的绝对强度如跑步机速度(km/h)、功率(W)为横坐标，血乳酸浓度为纵坐标作图，血乳酸浓度呈现非线性增加时的拐点浓度值称为乳酸阈值，此时对应的强度称为乳酸阈强度。人体的乳酸阈值为4～6 mmol/L。这是因为乳酸阈值存在个体差异性，因此我们又把个体在渐增负荷中的乳酸阈拐点称为“个体乳酸阈”。事实上，在真正的逐级递增强度运动测试实践中，存在两个乳酸阈拐点，第一个拐点一般位于 2 mmol/L 附近，拐点后血乳酸浓度缓慢增加，这时机体从有氧供能进入有氧和无氧混合供能；第二个拐点也就是我们前面所说的乳酸阈值，出现在 4～6 mmol/L，拐点后血乳酸浓度激增，此时机体从混氧运动进入真正意义的无氧运动。不同人群达到乳酸阈值所对应的强度存在差异，没有训练经历的人群一般在50%～60% VO_{2max}左右达到乳酸阈值，而训练有素的耐力运动员能够在 75% 以上VO_{2max}达到乳酸阈值。乳酸阈有创测试的具体方法如下：

在实验室环境下，受测者进行多级递增强度运动，在每一阶段测试采集血样，一般采集耳垂或指尖血(图 3-4-6)，然后使用血乳酸分析仪即可测试出血乳酸浓度(图 3-4-7)。以运动时的绝对强度如跑步机速度(km/h)或功率自行车功率(W)为横坐标，血乳酸浓度为纵坐标作图，血乳酸浓度呈现非线性增加时的拐点浓度值称为乳酸阈值(图 3-4-8)，此时对应的强度称为乳酸阈强度。

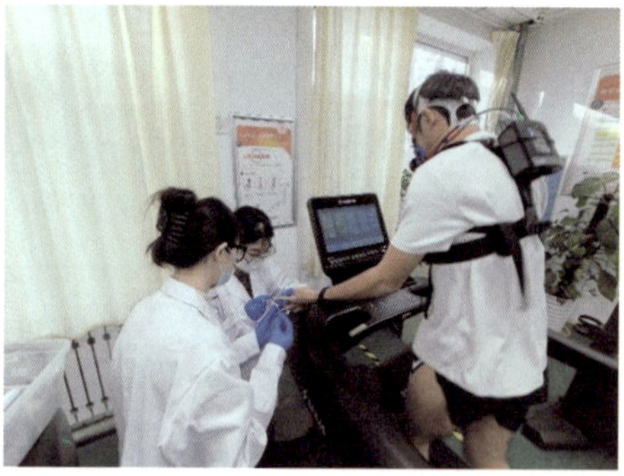

图 3-4-6　递增负荷中采集指尖血

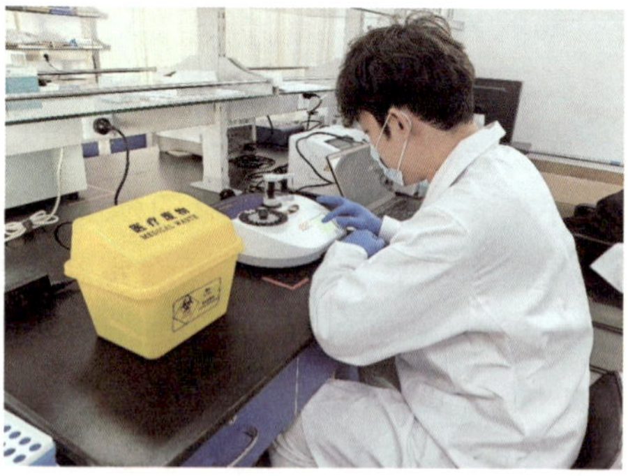

图 3-4-7　使用血乳酸分析仪

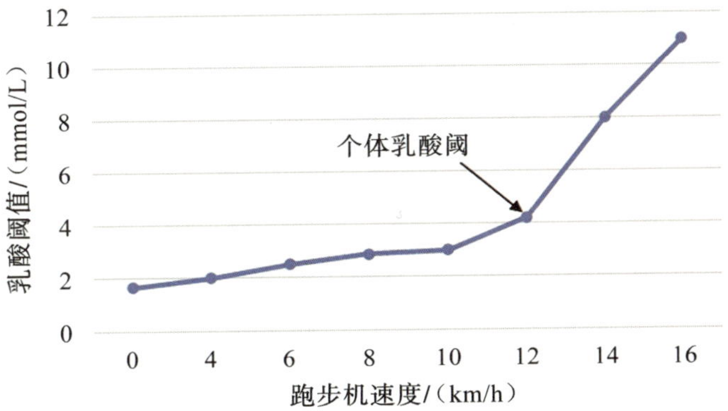

图 3-4-8　个体乳酸阈

乳酸阈还有一种非侵入性测试法，这里要提到一个新的名词——“通气阈”（ventilatory threshold，VT），即渐增负荷中肺通气量的拐点。在渐增负荷运动中，当机体有氧供能产生的能量不足以满足高强度运动的需求时，无氧供能比例增加，释放乳酸到血液中，引发机体的碳酸氢盐缓冲系统来缓冲乳酸，生成乳酸钠和碳酸，使二氧化碳产生量增加。二氧化碳会刺激呼吸中枢，使呼吸进一步加快、加深，产生过度通气，导致肺通气量及二氧化碳排出量均快速升高，此时的通气量拐点即为通气阈，据此能够估算乳酸阈。具体测试方法为，受测者在跑台或功率车上进行渐增负荷的同时佩戴气体分析仪，测量出运动过程中的肺通气量、摄氧量和二氧化碳排出量等生理参数，肺通气量、二氧化碳排出量等指标出现急剧升高的拐点即为通气阈（图 3-4-9）。尽管通气阈与乳酸阈不完全重合，但高度相关，因此也被视为测量乳酸阈的一种重要指标。

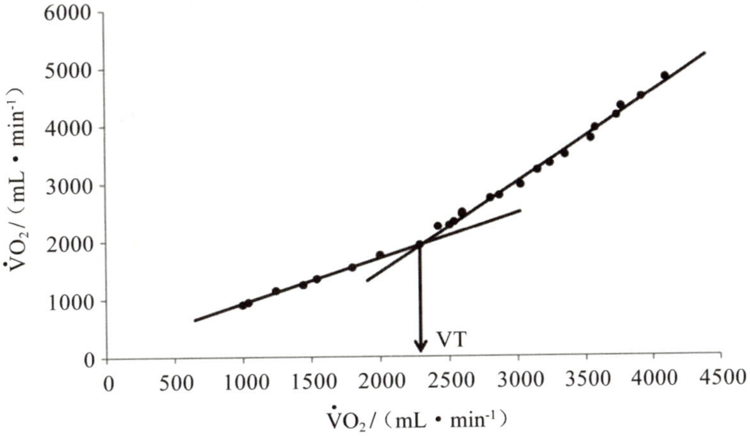

图 3-4-9　通气阈[40]

第五节 无氧工作能力

一、无氧工作能力的基本定义

无氧工作能力是指人体通过无氧代谢途径提供能量进行运动的能力，由无氧供能系统供能。人体的无氧供能系统由磷酸原供能系统（又叫 ATP-CP 供能）和糖酵解供能（又叫乳酸能）组成，其中，ATP-CP 系统是无氧功率的物质基础。一切短时间、高效率的运动如冲刺、短跑、投掷、跳跃和足球射门等均由 ATP-CP 供能，而乳酸能则是速度耐力的物质基础，一些速度耐力项目如 400 m 跑等主要由乳酸能系统参与供能。另外，在长时间剧烈运动的开始和运动中加速的过程中，无氧工作也占主导地位。

二、无氧工作能力的生理学机制

无氧工作能力一方面取决于能源物质的储备，即 ATP 和 CP 的含量、糖原含量及其酵解酶活性。肌肉中储备的 ATP 和 CP 很少，因此在极限强度运动中，能源物质在 10 s 内就几乎耗竭。随后开始进行糖酵解供能，肌糖原在无氧条件下被分解为乳酸继续释放能量供人体运动使用，供能时间在 2 min 以内。无氧工作能力的另一个重要影响因素是代谢过程的调节能力及运动后恢复过程的代谢能力。在无氧工作过程中，代谢酶的活性、相关神经与激素对代谢的调节以及内环境变化时酸碱平衡的调节和各器官活动的协调等，与提高 ATP 再合成速率及快速恢复 ATP 含量密切相关。从运动恢复的角度来看，血液缓冲系统对酸性代谢产物的缓冲能力，以及组织细胞尤其是脑细胞耐受酸性代谢产物刺激的能力，即我们常说的乳酸耐受力，都在很大程度上影响着无氧工作能力。400 m 跑大约 20 s 时就开始大量产生乳酸，此时下肢会感受到酸痛，如果乳酸耐受力差，就会使无氧工作能力下降。最大氧亏积累是无氧工作能力的另一个重要决定因素，是指人体从事极限强度运动时（一般持续运动 2～3 min），完成该项目运动的理论需氧量与实际耗氧量之差。简单来说，在做剧烈运动时，由于心肺功能有限，机体所能摄取的氧气即使达到极限也无法满足需氧量，因此肌肉开始进行无氧代谢供能，随着运动的持续，理论需氧量和实际耗氧量之间的差值不断积累达到最大时，称为最大氧亏积累，因此最大氧亏积累越大说明无氧代谢能力越强。短跑运动员的无氧工作能力和运动成绩与最大氧亏积累高度相关。

三、无氧工作能力的测量与评价

常用的无氧工作能力检测方法依测试指标性质的不同可分为两类。

（一）测定磷酸原代谢能力

测定磷酸原代谢能力，一般是通过10～15 s的最大能力持续运动试验来完成的。如楼梯冲刺力量测试（Margaria-Kalamen测试），该测试要求受测者在一个6 m长的楼梯上快速冲刺，记录第3级到第9级阶梯的时间，然后根据公式计算输出功率，这一测试体现了在斜坡上跑步时的下半身力量和爆发力，用于评价人体的肌肉爆发力。

1.楼梯冲刺力量测试（Margaria-Kalamen测试）方法

测试场地为一个至少有九个高度17～18.5 cm台阶的楼梯，在第一个台阶前的6 m处设置起跑线，在第三个台阶和第九个台阶处设置电子计时器。受测者在起跑线后站立式准备，听到"开始"信号后，向前冲刺，以最快的速度一步三级台阶冲刺上楼梯完成测试（图3-5-1），记录从第三个到第九个台阶的冲刺时间。使用以下公式计算功率输出：功率（W）＝体重（kg）×9.807×第3个台阶到第9个台阶总高度（m）/时间（s）。

图3-5-1　楼梯冲刺力量测试

2.立定跳远测试方法

立定跳远和垂直纵跳是最经典、最传统的两种爆发力测量方法，其中立定跳远主要用于评价下肢的水平爆发力，而垂直纵跳则是评价下肢向上的爆发力。另一种类似垂直纵跳的测试方法叫作反向跳，与传统纵跳相比，这种方法要求测试的全过程双手叉腰，因此更能体现下肢的爆发力。而下落跳测试则体现了运动员从离心向向心快速转换的能力，展现了运动员动态爆发式纵跳的能力。

在地面平整、无障碍物的空地设置起跳线，受测者两脚分开，与肩同宽，站立在线后[图3-5-2(a)]。听到"开始"信号后，两臂进行预摆带动髋部和膝部屈曲下蹲[图3-5-2(b)]，然后两脚快速蹬地，同时两臂前摆带动身体最大限度地往前跳[图3-5-2(c)]，尽可能远地越过起跳线并双脚落地[图3-5-2(d)]。测量起跳线到近端脚后跟的距离。

(a)

(b)

(c)

(d)

图 3-5-2 立定跳远测试

3.垂直纵跳测试方法

受测者侧对墙壁，手臂向上伸直，紧贴墙壁，记录最远端指尖的高度[图 3-5-3(a)]。双手预摆下蹲[图 3-5-3(b)]，然后快速蹬地，向上垂直跳跃，在最高点用指尖最远端触碰墙壁[图 3-5-3(c)]。记录高度。使用以下公式计算平均功率输出：纵跳高度＝总跳跃高度－站立到达高度；峰值功率(W)＝60.7×跳跃高度(cm)＋45.3×体重(kg)－2055。

(a)

(b)

(c)

图 3-5-3 垂直纵跳测试

对于运动员来说，常用1RM高翻来评价全身的爆发力，除了技术动作外，测试方法与前面介绍的1RM测试一样，在基本的热身之后，受测者从自感最大重量的50%开始，逐渐增加负荷进行递增负荷热身，达到次最大负荷后，进行试举并根据自身情况调整负荷量，直到无法完成最终的重量并记录前一次成功试举的重量。在竞技领域，根据目标活动或运动项目的不同动作要求，爆发力评估方法有所差异，一般来说这些区别包括不同部位如上下肢，不同发力模式如单次动作（或相对静止）和多次动作（蹬车运动、跑步、跳跃等）以及推和拉等。例如单腿三级跳测试（测量下半身水平爆发力和单腿爆发力），胸前掷药球测试（评估推的动作过程中的上半身爆发力）、过顶前掷药球测试（评估推或掷及向前屈曲运动过程中的全身爆发力）、过顶后掷药球测试（评估推或掷及向后伸展运动过程中的全身爆发力）、转身投掷药球测试（评估旋转运动过程中上半身的爆发力）、过顶下砸药球测试（评估下拉过程中上半身爆发力）等，这些利用药球的爆发力测试也可根据要求发展变式，如站姿、高位跪姿、低位跪姿等，不同的基础姿势对于爆发力有着不同的要求。

4.单腿三级跳测试方法

在地面平整、无障碍物的空地设置起跳线，受测者用优势腿支撑，单脚站立在起跳线后[图3-5-4(a)]。听到“开始”信号后，两臂进行预摆带动髋部和支撑腿膝部屈曲下蹲[图3-5-4(b)]，然后支撑腿伸展并往前跳跃3次[图3-5-4(c)]，跳到尽可能远的位置。连续跳跃过程中，非支撑腿和两臂进行大幅度摆动，辅助跳跃。在第3跳之后，双臂保持平衡，双脚落地[图3-5-4(d)]。然后，保持原地不动，测量起点到落地脚后跟的距离。

(a)　　(b)

(c) (d)

图 3-5-4 单腿三级跳测试

5.胸前掷药球测试

在地面平整、无障碍物的空地设置开始线。受测者坐在开始线后训练凳上，躯干和背部与椅子接触，双脚分开平放于地面，双手持药球放在腿上[图 3-5-5(a)]。听到“开始”信号后，双手将药球移到胸前[图 3-5-5(b)]，以最大的力量朝前尽可能远地推出，与地面成 45°角[图 3-5-5(c)]，以获得最大距离。然后测量开始线到球落点的距离。

(a) (b) (c)

图 3-5-5 胸前掷药球测试

6.过顶前掷药球测试

在地面平整、无障碍物的空地设置开始线，受测者双手持球，双脚分开立于开始线后[图 3-5-6(a)]。听到“开始”信号后，受测者双手将药球举过头顶，不要迈步，背部略微向后伸展[图 3-5-6(b)]，然后尽可能远地向正前方掷球[图 3-5-6(c)]。投掷过程中，不要移动双脚。测量开始线到球落点的距离。

(a) (b) (c)

图 3-5-6 过顶前掷药球测试

7.过顶后掷药球测试方法

在地面平整、无障碍物的空地设置开始线，受测者双手持球，双脚分开背对开始线站立[图 3-5-7(a)]。听到“开始”信号后，双臂向前伸展，将药球带到身体正前方与胸部同高的位置做预摆[图 3-5-7(b)]，然后迅速弯曲膝关节并向下摆动双臂将药球带到双膝之间[图 3-5-7(c)]。此时不要停下，立即做反向动作，膝关节和髋关节伸展，尽可能用力地向上跳跃并将药球向上举过头顶且向头顶后方掷出[图 3-5-7(d)]。测量开始线到球落点的距离。

(a) (b)

（c） （d）

图 3-5-7 过顶后掷药球测试

8.转身掷药球测试

在地面平整、无障碍物的空地设置开始线，受测者双手持球，双脚侧对开始线站立[图 3-5-8(a)]。听到“开始”信号后，臂向前伸展，将药球带到身体正前方与胸部同高的位置做预摆[图 3-5-8(b)]，然后快速朝远离开始线的方向转身，用双臂带动药球向开始线摆动，侧向地将药球投掷到尽可能远的地方[图 3-5-8(c)]。测量开始线到球落点的距离。

（a） （b） （c）

图 3-5-8 转身掷药球测试

（二）测定糖酵解代谢能力

测定糖酵解代谢能力，一般是通过 30～90 s 的最大能力持续运动试验来完成。温盖特试验（Wingate Test）通过全速 30 s 蹬功率自行车对抗阻力的方式测定最大无氧功率（ATP-CP 供能能力）和平均无氧功率（ATP-CP 和无氧糖酵解能力）。目前已经衍生出基于经典 Wingate 测试方案的新 Wingate 测试方案，例如上肢无氧功率测试等。

温盖特试验的方法：受测者以舒适的速度蹬车 2～4 min，每分钟最后冲刺 4～6 s，使心率达到 150～160 次/分，然后休息 3～5 min。正式开始测试后，受试者尽力快骑。同时测试人员逐渐调整阻力[下肢负荷：成年男子为 0.083～0.092 倍体重(kg)，儿童和成年女子为 0.075 倍体重(kg)]，在 2～4 s 内达到规定负荷后，进行 30 s 快速蹬车运动，受测者持续做 30 s 最快速度蹬车，测试者一人读圈数，另一人则每 5 s 记下圈数，运动结束后放松蹬车 2～3 min(图 3-5-9)。温盖特实验运动强度极大，容易造成受测者肌肉损伤。实验要求受测者充分休息，无严重运动损伤。

功率计算方法为功率(W)＝负荷阻力(kg)×圈数×11.765，最大无氧工作能力(peak anaerobic power)即为 6 个 5 s 为一组的圈数中的最大圈数，反映 ATP、CP 分解供能(通常为第 1 个 5 s 所算出的功率为最大无氧工作能力)；平均无氧工作能力为 6 个 5 s 的功率的平均数，反映非乳酸和乳酸分解供能。

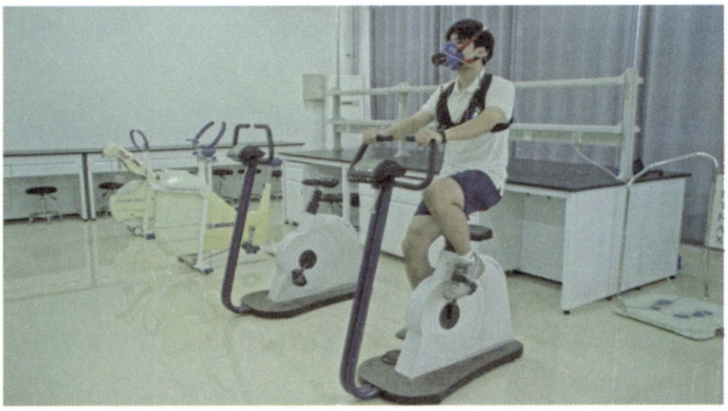

图 3-5-9　温盖特试验

第六节　平衡素质

一、平衡素质的基本定义

平衡是指身体在运动或受到外力作用时，能够自动调整并维持身体姿态的能力，包括静态平衡和动态平衡。静态平衡指的是身体不动时，维持某种姿势的能力，例如坐、站、单腿站立、倒立等。在竞技运动领域，射击运动员一般需要有优秀的静态平衡能力。动态平衡能力是指在运动状态下，对人体重心和姿势的调整和控制的能力。动态平衡能力不仅在竞技运动中非常重要，而且对普通人群来说也必不可少。例如，老年人的动态平衡能力与跌倒风险密切相关。

二、平衡素质的生理学机制

平衡能力主要取决于位置觉感受器、本体感受器、视觉器官和身体机能状态。位置觉感受器在调节身体平衡方面具有双重性，即良好的前庭器官反射可维持运动中的身体平衡，但如果前庭器官对位置觉刺激过于敏感，反而会破坏身体平衡，导致动作失调变形。而本体感受器将运动刺激转变为神经冲动传入大脑皮质的相应中枢，通过综合分析，感知身体在空间的位置和姿势，使之产生正确的肌肉感觉，从而维持动作姿势。视觉对动作的控制有重要作用，与本体感觉在维持身体姿势时有较大的相互依存性。位置觉感受器、本体感受器和视觉感受器这三种重要系统中的任何一个缺陷都可能对人的平衡甚至生存能力产生重大影响。身体机能状态是发挥各种素质的基础，只有在身体机能处于适宜状态时，相关系统和器官之间才能密切协调配合，若身体疲劳或健康状况不佳，各器官、系统的功能将会下降，从而影响平衡能力的发挥。

三、平衡素质的测试方法

（一）静态平衡

静态平衡的测试有多种方法，使用带测力台的专门性平衡测试仪，如英国 BPM 平衡仪、以色列 Tetrax 平衡仪、美国 Biodex Balance-sd-2 动静态平衡仪等可以直接测量静态平衡能力，本节主要介绍几种不需要额外医疗设备就能够评估静态平衡能力的方法。闭目直立测试（Romberg test）要求受测者脱掉鞋子，闭眼直立，手臂放在身体旁边或在身体前面交叉，当观察到身体摇摆时，说明本体感觉平衡纠正了视觉或前庭补偿的缺乏。当身体摇摆增加，脚向跌倒的方向移动或跌倒，被认为是失去平衡，这种方法也常用于临床诊断中。平衡误差评分系统测试（balance error scoring system）是一种常用的评价静态姿势稳定性的方法。受测者需要双手放在髋的两侧，依次在地面和泡沫垫上完成稳定的双脚并拢闭眼直立 20 s、单脚站立 20 s、双脚一条线站立 20 s（非优势腿在前，优势腿在后，脚跟贴脚尖）。测试过程中受测者出现以下任一情况时记 1 分（双手离开髋部、睁眼、踩绊倒或跌倒、离开位置超过 5 s、髋关节任意角度超过 30°弯曲、前脚或脚后跟抬起），每 20 s 测试最多 10 分，把所有分数相加记为最终结果，分数越高说明平衡能力越差。

1.闭目直立测试

受测者脱掉鞋子，两脚并拢站立在地面平整的空地[图 3-6-1(a)]。测试人员首先指示受测者在睁眼状态下将手臂放在身体旁边或在身体前面交叉，同时评估受测者身体摆动情况[图 3-6-1(b)]；然后要求受测者闭眼，手臂放在身体旁边或在身体前面交叉，当观察到身体摇摆时[图 3-6-1(c)]，说明本体感觉平衡纠正了视觉或前庭代偿的缺乏，当身体摇摆增加，脚向跌倒的方向移动或跌倒[图 3-6-1(d)]，被认为是失去平衡。

(a)

(c)

(b)

(d)

图 3-6-1 闭目直立测试

2.平衡误差评分系统测试

受测者脱掉鞋子,双脚并拢,双手叉腰[图 3-6-2(a)]。在稳定地面依次完成闭眼直立 20 s[图 3-6-2(b)]、单脚站立 20 s[图 3-6-2(c)]、双脚一条线(非优势腿在前,优势腿在后,脚跟贴脚尖)站立 20 s[图 3-6-2(d)],然后在泡沫垫上再次完成以上动作[图 3-6-2(e)~(g)]。测试过程中受测者出现双手离开髋部、睁眼、踩绊倒或跌倒、离开位置超过 5 s、髋关节任意角度超过 30°弯曲、前脚或脚后跟抬起,以上任一情况时记 1 分,每 20 s 测试最多记 10 分,把所有分数相加记为最终结果,分数越高说明平衡能力越差。

(a)

(b)

(c)

(d)

(e)

(f)

(g)

图 3-6-2　平衡误差评分系统测试

（二）动态平衡

动态平衡也能够通过平衡测试仪直接测量，本节也介绍几种常见的、不需要医疗设备的测试方法。功能性前伸测试法（functional reach test）是通过测定受测者向前伸臂的能力来评定其平衡功能状况的一种测试方法。受测者直立，肩膀垂直于墙壁，在手臂往前伸直的中指处设置刻度尺。正式测试时，受测者前倾身体，手臂前伸，尽量沿着刻度尺伸展，不要失去平衡。在前伸到极限或者失去平衡时，记录刻度数。改良后的功能性前伸测试又增加了向后、左、右方向的伸展，形成了应用较为普遍的多向伸展试验（multi-directional reach test）。星形偏移平衡测试（excursion balance test）是一种经典的动态平衡测试方法，在竞技运动员及普通人群中都有广泛应用。该测试要求受测者双脚站立在一个"米"字形标志的中心，单腿下蹲，用另一只脚依次沿着线在前、前内侧、前外侧、内侧、外侧、后侧、后内侧、后外侧共 8 个方向最远限度地伸展，并用伸直脚的最远端部分轻轻地点触该线，然后将伸直的肢体返回到网格中心的起始位置，整个过程身体重心始终偏向中心支撑腿。星形偏移平衡测试不仅能够评估动态平衡能力，还能够通过测量左右肢的能力差来评估运动员受伤和老人跌倒的风险。"Y"平衡测试（Y-balance test）是在星形偏移平衡测试的基础上进一步改良的测试，既可用于上肢，也可用于下肢，测试原理与星形偏移平衡测试一样。除了以上几种测试方法，常见的动态平衡测试还有平衡木测试、闭眼原地踏步测试、串联步态测试等。

1.功能性前伸测试

受测者靠墙边站立，双脚略微打开[图 3-6-3(a)]。墙侧手手心朝下握拳向前平伸，以第三掌骨位置（握拳后，拳头最高隆起部位）为测量起点。脚不动，身体尽量前倾[图 3-6-3(b)]，在第三掌骨旁做标记作为测量终点。

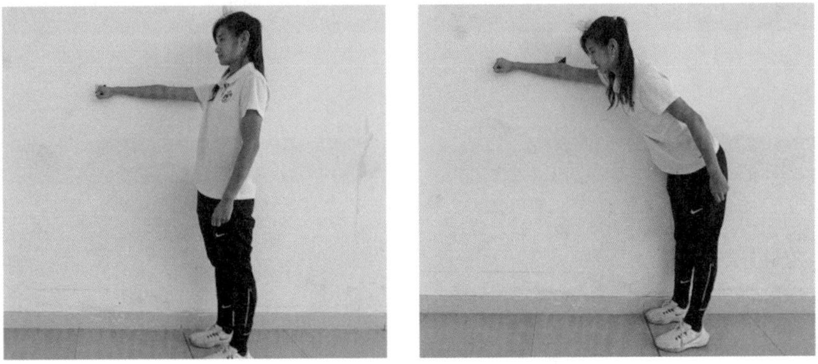

(a)　　　　(b)

图 3-6-3　功能性前伸测试

2.星形偏移平衡测试

在平整的空地上设置一个米字形测试场地。受测者双手叉腰，脱掉鞋支撑脚站立在"米"字形标志的中心[图 3-6-4(a)]，听到"开始"信号后，支撑腿单腿下蹲，抬起非支撑腿，并用抬起的脚依次沿着米字的线在前[图 3-6-4(b)]、前内侧[图 3-6-4(c)]、前外侧[图 3-6-4

(d)]、内侧[图 3-6-4(e)]、外侧[图 3-6-4(f)]、后侧[图 3-6-4(g)]、后内侧[图 3-6-4(h)]、后外侧[图 3-6-4(i)]共 8 个方向最大限度地伸展，并用脚的最远端部分轻轻地点触该线，然后将伸直的肢体返回到起始位置，整个过程身体重心始终偏向中心支撑腿。记录测量不同方向触点距离米字中心的位置，左右腿均需要作为支撑腿进行测试。

(a)

(b)

(c)

(d)

(e)

(f)

(g)

(h)

(i)

图 3-6-4　星形偏移平衡测试

3."Y"平衡测试(Y-Balance Test)

在平整的空地上设置一个"Y"形测试场地。受测者双手叉腰,脱掉鞋支撑脚站立在"Y"形标志的中心[图 3-6-5(a)],听到"开始"信号后,支撑腿单腿下蹲,抬起非支撑腿,并用抬起的脚依次沿着"Y"的三条线方向,最远限度地伸展,并用脚的最远端部分轻轻地点触该线[图 3-6-5(b)],然后将伸直的肢体返回到起始位置,整个过程身体重心始终偏向中心支撑腿。记录测量不同方向触点距离"Y"字中心的位置,左右腿均需要作为支撑腿进行测试。

(a)

(b)

图 3-6-5　"Y"平衡测试

4.闭眼原地踏步测试

在平整、无障碍物的空地上,受测者闭眼并脚站立于一个直径为 40 cm 的圆圈内,两脚跟中心位于圆心。听到“开始”信号后,以 120 步/分的频率踏步,要求踏步高度与支撑脚踝关节等高,记录其中一只脚踏出圆圈的时间,时间越长,动态平衡能力越好;另一种方法是受测者以 120 步/分的频率踏步 1 min 后,记录踏步结束后两脚跟中点位置与圆心的偏移角度和距离,偏移的角度与距离越小,说明动态平衡能力越好(图 3-6-6)。

图 3-6-6 闭眼原地踏步测试

5.串联步态测试

在平整、无障碍物的空地上标记一条 3 m 直线和两条垂直的起点、终点线。受测者脱掉鞋子自然站立在 3 m 线的起点线后,听到“开始”信号后,将双手放在臀部,以脚跟到脚趾交替的方式从起点向前移动到线的另一端,到达终点的垂直线后,转身继续脚跟到脚趾的交替运动,再次到达起点后结束测试。当受测者在测试过程中不能保持从脚跟到脚趾的运动、失去平衡、不能完成转弯或者踏出线时,停止测试,重新开始。记录受测者从起点出发到回到起点的时间。

图 3-6-7 串联步态测试

第七节 柔韧素质

一、柔韧素质的基本定义

柔韧性(flexibility)是人体在运动过程中完成大幅度动作的能力。柔韧性不足可直接影响动作的学习和高难运动技能的掌握,也会有碍于力量、速度、协调、平衡能力的发展,并易造成运动损伤。对于需要快速、有力、轻松、富有表现力地展现动作的项目,例如艺术体操、花样滑冰、花样游泳、自由体操等表演性项目,柔韧性素质极其重要。对于普通人群来说,保持良好的柔韧性能扩大关节韧带的活动范围,有利于提高身体的灵活性和协调性,减少意外事故的发生和损伤程度。

二、柔韧素质的生理学机制

柔韧性的好坏取决于运动器官的构造,包括关节的骨结构、关节周围组织的体积和跨关节的韧带、肌腱、肌肉及皮肤的伸展性等。同时,也与支配骨骼肌的神经系统机能状态,特别是中枢神经支配对抗肌的协调能力,以及对肌肉收缩和放松的调节能力有关。另外,与其他身体素质相比,柔韧性受训练的影响较大,积极参与训练能够较大程度地提高柔韧性。

三、柔韧素质的测量与评价

柔韧性的测量方法因不同部位而异。最常见的坐位体前屈测试就是腰部和大腿后群肌肉柔韧性的间接测量方法,根据需求的不同,该方法还有一些改良版,如 YCMA 式坐位体前屈、加拿大式坐位体前屈等。受测者做仰卧抬腿动作,可以使用测角仪直接测量腘绳肌的柔韧性。对于肩部肌群来说,抬肩测试和抓背测试是两种最常用的测试方法。抬肩测试要求受试者呈俯卧位(面朝下趴着),下巴接触地板,双臂握住米尺举过头,同时慢慢抬高米尺至尽可能高的位置,并保持下巴与地板接触的状态,并让肘部保持伸直,在最高位置保持姿势 1～2 s。当米尺达到最高位置时,测量地板与米尺之间的距离,记录结果。抓背测试要求受测者抬起一只右臂,弯曲肘部,并尽可能地将手伸向背部,同时将另一只手臂从下方伸至背后,测量双手重叠或双手之间的缺口的距离。另一个柔韧性测试方法叫作全身旋转测试,用于测量躯干和与全身旋转相关部分关节和肌肉的柔韧性。受测者侧对墙面站立,与墙保持一臂的距离,将墙上与肩关节高度相等且平行于躯干的位置设为初始标记点。远离墙的手臂侧平举,躯干向外侧尽量旋转直到接触墙壁,保持手臂平行地面,保持双脚不动,用指尖触墙。在指尖触墙位置做第二个标记点,测量第二个标记点到初始标记点正下方垂直线的水平距离。

1.仰卧抬腿

受测者平躺在地板上，抬起一条腿向髋关节屈曲移动，移动的同时保证膝盖伸直，另一条腿保持不动(图 3-7-1)。当抬起腿移动到极限时保持 1～2 s，使用测角仪直接测量抬起腿与地面腿的角度。角度越大，说明腘绳肌的柔韧性越好。

图 3-7-1　仰卧抬腿

2.抬肩测试

受测者双臂下垂，双手旋前握住米尺，测量肩峰到米尺的距离以确定测试对象的臂长。然后，呈俯卧位，下巴接触地板，双手旋前握住米尺并举过头，保持肘部伸直，下巴与地板接触，同时慢慢抬高米尺至尽可能高的位置，在最高位置保持姿势 1～2 s(图 3-7-2)。当米尺达到最高位置时，测量地板与米尺之间的距离，记录结果。抬肩分数＝抬肩高度(cm)×100/臂长(cm)，分数越高说明肩部柔韧性越好。

图 3-7-2　抬肩测试

3.抓背测试

受测者抬起右臂，弯曲肘部，并尽可能地将手伸向背部，同时将另一只手臂从下方伸至背后，测量双手重叠或双手之间的缺口的距离(图 3-7-3)。双手重叠获得正分，而双手之间有缺口则获得负分。如果双手手指刚好能相触，则得分为 0。

图 3-7-3　抓背测试

4.全身旋转测试

受测者侧对墙面站立,与墙保持一臂的距离,将墙上与肩关节高度一致且平行于躯干的位置设为初始标记点。远离墙的手臂侧平举,躯干向外侧尽量旋转直到指尖接触墙壁,保持手臂平行于地面,保持双脚不动,用指尖触墙(图 3-7-4)。在指尖触墙位置做第二个标记点,测量第二个标记点到初始标记点正下方垂直线的水平距离。

图 3-7-4　全身旋转测试

案例拓展

案例一

1.背景介绍

小明是一名普通大学生,目前正在选修一门大学体育课程。与许多同龄人一样,他日常缺乏运动,基本不会进行系统的力量训练。小明对自己的体能状态感到好奇,特别是关于身体的力量情况。然而,由于缺乏相关知识和训练经验,他不清楚如何科学地评估自己的力量水平,也不知道从哪里开始了解和改善自己的身体状况。

2.案例分析

很多大学生由于久坐学习或运动不足，基础力量水平偏低，且缺乏力量训练的习惯。小明的情况具有典型性，代表了许多普通大学生在运动健身和身体评估方面的普遍问题：对运动和自己身体的认知不足，技能储备不足，并且缺乏适配的工具与资源。

3.解决思路

为了帮助小明科学地了解自己的力量情况，首先应制订科学合理的测试方案，基础自重测试方法，如俯卧撑测试（评估上肢力量耐力）、平板支撑（评估核心力量）、深蹲次数（评估下肢力量耐力）。

（1）基于简单工具的测试方法：如果条件允许，可使用简易的握力计或哑铃进行基础力量评估，确保安全和易操作。

（2）寻求标准化的指导：在测试前，可以寻求体育老师或有力量训练基础同学的帮助，了解测试动作的要领和动作要求。注意测试过程中的注意事项，如控制动作节奏、避免超负荷等，降低受伤风险。

（3）结合实际情况制订训练计划：根据测试结果，设计适合初学者的力量训练计划，重点关注易上手的动作，如自重深蹲、俯卧撑、桥式等。在训练中循序渐进，逐步提高难度，重点在于建立力量训练的信心和养成习惯。

案例二

1.背景介绍

张强是一名业余长跑爱好者，常年坚持中低强度长跑训练，最近他正在备战全程马拉松。然而，在训练过程中他发现，随着距离增加，他往往在 30 km 左右出现“撞墙”现象，表现为身体乏力、双腿酸痛、速度显著下降，最终不得不放慢配速。

2.案例分析

张强在长跑中出现的“撞墙”现象主要源于有氧耐力不足、乳酸积累过快以及能量补给不及时等问题。这与其生理机制密切相关：其肌糖原储备不足，导致无法持续满足长时间、高强度运动的能量需求；乳酸阈值较低，乳酸清除能力较弱，运动强度稍高即出现肌肉酸胀和疲劳感；心肺功能较为有限，影响了血液运输氧气的效率。此外，他的日常训练方式偏向中低强度长跑，缺乏针对乳酸阈值提升的训练，可能也未充分优化能量储备和补给策略，加剧了后程的能量不足与疲劳。

3.解决思路

基于对案例的分析，首先考虑通过系统化的训练（如高强度间歇训练）提高心肺功能和摄氧能力；同时，通过乳酸阈训练使机体逐步适应更高强度的有氧代谢水平，延迟乳酸积累的发生，提高乳酸耐受性；另外，优化能量代谢与补给策略，调整日常饮食，增加肌肉内糖原储备，同时注意在训练和比赛中及时补给。

第四章　运动技能提升及机制

第一节　训练计划的设计原则

锻炼者为了达到健身目标，应该采用怎样的锻炼强度，锻炼多长时间，多久锻炼一次？常识和科学研究表明，这个问题没有一个简单的答案，因为在设计有效的训练计划时，必须考虑许多其他因素。锻炼者的目标和期望是什么？这些目标是否与改善运动表现或其他目标（例如减肥、改善心血管健康状况或增加肌肉量）有关？这些目标何时才能实现？2个月，6个月，还是1年？锻炼者每周可以花多少时间进行锻炼？锻炼者年龄如何？经验如何？这些问题和其他问题的答案是训练计划的设计基础，因为它们决定了有关建立训练计划的期望和局限性。太难的训练计划会使锻炼者受到伤害、身心疲惫并患上过度训练综合征。如果训练的压力不够大，就不会产生最佳适应性，也就无法实现目标。过于僵化的训练计划没有考虑到人与人之间的先天差异。产生最佳适应性所需的适量运动与过多或过少的运动之间的平衡，在人与人之间有很大差异。

一、训练计划设计的基础和原则

（一）训练计划设计的基础

无论训练计划的目标是什么，如提高速度、耐力、灵敏性、力量、爆发力，增加肌肉量，减轻体重，都必须考虑训练计划设计的5个原则，分别是个体性、特异性、可逆性、渐进性超负荷和变异性。这5个科学原则构成了成功训练计划的框架。20世纪50年代的健身大师杰克·拉兰内曾经说过："运动为王，营养为后，将它们放在一起，你便拥有一个王国。"出于这个简单的原因，每个训练计划都应该包含与营养相关的内容，旨在优化对训练的适应性。

（二）训练计划设计的原则

1.个体性原则

个体性原则反映了个体适应运动压力能力的先天差异。换句话说，对于同样的训练刺激，不同的人有不同的适应性和适应速率。适应性的差异很大程度上是由基因决定的，对于同样的训练，有些人适应得很快（高反应者），有些人适应得很慢（低反应者）。每个人的基因特征有助于确定训练的起点和终点。在为个人设计训练计划时，必须考虑到他们的独特特征，以便通过对运动强度、持续时间、频率、模式、休息时间、营养和水合作用的周密控制，最大限度地发挥其适应潜力。每个人最终都会对训练有所反应，低（慢）反应者只是需要更长的时间或需要更多的刺激来提升其适应能力。

2.特异性原则

大多数（但不是全部）的训练应该反映运动或活动的特定要求。肌肉和其他组织的适应性特定于训练模式和训练强度。常识表明，适应性特定于所施加的压力。例如，通过抗阻运动来刺激肌肉收缩和结构蛋白的产生，可以促进力量和肌肉量的增加。为了提高耐力，训练必须刺激线粒体蛋白的产生和增强心脏细胞的适应性，以满足长时间运动的需求。相关研究结果表明，高强度间歇训练可以增强无氧和有氧运动中的爆发力和能力，其结果导致了对特异性原则的解释略有不同。当涉及特定的活动或运动时，特异性原则是成立的：为了提升在某项活动中的表现，训练人员应该主要以特定的活动模式进行训练。例如，虽然竞技游泳运动员经常在训练中进行举重、跑步、骑自行车、增强式训练和其他健身活动，但他们的大部分训练都在游泳池里进行。

在某些情况下，体育运动专项训练应该比一般的训练更重要。对于刚开始训练计划的人（比如想要参加铁人三项但没有运动经验的成年人），应该从一般训练开始，建立一个基础的体能水平，在此基础上可以增加体育运动专项训练。这种方法有助于人们发展基本训练技能，并减少与训练有关的损伤风险。

在许多运动项目中，离心训练是反映训练特异性的重要组成部分。离心训练不仅有助于增加肌肉量和力量，还可以加强肌肉作为减震器的功能，从而帮助防止与着陆有关的损伤，并应对足球、滑雪、冰球、篮球和橄榄球等运动中的高外部负荷。

3.可逆性原则

可逆性原则是指当训练停止或显著减少时，对训练的适应性将会丢失。训练所花费的时间和精力会激发肌肉、心脏和其他组织产生适应性，使身体能够承受不断增加的运动强度和持续时间。如果减少或停止训练，这些适应性就会丢失或大大减少。但是，在一年中无法坚持完整训练计划的时候，每周两天的维持性训练计划有助于保留大部分的适应性。“使用它或失去它”是对可逆性原则的准确总结，只是这句话缺少“失去它”的时间框架。适应性的损失速度比适应性的获得速度要快，但可以通过重新训练来弥补这些损失。快速恢复力量和耐力的能力通常被错误地称为“肌肉记忆”。实际上是神经系统，而不是肌肉，保留了所谓的记忆，这些记忆可通过再训练而激活。

一些科学家认为，训练引起的肌细胞内细胞核数量的增加，也可能使人产生一种局部记忆，帮助加快训练后的力量恢复。不管肌肉记忆的起源是什么，再训练均可以刺激力量较快地增长，对于那些在休赛期缺乏训练的运动员，以及那些可能反复停止然后重新开始力量训练计划以预防肌肉减少症（严重的肌肉力量和质量损失）的老年人来说很重要。几天不训练不会影响功能或表现。然而，受伤、固定不动（如人造关节或四肢）和长时间卧床休息会导致肌肉量减少，力量、爆发力、肌肉耐力、柔韧性、糖原储存量和最大摄氧量快速降低。相比之下，当停止或减少训练，运动员或患者继续进行其他日常活动时，适应性的损失速度会大大降低。在这种情况下，完全失去适应性需要数周或数月的时间。为了保持适应性，应该鼓励人们每周进行 2～3 天的高强度间歇训练，或进行运动强度大于最大摄氧量的 70％的持续训练。在不训练的情况下，肌肉力量的增强和高强度运动能力的提升可以维持数周甚至数月，但是耐力（包括肌肉功能和心肺耐力）在停止训练后两周内会下降。

4.渐进性超负荷原则

训练负荷逐渐增加会促进表现的改善。渐进性超负荷原则是所有有效训练计划的基石。为了优化对训练的适应性，应逐渐增加训练负荷（强度、持续时间、频率和模式的组合），逐渐使肌肉、心脏和其他组织超负荷，从而逐渐引入刺激适应性所需的物理压力。事实上，几乎任何类型的训练都会使身体承受的压力超过其已习惯的水平，这将导致身体出现适应性，从而提升身体进行体育活动的能力。一直存在的一种风险是过多的训练会使身体的适应能力不堪重负，并造成非功能性过量训练或过度训练的状况，即身体无法适应，从而导致训练和表现能力显著降低。此外，当训练负荷持续超过个人的适应能力时，会出现过度使用损伤（如胫骨痛和关节疼痛）。总体训练负荷的逐渐增加可最大限度提升运动能力。

5.变异性（周期化）原则

变化的模式、持续时间、强度和频率可最大限度地提升适应能力，并降低过度训练的风险。变异性原则（也称为周期化原则）的核心是：有目的地改变训练的模式、强度、持续时间和频率，可以有效地维持训练负荷，最大限度地进行适应，并最大限度降低过度训练的风险。教练应认识到，重复相同类型的训练会导致身体和心理上的僵化，并对最大限度地增强训练适应性产生反作用。

因此，长期训练计划应该包括各种变化，在不同的模式、强度、持续时间和频率下保持适当的训练压力。大周期、中周期和小周期的训练计划就是应用变异性原则的一个示例。换句话说，让训练压力每天、每周、每月都有所不同，以便实现渐进性超负荷。需要改变训练的模式、强度、持续时间和频率，以便最大限度地增强适应性并降低过度训练的风险。

板块周期性训练计划之所以有用，一个原因是它们需要短期和长期的规划以及目标设定。周期性训练的一个挑战是要确保计划中没有太多的目标，否则会让人无法承受整个过程（无论是在生理上还是在心理上）。运动训练（与体能训练相反）特别具有挑战性，因为它需要发展许多特定技能，这让周期性训练计划的设计和执行变得很复杂。另一种方法是在计划中包括专门的训练周期板块，这些训练周期板块仅专注于少数体能特征或运动技能，创建按照逻辑顺序构建，朝着既定的表现或健身目标发展的中间环节。从理论上讲，板块周期性训练可以减少试图在短时间内完成太多任务导致的过度训练风险。此外，板块周期性训练可以让运动员和受训人员将训练重点集中在少量的短期目标上，从而在进入下一个训练板块之前，显著改善运动能力。

(三)高强度间歇训练

对于未受过训练而又喜欢娱乐活动的人来说，高强度间歇训练可以作为传统有氧训练的有效补充。对于那些训练时间有限或没有对耐力训练做好心理准备的人来说尤其如此。研究表明，只要在两周内进行 6 次 HIIT(总共约 15 min 的高强度固定循环训练)，就足以改善运动能力和增强耐力了。在一项重要的研究中，每周进行 3 次 HIIT，持续两周，训练内容为在功率自行车上进行 4～6 次 30 s 的全速骑行，两次全速骑行之间进行 4 min 的轻松骑行。在为期两周的实验中，训练的总时间仅为约 2.5 h，每次训练只涉及2～3 min 的高强度运动。HIIT 能以最少的时间投入和最大的努力来提高最大摄氧量和改善心血管健康状况。

相关专家建议，耐力运动员可以通过 HIIT 占 10%～15%的训练方式来优化训练效果，并以较低的强度进行其余大部分训练，以确保持续进行耐力训练所需的运动单位不会被忽视。

二、如何制订有效的训练计划？

周期性训练计划可以有很多变化，但都包括交替增加和减少负荷的时间周期。这些周期中，在一段时间内给身体施加一定的压力(刺激因素)，然后留出进行适应(反应)的时间。如下面的公式所示，在每个周期中，必须有充足的休息、睡眠、营养和水合作用(促进因素)，以增强适应性，并降低过度训练的风险。

刺激因素	+	促进因素	=	反应
适当的训练		营养		更快
		水合作用		更强壮
		休息		更具爆发力
		睡眠		更灵活

(一)适应才是目标

反复使用“适应”这一词是因为我们的训练目标就是让肌肉和其他组织的适应性最大化。为了刷新你的记忆，所有适应都是单个细胞产生更多功能蛋白的结果。细胞中功能蛋白含量的增加会增强细胞满足运动需求的能力。

(1)在肝细胞中，功能蛋白的适应性增强了肝脏储存糖原的能力，这些糖原可用于在运动过程中维持血糖浓度。

(2)在骨骼肌细胞中，功能蛋白的适应性提升了细胞更快和更长时间(在许多其他适应过程中)地产生 ATP 的能力。

(3)在血管细胞中，功能蛋白的适应性使血管能够更好地扩张和收缩，以满足运动过程中对血流变化的需求。

(二)运动表现的营养要点

与控制糖类的摄入一样，训练人员也可以通过控制蛋白质的摄入来增强对训练的适应性。确保训练后以及每天摄入足够的蛋白质,能最大限度地促进肌肉蛋白合成,这一效果可通过在训练后立即摄入 20～40 g 的优质蛋白后来实现。

此外,每天在正餐和零食中均匀地摄入蛋白质也被证明可以促进肌肉蛋白合成。一个简单易记的经验法则为:2.2 g/(kg・d)的蛋白质,即可获得足够的蛋白质来满足最高强度训练的需求。事实上,一些研究表明,即使只摄入这个量的一半的蛋白质,也足以满足运动员每天对蛋白质的需求。

(三)将渐进性超负荷与周期化相结合(更多地关注周期化)

细胞内功能蛋白的最佳适应发生在训练时对周期性过度运动的反应中,推动身体自然地适应不断增加的运动压力。设计训练计划时,主要挑战就是确保功能性过量训练不会发展成非功能性过量训练或过度训练。实现该目标的一种方法是遵循渐进性超负荷和周期化原则,将一个训练计划分成多个不同的部分,可以为每个部分都制订特定的健身目标,并逐步朝着最终目标前进。如果在一个小周期内没有取得足够的进展,那么可以改变后续的训练,确保能够实现未来的子目标。周期化的真正价值可能是作为一种概念性方法用于制订长期训练计划,以包括训练 5 原则的各个重要方面。

例如,针对个人运动(如跑步、游泳、骑自行车和铁人三项)的传统训练计划,强调在赛季初期就建立有氧训练基础,并强调低强度、长时间的训练。赛季中期的训练重点是增加强度。赛季后期的训练要进行最后的赛前减量,该目标通常以持续时间较短的高强度训练为特色。橄榄球、足球、冰球、排球和篮球等团队项目的训练,通常需要在竞赛年度的初期进行大量训练,一旦竞争激烈的赛季开始,就需要进行维持性训练。一些研究表明,与传统方法相比,周期性的板块训练有出色的效果。板块训练并不是将每周训练的各个方面结合起来,而是强调每周或每两周(小周期)的变化,以发展力量、耐力、爆发力、技能或任何教练认为重要的元素。

请注意,每次训练能力增强后,接下来的一段时间训练负荷就会保持稳定(在某些情况下甚至可能减少)。定期将训练负荷减少并持续几天甚至更长时间,从而为功能蛋白的适应留出时间,同时减少非功能性过量训练或过度训练的风险。渐进性超负荷和变异性(周期化)原则纳入包含大周期、中周期和小周期的训练计划中,训练计划设计的其他变化包括:进行一定天数的艰苦训练,然后再进行相同天数的休息或负荷减少的训练。一些教练遵循 75%原则:75%的训练以低于最大心率的 75%的强度完成,15%的训练以中等强度完成,10%的训练以高强度完成。制订有效训练计划的方法有多种,我们面临的挑战是制订出最适合运动员和锻炼者的需求、兴趣、目标和能力的训练计划。

在重大比赛前,应逐步减少训练负荷,以最大限度地适应训练的各种变化。这种训练负荷的减少通常被称为减量。对游泳运动员、跑步运动员和自行车运动员的研究表明,在不改变训练强度或频率的情况下,将训练量减少 40%～60%,可以在重大比赛前两周实现最佳减量策略。

过度训练的运动员的最大摄氧量、心输出量、收缩压和循环肾上腺素水平都会下降。大多数运动员和客户都有努力实现自己目标的动力。有时,勤奋过度会导致过度训练

（也称为过度训练综合征）。过度训练不是有利的，因为仅仅休息几天甚至几周是无法将其纠正的。一些运动员需要 6 个月或更长时间的休息来缓解过度训练带来的所有症状，这是一段令人沮丧、懊恼和痛苦的时间。过度训练的症状包括力量、协调能力和耐力的下降，失去动力和乐趣，患有抑郁症，食欲不振，减重，睡眠障碍，易怒和注意力不集中，以及心率和血压的变化。需要了解过度训练的症状，以防训练中出现这种情况。

过度训练是神经系统、内分泌系统、免疫系统和肌肉骨骼系统之间相互作用的结果。过度训练是一种失败的适应。更糟糕的是，运动员的表现不仅会停滞不前，情况还会恶化，有时甚至再也无法恢复。有效的训练计划是通过定期给肌肉和其他细胞施加压力，从而在力量、爆发力、耐力、速度等方面产生所需的适应性，逐渐提升其承受更大压力的能力。如果长时间承受压力且休息不足，肌细胞内产生所需适应性的各种反应也会产生负面反应（适应不良）。

例如，刻苦训练会暂时增加肌细胞内炎症因子的产生，进而促进这些细胞内的积极适应反应。但是，如果持续不断地进行刺激训练（日复一日地刻苦训练），那么长时间产生炎症因子就有可能导致负面反应，例如蛋白质合成减少，免疫反应受损，力量下降，以及下丘脑-垂体-肾上腺轴适应不良，包括催乳素和促肾上腺皮质激素等激素的分泌异常。没有简单的血液或运动测试来警示即将到来的过度训练。但在标准化的运动任务中定期监测运动心率可以预测是否为过度训练（反映为心率大幅提高）。经验丰富的训练师和教练通常可以观察锻炼者或运动员的性格、训练热情和训练能力方面的负面变化，判断出锻炼者或运动员何时出现过度训练。虽然有时很难说服运动员停止训练，但这样做可能是防止过度训练综合征的唯一方法。

（四）过度训练导致的消极变化

过度训练可能导致以下方面的消极变化：①脑神经递质；②脑结构；③运动神经功能；④激素反应；⑤免疫反应；⑥肌肉功能；⑦体重；⑧食欲；⑨睡眠；⑩激励；⑪精力水平；⑫情绪；⑬静息心率（升高或降低）；⑭静息血压（升高或降低）。

第二节　力量训练

运动员在做杠铃抓举时，鼓起的肱二头肌在杠铃的阻力下变得紧绷，前臂肌肉也被用来将手腕锁定在适当位置。来自大脑的神经冲动激活了手臂屈肌以及躯干和腿部各种肌肉中的运动单位，以保持身体稳定。如果这位运动员的目标是增加肱二头肌的力量和质量，那么在一次训练中应该做多少组动作，重复多少次？他应该举起多大重量？每周有多少节课？进行力量训练时，什么时候回报会递减？换句话说，每周进行 5 次力量训练，每次训练一小时，是否比每周进行两次时间更短的力量训练要好？

几个世纪以来，增强肌肉力量的技术一直是运动训练的核心，所以你可能会认为，到目前为止，运动科学家和健身教练应该清楚地知道哪种方法能够最有效地增加力量和肌肉量。事实上，关于人们应该多久进行一次、一次进行多长时间的力量训练来优化细胞适应性，从而增加力量和肌肉量，一直是一个"健康的争论"。不一致的研究结果激化了这个争论。开始研究之前，让我们先了解一下增加肌肉力量和肌肉量所需的适应性。

一、如何增加力量和肌肉量?

中枢神经系统和肌细胞会对力量训练产生适应性。对于刚开始进行力量训练或者数月或更久没有进行过力量训练的人来说，肌肉力量会在训练开始后立即增加。这种力量的增强与收缩蛋白的增加无关，而与运动单位的增加有关。换句话说，肌肉力量并不完全取决于肌肉的大小。随着神经系统募集更多的运动单位，力的产生（力量）也会增加，因为每次收缩会涉及更多的肌细胞。在最初的 8～10 周后，肌细胞通过产生更多的蛋白质来适应力量训练的持续压力，且肌肉量随之增加。

进行力量训练时，对肌肉量影响最大的因素是基因。很明显，一些人有肌肉大量增加的遗传倾向，而另一些人则没有。一个人可以增加多少肌肉量主要是由基因型决定的，基因型决定了肌肉量和细胞所有其他特征的种类上限，这是一个先天如何决定后天（在这里是力量训练）能够完成什么的很好的示例。但是，每个人都可以通过适当的训练增加一些肌肉量和肌肉力量。这是因为肌肉量和肌肉力量是由基因型和环境的相互作用决定的。就肌肉量而言，环境因素包括儿童时期的体育活动程度、开始力量训练的年龄、力量训练的持续时间、饮食和目前使用的力量训练方法等。年龄和性别也会对肌肉量产生影响。任何种类的训练都会改变表型，至少在训练停止和适应性逐渐消失之前均是如此。力量训练的刺激旨在激发肌肉适应性反应，使肌细胞中的功能蛋白增加，使肌肉产生更大的力，并使单个细胞增大，从而增大整个肌肉。力量训练触发肌细胞内的信号，刺激细胞核产生更多的收缩蛋白，然后将其与细胞中现有的收缩蛋白结合到一起。换句话说，有效的力量训练可以增加肌肉蛋白的合成。训练增加了肌细胞信号通路与存在于每个肌细胞细胞核中的 DNA 之间的相互作用。基因型决定了肌细胞的细胞核对训练的反应程度，由此决定了在达到基因型所决定的上限之前，将增加多少新的肌肉蛋白。

（一）对力量训练的适应

（1）募集更多运动单位。

（2）更高的运动单位刺激频率。

（3）同步募集更多的运动单位。

（4）减少对运动单位的抑制。

（5）肌细胞体积增大（肥大）。

（6）可能造成肌细胞数量的小幅增加（增生）。

（7）改善线粒体功能。

（8）毛细血管增多。

(9)骨密度和骨骼强度增大。

(10)增强韧带和肌腱的强度。

(11)更多的细胞内水分(肌肉中75%～80%是水)。

(12)更多的肌细胞。

(13)更多的肌原纤维单元。

(二)肌肉肥大的原因

(1)更多的收缩蛋白。

(2)更多的结构蛋白。

(3)更多的弹性蛋白。

(4)更多的肌质。

(5)更多的结缔组织。

(三)力量训练选项的示例

(1)自体重负荷练习。

(2)力量训练机(有许多不同的选择)。

(3)自由重量(杠铃和哑铃)。

(4)体操棒。

(5)壶铃。

(6)弹力带。

(7)重力球。

(8)力量训练俱乐部。

(9)离心、向心和等长练习。

(10)弹震式训练。

(11)单边及双边练习。

(12)力量训练带。

(四)女性可以在不显著增加肌肉量的情况下增加力量吗?

答案很简单,可以。在肌肉量增加之前,肌肉力量就可以在训练初期获得明显的增加。这种力量的增加与募集更多的运动单位和神经系统的其他变化有关。想要增加力量和改善肌肉功能但又不想肌肉增大的女性,可以用更轻的重量进行训练,并相应地调整长期训练计划。简而言之,肌肉尺寸增加的程度取决于基因和力量训练的类型。另一个决定训练后肌肉量增加多少的重要因素是睾酮的分泌。睾酮是一种类固醇激素。睾酮可以促进合成代谢反应,例如伴随抗阻运动而增加的肌肉量和力量,以及伴随着男孩青春期而来的体毛增长和变声等反应。雌激素是女性的主要性激素,直接由睾酮产生。因此,所有女性体内的睾酮含量都很少(男性体内的睾酮含量比女性多20倍)。因此与男性相比,女性对力量训练的合成代谢反应较弱,而男性则受益于较高的睾酮含量。雌激素产生于卵巢或者在脂肪细胞中由睾酮转化而来,而睾酮产生于胆固醇。雌激素对肌肉和结缔组织的影响(作为对训练的反应)尚不清楚。

二、增加力量和肌肉量的最佳方法

肌肉具有很强的可塑性，表现在肌肉可以非常迅速地适应各种情况。肌肉在数小时的训练后开始慢慢适应该训练，而在停止训练的数小时后，肌肉开始逐渐失去这些适应性。在将人的肢体置于石膏中或长时间卧床休息时，肌细胞就会萎缩，其几乎会立即开始失去收缩蛋白，肌肉变小并失去力量，这样每天损失的收缩蛋白可以达到总量的3%～4%。肌细胞将增加其功能蛋白的含量作为对训练的一种反应，这使得细胞能够提升工作能力。只要让肌肉逐渐超负荷，功能蛋白含量的增加就会持续下去，最终达到基因型所决定的极限。太早进行过多的力量训练不仅会增加受伤的风险，还会导致过量训练，甚至过度训练，适量的训练可以让肌肉力量和质量逐渐增加。那什么才是合适的力量训练量呢？做多少组？重复多少次？多久进行一次训练？

力量训练使肌肉处于多种刺激下，这些刺激相互作用，导致肌肉蛋白增加。这些刺激包括对肌细胞的机械压力，增加运动单位的募集，活跃的肌细胞肿胀，睾酮、生长激素和胰岛素样生长因子等激素的影响，肌细胞的轻微损伤，乳酸等代谢物的积累，以及自由基（如活性氧）的增加。所有这些刺激相互作用，决定了肌肉蛋白合成总体增加。

关于力量训练科学信息的参考资料：

(1)美国运动医学会。

(2)美国运动理事会。

(3)大学力量与体能教练协会。

(4)美国健康与健身协会。

(5)美国国家运动教练协会。

(6)美国国家体能协会。

三、力量训练的益处和重要性

（一）力量训练的好处

(1)更好的关节稳定性。

(2)改善平衡。

(3)降低跌倒风险。

(4)静息代谢率增加。

(5)改善身体外观。

(6)骨密度增大。

(7)降低患骨质疏松症的风险。

(8)改善血脂状况。

(9)更快地从受伤、疾病和手术中恢复。

(10)更好的睡眠。

(11)改善心血管健康状况。

(12)降低患抑郁症的风险。

(13)增强自尊心。

(14)改善葡萄糖代谢。

(15)降低血压。

(16)更高的胰岛素敏感性。

(二)肌肉收缩类型的重要性

训练者进行力量训练时,可选择多样化的训练模式。每隔一段时间就面对一个新的挑战,并采用不同的器械和锻炼方式,以不同的方式向肌肉施加压力,这在心理上会令人耳目一新。自由负重、器械负重、弹力带、稳定球、壶铃、重力球和其他器械都在力量训练计划中占有一席之地。肌细胞可以以各种方式收缩,从而影响整体运动单位的募集和力量的产生。例如,举重所需的向心收缩要求肌细胞缩短,肌动蛋白丝和肌球蛋白丝相互滑动,每次重复都会产生膨胀的肌肉。当重物慢慢放下时,肌细胞会拉长(离心收缩),同时肌动蛋白丝和肌球蛋白丝继续相互作用,肌肉的弹性结缔组织和肌腱拉伸,从而产生力量。在等长收缩中,关节处于固定位置,而肌细胞缩短,然后保持持续收缩。大多数运动都需要不断变化地动态组合 3 种类型的收缩,而力量训练计划应包括模仿这些状况的练习。使用不稳定的表面,如平衡板和振动平台,会给运动带来更多的心理挑战和身体压力。这种挑战可以增强力量,并增加训练计划的趣味性和多样性。

四、运动表现与营养

(一)运动表现营养

研究表明,在高强度运动后,只要摄入 20～40 g 的优质蛋白质(奶制品、瘦肉、鱼、鸡蛋、大豆)就足以最大限度地刺激肌肉蛋白的合成。

如果最大力量和肌肉量是决定运动成功与否的最重要因素,那么举重运动员和健美运动员将主宰所有运动项目。运动员通过提高功能性力量而受益,这样他们就可以在对运动表现最需要的时间和地点提供更强的肌肉力量、爆发力和耐力。通过正常的运动训练,运动员可以增强力量,而且通常可以增加一点肌肉量。如果为了增加肌肉量而施加的力可以增加完成某项运动所需的力量,那么通过抗阻运动进一步提高力量可以改善运动表现。这并不意味着进行抗阻运动的过程中必须模仿运动中的具体动作。例如,如果肱三头肌的力量是一项运动的重要组成部分,那么通过各种抗阻运动来增加肱三头肌的力量可能有助于改善运动表现。此外,进行力量训练的人将获得除改善运动表现以外的好处。

假设在时间很紧迫的日常生活中,想要增强肌肉量,如何在 20 min 内进行有效的全身锻炼?这个训练计划所需的唯一器材就是一套哑铃。在这个训练计划中,会从一个练习立即过渡到下一个练习,一旦完成最高组数的 15 次重复练习,就会增加抗阻。训练中要采用正确的运动方式,并在需要的时候让观察员进行辅助。

作为对力量训练的反应，肌肉量增加最快的速度约为每周增加1%的肌肉量。骨骼肌在不断地分解和增长。实际上，人体每天都会分解并置换1%～2%的肌肉。通常摄入的蛋白质提供了置换所需的氨基酸。在受伤期间，蛋白质会加速分解，因此保持体重并增加每日蛋白质的摄入量对保护受伤后的身体非常重要。

离心训练并不仅仅适用于运动员。由于离心收缩需要的能量较少，并能减少心血管不适，所以它们非常适合那些损伤后康复的人、老年人，以及患有神经肌肉等方面疾病的人。随着时间的推移，缓慢增加离心训练负荷，可以避免或减轻离心训练中经常发生的DOMS(渐进性超负荷原理的一个很好的示例)。离心训练的一项挑战是让肌肉承受足够多的阻力，以便最大限度地刺激肌肉。例如，举起一个重物(向心收缩)会对肱二头肌造成很大的压力，但放下同样的重物(离心收缩)会减少很多压力，运动单位在减少，因此在放下过程中激活的肌细胞也在减少，力量是由肌球蛋白头部的弯曲以及肌动蛋白和其他弹性分子的拉伸产生的。有趣的是，与向心训练相比，离心训练刺激了肌细胞内不同的信号通路，并导致不同的基因被表达。如果离心训练中的负荷与向心训练中的负荷相同，肌肉力量和肌肉量的改善也是相似的。一些专门的力量训练设备被设计为可在离心阶段施加更大的力量，使运动单位的激活与向心阶段相等，从而增加总体训练刺激。

力量训练的一个反应就是前列腺素的产量增加，前列腺素是影响训练的总体适应性的分子。负责产生前列腺素的主要酶是环氧合酶，环氧合酶的活性受到非甾体抗炎药(例如萘普生、布洛芬和阿司匹林)的抑制，人们担心像某些运动员一样定期服用非甾体抗炎药可能会减弱部分适应性反应，从而减少力量训练带来的益处。研究表明，以正常剂量服用非甾体抗炎药不会对肌肉力量和肌肉量的发展产生负面影响。

在晚上进行力量训练后摄入20 g高质量的蛋白质，与不进行力量训练时摄入蛋白质相比，更能优化睡眠期间肌肉蛋白的合成。

(二)营养的作用是什么?

那些对增加力量和肌肉量感兴趣的人，往往对营养(尤其是蛋白质营养)如何提供帮助也十分感兴趣。这是运动科学中的一个有趣的领域，研究表明，锻炼后摄入优质蛋白质可以优化肌肉蛋白的合成。从实用的角度来看，这意味着在锻炼后立即摄入蛋白质，人体可以将蛋白质消化成各种各样的氨基酸，然后将这些氨基酸吸收到血液中。高质量的蛋白质包含肌肉需要的所有必需氨基酸，肌肉需要这些氨基酸来增加蛋白质的合成，例如增加力量和肌肉量所需的收缩蛋白、结构蛋白、运输蛋白和调节蛋白。在锻炼期间，肌肉蛋白的分解增加是对锻炼的一种自然反应。锻炼后，摄入蛋白质来促进蛋白质合成是有意义的，有助于加快肌肉恢复、修复和产生适应性。定期这样做会加速力量和肌肉量的增加。此外，可以每天定期食用蛋白质零食来促进蛋白质合成，从而进一步支持肌肉中功能性蛋白的生产。

研究表明，摄入20 g优质蛋白(来自牛奶、肉类、蛋类和鱼类)似乎足以最大限度地刺激运动后肌肉蛋白的合成。关于老年人群的研究结果证明了研究人员所称的蛋白质摄入的合成代谢抵抗，即他们需要40 g蛋白质来最大限度地刺激蛋白质合成。运动和蛋白质摄入的结合对于抗衰老尤为重要，因为它有助于防止肌肉流失，有助于骨骼健康，还有助于控制食欲。一个相关的好处是强壮的人往往寿命更长。

（三）含有 20 g 优质蛋白的食物

(1)3 个鸡蛋(240 kcal)(1 kcal≈4.18 kJ)。

(2)3 盎司(85 g)火鸡肉(90 kcal)。

(3)3 盎司(85 g)金枪鱼罐头(85 kcal)。

(4)3 盎司(85 g)鸡肉(90 kcal)。

(5)4.5 盎司(128 g)火腿(125 kcal)。

(6)3.5 盎司(99 g)瘦牛肉(130 kcal)。

(7)6 盎司(170 g)白干酪(160 kcal)。

(8)4 盎司(113 g)碎牛肉(200 kcal)。

(9)2.6 盎司(74 g)素肉(110 kcal)。

注：标注的换算值多为约数。

越来越多的证据表明，在一天中(包括睡前)均匀地摄入蛋白质，可以促进肌肉蛋白的合成，还有助于维持或增加肌肉量。例如，如果一个体重 180 磅(82 kg)的运动员每天消耗 180 g 蛋白质，那么可以将蛋白质摄入量分为 4 部分，每部分包含 45 g 蛋白质，分别通过三顿正餐和睡前零食摄入每部分的蛋白质。以这种方式摄入蛋白质已被证明可以维持较高的肌肉蛋白合成速率。不必担心一天中蛋白质摄入量的精确分布，只需记住在每顿饭和零食中摄入一些蛋白质就可以了。每当完成一项艰苦的锻炼时，血液中的各种激素都会激增，这是对锻炼的自然反应的一部分。此外，每当吃零食或正餐时，摄入的食物和饮品都会伴有激素反应。一些膳食补充剂的广告声称，这些补充剂会促进同化激素的合成，从而有助于增加力量和肌肉量。相关研究表明，人体对抗阻运动和摄入膳食补充剂的激素反应，在增加力量和肌肉量方面并没有起到关键作用。毫无疑问，运动和饮食引发的激素反应很重要，但在数天、数周、数月的训练计划中，其他许多因素对力量和肌肉量的发展可能有更大的影响。运动后循环同化激素的增加不如肌细胞中雄激素受体数量的增多重要，雄激素受体的数量增多可以刺激力量和肌肉量的增加。女性在休息时循环中睾酮水平要低得多，而在进行抗阻运动后，女性体内睾酮水平的增加是男性的 45 倍。然而，即使循环中睾酮水平较低，女性也能增加肌肉蛋白合成、肌肉量和肌肉力量。锻炼后发生的同化激素增加并不意味着力量训练期间出现的暂时性肌肉肥大是肌细胞内及周围的液体积聚引起的。这种短期的肌肉体积增大是力量训练有助于增加肌肉力量和肌肉量的证据之一。

五、停止训练和再训练

受伤、生病或停止训练可能导致肌肉力量下降。受伤、固定不动(尤其是长时间卧床休息)会导致肌肉在数小时内开始迅速变化。随着收缩蛋白的分解，肌肉蛋白的合成减少，肌细胞开始萎缩。由于肌肉变得更小，并且神经系统失去某些适应性，肌肉力量平均每天可损失 3%～4%。再训练可以刺激肌肉生长和力量恢复，但是完全恢复力量和肌肉量所需的时间比停止训练的时间要长。在休赛期或者正常训练受到干扰的情况下，只要训练刺激足够大，那么每周进行一到两次的训练就可以保持力量。

第三节　速度和爆发力训练

速度和爆发力是所有体育项目的关键因素。即使是那些对比赛不感兴趣但希望提高身体素质的人，提高速度和爆发力也是通过训练能够获得的意外之喜。一个跳起扣球的排球运动员、一个做下马动作的体操运动员、一个在起点台上准备入水的游泳运动员、一个冲过半场进行追防的篮球运动员，以及一个踏出投掷前的最后一步的标枪运动员，都展示了速度和爆发力的重要组合。在这些示例中，很容易理解提高速度和爆发力与改善表现之间的关系。但同样的情况也适用于刚上健身课的中年妇女、一名想在 5000 m 比赛中创造个人纪录的休闲跑步者，以及一名在髋关节置换术后努力恢复腿部力量的 74 岁男子。很容易理解为什么速度和力量对运动员来说很重要，同样也很容易理解为什么人们对减肥、提高肌肉力量或者提高整体健康水平感兴趣，而不是将提高速度和爆发力作为个人目标。但是，即使锻炼者对速度、爆发力和运动表现不感兴趣，所有的训练项目仍会对速度和爆发力产生影响。

一、速度和爆发力

(一)速度是对运动速率的度量

一个 150 磅(68 kg)重的橄榄球快速中卫在冲击防守线时产生的爆发力不如一个 225 磅(102 kg)重的慢速中卫产生的爆发力大。较重运动员的运动速率(速度)较慢，但能量传递速率(爆发力)较大。如果上面两个运动员中的任何一个变得更快，他的爆发力也会增加。如果上面两个运动员中的任何一个增加肌肉量并保持相同的速度，那么他的爆发力也会增加。

排球运动员希望能够更有力地扣球。力量和技能训练能增加肩膀和手臂的肌肉量和力量，以及击球的速度。运动员的手臂运动速度的加快，以及肩膀和手臂肌肉量的增加，会使爆发力更强(能量传递速率增加)。

(二)爆发力是对能量传递速率的度量

一名 100 m 短跑运动员在非赛季全力以赴地进行力量训练，试图让自己变得更快。他的训练非常成功，他增加了 12 磅(5.44 kg)的肌肉，并通过所有举重运动获得了力量，尤其是上半身。但他最初的成绩非常令人失望，速度比上个赛季开始时慢得多。在这种情况下，体重的增加减慢了他的运动速率(速度)，尽管他的能量传递速率(爆发力)可能保持不变。从短跑到超级马拉松，速度和爆发力是所有运动的重要因素。身体在运动过程中产生的爆发力与运动的速度和运动的力量(重量,也称为质量)有关。

二、提高速度和爆发力的适应性训练

速度和爆发力的增长要求活跃肌细胞能够以更快的速度产生 ATP,在更长的时间内维持该生产率,并在此过程中产生更多的力量。在这种情况下,爆发力是指肌肉每次收缩产生的力量。募集更多的运动单位有助于实现这些目标,增加肌细胞的肌原纤维含量。所有这些适应性都可以通过适当训练来获得,提升运动能力需要正确的刺激(训练)来激发最佳的反应(适应性),速度和爆发力的提高也不例外。常识加上对训练适应性知识的一些了解表明,速度和爆发力训练应该可以增加无氧 ATP 的产量,还可以提高肌肉力量,并提供更快、更强大的运动员所需的其他能力。速度和爆发力训练可以提供各种适应性,从而提升高强度锻炼的能力。速度和爆发力训练对于需要进行短暂爆发性移动的运动员而言非常重要。但是,由于能量系统相互联系,有氧训练也与所有运动员息息相关。众所周知,无氧(磷酸原和糖酵解系统)和有氧(柠檬酸循环、电子传递链)代谢过程中都会产生 ATP。在休息时和所有类型的体育锻炼中都是如此。肌细胞仅根据产生 ATP 的速度来调整它们对能量途径的依赖。肌细胞在能量途径之间转换的能力称为代谢灵活性。例如,尽管美式橄榄球的平均比赛时间只有 6 s,但在这些短暂的爆发性活动中,以及在随后的恢复期,尤其是在球员长时间上场的时候,都需要一定的耐力(有氧运动)。

运动训练总是涉及有氧和无氧 ATP 的产生。例如,铅球运动员需要提升有氧运动能力来支持他们的高强度训练,即使在比赛过程中每次的努力时间仅持续几秒钟。

个人的基因决定了训练能达到的上限,但是没有任何证据表明基因与运动表现有足够强的联系,因此很难通过基因来预测或判定一名运动员的职业生涯是否会获得成功。

(一)速度和爆发力训练的好处

(1)更强壮的肌肉。

(2)更高的 ATP 产量。

(3)更快的 ATP 生产速度。

(4)更多、更同步的运动单位募集。

(5)爆发力增强。

(6)肌纤维横截面积增加。

(7)Ⅰ型纤维所占的百分比增加。

(8)肌腱和骨骼之间的连接更牢固。

(9)更强壮的骨骼。

(10)更快的反应速度。

(11)灵敏性的提高。

(12)提升速度技能。

(13)更大的地面反作用力。

（二）什么样的训练可以提高速度和爆发力？

特异性原则表明，对训练的适应是特定于训练方式和训练强度的。常识表明，如果你想提高 100 m 短跑的速度，那么像耐力运动员一样训练是不合理的。

1.间歇训练

至少从 20 世纪 30 年代开始，间歇训练一直是精英运动员的必备训练项目。间歇训练以各种各样的方式进行锻炼和休息，可用于任何运动或体育锻炼，可以为每个人设计间歇训练计划，从短跑运动员到超耐力运动员。间歇训练的一个优点是，它允许重复的高强度训练，这有助于最大化运动刺激，并优化训练适应性。间歇性地运动和休息可以获得比连续运动更高的运动强度，高强度运动对心肺系统的需求增加，产生 ATP 所需的代谢途径、控制代谢酸堆积所需的缓冲系统、神经系统募集运动单位的能力，以及储存和使用糖类和脂肪的能力，是激发训练适应性的重要刺激因素。另外，睡前摄入 20～40 g 蛋白质会增加睡眠中肌肉蛋白的合成，从而随着时间的推移帮助增加肌肉量和力量。这些蛋白质可以来自肉类（牛肉、鸡肉、猪肉等）、鱼类、奶制品、谷物、坚果、豆类。

2.高强度间歇示例

（1）示例 1

①5 min 热身运动。

②30 s 全速骑行。

③休息 3.5 min。

④重复 5 次。

（2）示例 2

①3 min 跑步机热身步行。

②3 min 快走。

③3 min 恢复步行。

④重复 4 次。

（3）示例 3

①3 min 热身慢跑。

②30 s 跑步。

③20 s 的速度跑。

④10 s 冲刺。

⑤3 min 步行/慢跑。

⑥重复 3 次。

3.益处

（1）提高耐力。

（2）增强最大爆发力。

（3）提高力量。

（4）增强肌肉的氧化能力。

(5)增加肌糖原含量。

(6)减少乳酸产量。

(7)增加肌肉线粒体生物合成。

(8)增加细胞内信号转导。

(9)提高最大摄氧量。

(10)改善血管膜功能。

(11)改善血糖控制功能。

(12)增大Ⅰ型纤维的体积。

(13)增加糖酵解酶。

(14)增加 ATP/磷酸肌酸激(phosphocreatine,PCr)酶。

4.确定无氧训练的强度

训练期间的训练强度通常使用心率、代谢当量或主观疲劳评定量表进行监控。精心设计的训练计划内容应包括以不同强度进行活动,通常每周只有一小部分(如 10%～20%)训练的训练强度很高,随着运动员或锻炼者身体素质的提高,训练强度也会增加。在实验室环境之外监测训练强度是一门不精确的科学。在实验室环境中进行最大摄氧量测试是人们普遍接受的评估有氧耐力的一种方法。与耐力训练不同,无氧工作能力的测试方法暂无统一标准。30 s 全速骑行测试、缺氧测试和临界爆发力测试可用于测量和评估无氧爆发力的变化,尽管这些测试中的每个测试最好在运动科学实验室中完成。在一次标准的运动中,可以通过追踪心率来评估有氧适能的变化。心率的变化与耗氧量的变化有关,耗氧量是衡量运动强度的标准。除非你知道某个人的最大心率,否则仅监测心率并没有多大价值。最大心率既可以在渐进式运动测试至疲惫时进行测量,也可以根据实验中推导出的方程式进行估算。估算最大心率的公式有许多,这些公式是建立与各种运动强度相对应的心率范围(区域)的基础。监测心率可以衡量运动强度,心率会受到脱水、高温、疾病和其他可能引起误导性心率反应的压力的影响。例如,如果运动员习惯于在耐力训练中以 135～145 次/分的心率区域进行训练,那么仅仅是脱水就会使心率每分钟增加 10 次或更多次,这使运动员的锻炼看起来比实际更艰难。代谢当量通常用于临床环境,如心脏康复和职业治疗设施,以帮助监测和控制心脏手术或受伤后的运动强度。可以在老年人的训练计划中结合使用代谢当量,以衡量恢复或改善日常生活所需的体能方面的进展。大多数人凭直觉依赖于主观疲劳评定量表的某些变化,以使锻炼强度与他们在锻炼或比赛中的感觉保持一致。应教导运动员和锻炼者正确使用简单的主观疲劳评定量表,这对确定适合不同任务的运动强度非常有用。当然,主观疲劳评定取决于个人对体育锻炼的评估和所感知到的舒适度,因此人与人之间的差异会导致他们的反应出现差异。例如,如果动感单车课程的教师要求学生将单车的阻力调节到“中等运动强度”水平(例如,在 1～10 的范围内,主观疲劳评定为 5),那么学生在单车的实际阻力设置中就会存在很大的差异。那些勤奋训练的人会听从指示,而那些决定不那么努力训练的人可以选择性调节运动强度。积极进取、经验丰富的运动员已经习惯于逼迫自己并调整自己的努力程度，以适应训练和比赛的要求。研究表明，提高核心稳定性和核心力量似乎与提升运动表现没有直接关系。

5.运动表现营养要点

在改善睡眠质量方面，研究表明，晚餐食用高血糖指数的、色氨酸含量较高的蛋白质（牛奶、鸡蛋和鱼类等）可能会很有帮助。还有证据表明，喝酸樱桃汁可以延长睡眠时间。

6.快速伸缩负荷训练

快速伸缩负荷训练通常是想要提高力量和速度的运动员的训练重点。在肌肉收缩之前拉伸肌肉，可以增加肌肉的力量和爆发力。实际上，所有涉及身体活动的运动（尤其是体育运动）都涉及离心收缩和向心收缩的组合。快速伸缩负荷训练（例如跳箱和跳跃）可以帮助运动员更好地利用伸展收缩运动。

离心训练可以通过增加肌肉量、肌肉发力的速度，以及Ⅱ型纤维的肌束长度和肌节数量来提高肌肉力量和爆发力。

作为快速伸缩负荷训练组成部分的离心收缩会增加肌肉损伤、酸痛和其他组织受伤的风险，因此运动员应该在他们习惯这种运动之前尽量少做这种训练，应先做低强度训练。

7.弹震式训练

与许多运动中的运动速度相比，传统力量训练的运动速度比较缓慢。此外，举重运动中有相当一部分时间是用来使负重在动作范围的末端减速。弹震式训练通过投掷、跳跃和击打动作来避免这种减速，从而增强神经肌肉的爆发力。弹震式训练的目的是增加运动单位的募集，以产生更快的爆发力发展速度。弹震式训练可以在各种负荷下进行，但最好在运动员掌握了良好的力量训练技能之后进行。弹震式训练的示例包括药球投掷、蹲跳（增加负重或不增加负重）和爆发性俯卧撑等。

8.交叉训练

交叉训练（一次进行一项以上的运动或活动）为锻炼提供了多种选择。交叉训练还能用于开发新的补充性技能，促进训练适应性的产生。交叉训练几乎没有什么风险，只要该训练不会减少在发展运动专项技能和体能上的时间。运动员使用交叉训练的一个示例是铁人三项运动员必须训练游泳、骑自行车和跑步，通常还要结合力量训练和柔韧性练习。其他示例包括进行跑步和骑自行车训练的摔跤运动员和游泳运动员、参加有氧舞蹈课的足球运动员和篮球运动员，以及参加循环训练的冰球运动员。适当的交叉训练能够提供多种选择，补充完善训练计划的总体目标。此外，有效的交叉训练应该有明确的目的。除非提前明确定义预期结果并满足运动员的训练需求，否则篮球运动员参加有氧舞蹈课是没有意义的。在规划如何将交叉训练纳入运动员的训练计划时，请牢记以下几点：

（1）对高强度间歇训练的适应类似于耐力训练中看到的肌肉和心血管系统的变化。高强度间歇训练的一个优点是能提高肌肉力量和爆发力，同时改善无氧工作能力。

（2）过多的耐力训练可能会削弱其带来的力量优势。研究表明，同时进行耐力训练可能会阻碍力量的发展，在为那些将力量发展作为主要训练目标的个人设计训练计划时要牢记这一点。例如，由于受伤而腿部固定不动的运动员会失去肌肉量和力量。在重返体育活动训练计划中过早地引入耐力训练，可能有减弱力量发展的风险。

(3)交叉训练可以提高耐力、力量和爆发力，从而对运动表现的改善起到促进作用。

(4)交叉训练还可以帮助易受伤运动员降低因过度训练和过度劳累而受伤的风险，并且可以将交叉训练作为受伤后重返体育活动的训练计划的一部分。

第四节　有氧耐力训练

当你想到有氧耐力时，自然会想到马拉松、越野滑雪、公路自行车、公开水域游泳，以及其他长时间的运动和活动。毕竟要想在这类活动中取得成功，就必须具有很强的有氧运动能力。换句话说，除其他特征外，耐力项目的成功还需要运动员具有较大的最大摄氧量。

在日常生活中，有氧运动能力同样重要。尽管顶级男性耐力运动员的最大摄氧量超过 70 mL/(kg·min)，女性为 60 mL/(kg·min)，但另一个极端是某个人完成日常生活基本任务所需的最大摄氧量仅为 15 mL/(kg·min)。相比之下，久坐不动的男性和女性的最大摄氧量通常为 30～40 mL/(kg·min)。适当的训练可以明显增加最大摄氧量，而增加的幅度取决于多种因素，其中只有某些因素是在运动者的控制之下的。

一、有氧耐力的生物学基础

(一)为什么最大摄氧量对耐力如此重要?

有氧耐力(通过最大摄氧量测量)反映了肌肉从糖类(葡萄糖)和脂肪(脂肪酸)的有氧代谢中产生 ATP 的能力。为了提升体能和耐力，人体需要提升通过有氧代谢生产 ATP 的能力，并维持这种生产能力，这种能力反映在最大摄氧量上。

如前所述，最大摄氧量最高的运动员并不总是第一个完成比赛。许多其他因素相互影响，决定了运动员的总体表现。在耐力运动中，最大摄氧量只是影响因素之一。但是，最大摄氧量是影响运动员完成耐力项目的能力的主要因素之一。

(二)哪些因素决定了有氧耐力的提升程度?

这个问题的一个答案就是训练。耐力训练计划也许是决定有氧耐力(最大摄氧量)提高程度的最重要因素。但是，不同个体对有氧训练计划的反应存在很大差异。以下是决定最大摄氧量总体改善的关键因素。

1.初始适应度

在训练前有较高最大摄氧量的运动员通常比开始训练时最大摄氧量低的运动员有较小的改善。

2.遗传性

一个人的基因决定了训练后最大摄氧量的改善上限。基因(目前没有能够准确预测运动潜力的基因测试)也决定了人们对训练的反应程度。高反应者比低反应者能得到更快、更大程度的改善。

3.性别

女性的最大摄氧量通常比进行同样训练的男性低10%~15%,尽管顶尖女运动员的最大摄氧量常常比许多男运动员高。

4.训练

通过训练达到较高的最大摄氧量,但由于运动经济性和无氧阈随着训练量的增加而不断提高,耐力表现仍然可以得到提升。在肌肉中,一些线粒体位于肌膜内,而另一些则位于肌纤维之间。这两种类型的线粒体对训练的反应方式似乎有所不同,但训练能增强这两种类型的线粒体产生ATP的能力。

(三)为什么无氧阈很重要?

在耐力运动中,血液中的乳酸水平会从静止值开始上升,然后保持相对稳定,直到冲过终点线。当运动强度过高时,血液中的乳酸就会开始积累,这表明活跃肌细胞越来越依赖于无氧糖酵解(无氧代谢)来产生ATP。如果不降低运动强度,肌细胞内的环境将变得越来越偏向酸性,维持运动速度就会变得越来越困难。不久之后,疲劳就会开始出现,运动速度也会减慢。适当的训练可以提高无氧阈,并减少乳酸的积累。这意味着即使最大摄氧量保持不变,运动速度也会增加。除了作为无氧代谢的副产品外,乳酸还是一种燃料,心脏和骨骼肌可以用它来提升表现。

(四)哪些因素会影响耐力表现?

切记不要将有氧耐力和耐力表现混为一谈。虽然这两者之间确实有些联系(有氧耐力较强的人往往有更好的耐力表现),但有氧耐力最终会随着训练而趋于平稳,而耐力表现可以持续得到改善。运动的一个重要特征是运动的能量成本,这被称为运动经济性。

运动经济性对耐力运动至关重要,因为不经济的运动需要ATP能量,而这些能量对前进运动没有任何贡献。运动不经济的一个简单示例就是跑步时的弹跳过度,每次弹跳都需要对于前进没有任何帮助的能量。每次弹跳都会损失一部分能量,这些能量是弹性能量,而不是来自ATP的能量,但对运动员来说,利用肌肉和结缔组织的弹性能量以促进向前运动也很重要。一些运动科学家认为,在100 mile(1 mile=1.609 m)长跑等超耐力运动中,运动经济性在决定运动表现方面不如其他因素(如乳酸阈)重要。

(五)什么是红细胞比容,为什么要关心它?

红细胞比容是一个科学术语,指的是红细胞总体积占血液总容量的百分比。红细胞比容的测定是在实验室里由受过训练且有经验的人执行。将少量血液注入一个细玻璃试管中,然后放入离心机中离心,将红细胞与血浆分离。只需测量出由红细胞组成的部分的长度,并将其与玻璃试管中所有液体的长度进行比较,即可得出红细胞比容。

就像生物学中的所有事物一样,没有一个代表正常状况的红细胞比容值。在健康的年轻人中，红细胞比容通常约为45%，换句话说，血容量的45%为红细胞容量。在健康的年轻女性中，红细胞比容的平均值约为40%（这些值适用于处于正常水合水平的人，人为脱水会增加红细胞比容，因为脱水会降低血浆容量）。一些耐力运动员非法使用自体血液回输和注射促红细胞生成素（erythropoietin，EPO）来增加红细胞的数量，提高红细胞比容和血液携氧能力，从而改善表现（这种行为是违反兴奋剂禁用规定的）。一些运动员天生具有较高的红细胞比容，但大多数人的红细胞比容较低。男性红细胞比容的正常范围为41%～50%，女性红细胞比容的正常范围为36%～44%。有些人错误地认为，经过数月的训练，红细胞比容会增加，因为人体会产生更多的红细胞来适应训练。实际上，正常反应是训练后红细胞比容会略有下降，因为即使人体确实产生了更多的红细胞，但血浆容量（血液的液体部分）的增加大于红细胞容量的增加。由于存在更多的红细胞、更多的血红蛋白和更大的血容量，所以血液能够携带和输送更多的氧气。红细胞比容超过50%会增加患心脏病、血栓和脑卒中的风险，因为血液黏度会随红细胞比容的上升而增加，使心脏更难泵血，从而更容易出现血栓。

二、有氧耐力的训练

（一）有氧耐力训练的主要适应性是什么？

在休息和运动过程中，肌肉利用氧气产生大量的ATP来收缩肌细胞，并为全身其他组织提供能量。在休息时，呼吸会变得缓慢，但呼吸速度足以使肺部吸入充足的氧气，并排出能量代谢过程中不断产生的二氧化碳。氧气分子进入血液，与红细胞中的血红蛋白分子结合，然后通过动脉、小动脉和毛细血管输送至单个细胞。一旦氧气分子进入细胞内，就会立刻进入线粒体，结合到电子传递链（呼吸链）上产生ATP。在运动过程中，所有这些事件都会使呼吸的速度和深度增加，心跳加快，左心室充满血液的速度加快，心输出量增加，小动脉扩张，更多的肌肉毛细血管充满血液。在肌细胞内，氧气供应的增加与糖原分解、脂肪酸分解、无氧糖酵解、乳酸生成、克雷布斯循环和电子传递链的增加相匹配。所有这些事件都通过一个测量值反映出来，即最大摄氧量。最大摄氧量越高，肌肉收缩所需ATP的产生速度就越快。

由于最大摄氧量增加只是耐力训练中产生的众多适应性之一，因此较高的最大摄氧量并不一定是耐力表现的良好预测指标。例如，最大摄氧量为55 mL的人比最大摄氧量为40 mL的人更具竞争优势，但与最大摄氧量为50 mL的人竞争时，这种优势可能并不存在。实质上，最大摄氧量只是对人体从吸入的空气中提取氧气并将其输送到活跃肌细胞线粒体中的能力的一种度量。这种能力是有上限的，上限很大程度上取决于心脏泵血的能力，也就是心输出量。心输出量的上限不仅决定了人进行耐力运动的能力，还决定了人独立生活的能力。并非所有人都渴望成为耐力运动员，但是所有人都很重视自己的自理能力。无论是为了改善身体表现，还是只是为了提高生活质量，适当的训练都可以提升功能容量。

(二)增强有氧耐力的最佳方法

提升耐力表现没有最佳方法。各种运动中的耐力运动员已经通过各种训练方法取得了巨大的成功。最好的指导也许是训练必须适合运动员的身体和心理特征,并根据运动员生活的地方进行调整。居住在大城市的耐力运动员的训练方式与居住在山区的运动员的训练方式不同。在这两种情况下都可以成功,但训练方法有所不同。

耐力运动员通过不同距离的间歇训练(包括重复进行 100 m 跑步),在国际比赛和奥运会上取得了成功。长距离慢跑训练对许多人有效,为提高无氧阈而设计的阈值训练也很有效。山地训练、法特莱克训练(速度训练,包括在长时间训练中以不同间隔增加速度的训练)、高强度间歇训练、力量训练和柔韧性训练都可以成为耐力训练的一部分。同样的道理也适用于那些对运动不感兴趣,但想积极改善健康状况的人。在低强度的步行、游泳、骑自行车和其他活动中,可以采用相同的训练方法。当设计一个训练计划来提升有氧耐力和耐力表现时,应遵循以下的一般指导方针,以适应不同持续时间和目标的训练计划。

(1)从轻松有趣的锻炼开始。无论是刚从休赛季归来的经验丰富的运动员,还是刚开始接受训练的新人,都应该先建立一个坚实的训练基础,借此完成更长时间、更苛刻的训练。

(2)使用较轻的重量进行力量循环训练,并采用较多的重复次数。经过数周的渐进式训练,采用较重的重量,并减少重复次数。

(3)采用低强度、低里程的散步、跑步、骑自行车和游泳训练,重点放在适当的器械上(提高运动经济性),偶尔进行爬坡或类似的挑战来开始耐力训练。在数周时间内逐渐增加训练持续时间和距离,减少对运动强度的关注。

(4)通过每周不超过两次的短期间歇训练,运动员开始了解高强度间歇训练的要求。随着周数增加,逐渐增加运动强度。

(5)准备迎接更高强度的运动,让运动员为比赛做好准备。一旦建立令人满意的训练基础并临近比赛季,就应该让运动员做好身体准备和精神准备(有内在动力),以增加训练强度和持续时间。

(6)把力量训练的重点转移到以下方面:发展持续的肌肉力量,同时增强耐力比赛所需的核心力量。此时也是引入简单的灵敏性训练的好时机,耐力运动员经常忽略这些训练,并将重点放在发展运动专项技能的训练上。

(7)逐渐增加训练的持续时间和强度,包括无氧阈训练、低强度和长时间训练、速度训练(法特莱克训练)和高强度间歇训练(HIIT)。在训练负荷达到稳定状态甚至超量时,可以休息几天或一周,以便恢复和适应。

(8)继续强调选择适当的器械的重要性。

(9)比赛季的训练:赛季开始后(或对于健身者而言,在建立了新的健身水平后),应该改变训练计划,以应对比赛带来的额外压力以及符合继续改进的需求,同时减少受伤和过度训练的风险。

(10)在力量训练中,从自重训练和器械抗阻运动过渡到体重训练和弹力带训练,以保持或增强力量,并继续强调专项运动训练。

(11)允许进行长时间、长距离的训练以达到平稳状态。逐渐增加运动强度,以符合比赛项目的要求。

(12)将高强度训练限制为每周一天,其他时间应专门用于低强度恢复训练,以及持续时间受限的配速训练。

(13)针对比赛的减量训练。根据比赛的性质以及运动员或个人需要,不同的训练季可能会有很大的不同。减量训练应该在决赛前 2～4 周开始,根据个人的身体和心理需求进行定制,以减少训练量和休息时间。

(14)从力量训练过渡到使用稳定球、弹力带和体重的维持训练和预防损伤的训练。

(15)在耐力训练中,保持与锦标赛项目相匹配的持续时间和距离。阈值训练有助于保持比赛所需的速度。

通过耐力训练,身体能以令人难以置信的方式适应。增加心输出量,提高无氧阈,提高运动经济性,这些应该是耐力运动员训练计划的首要目标。

如果训练的益处是特定于训练类型的,那么耐力运动员的大多数训练都应该强调利用糖类和脂肪产生 ATP 的有氧运动。有了这个明显的观察结果,耐力运动员为什么还要花时间进行无氧训练呢?你的常识可能已经提供了这个答案的重要部分。耐力运动员需要一些短跑能力(无氧工作能力)来快速超越竞争对手,并在必要时冲刺到终点。但是,耐力运动员还有其他方法可以从无氧和高强度间歇训练中获益。高强度训练可以改善有氧耐力和运动表现。乳酸阈、无氧工作能力,甚至有氧耐力,都可以通过耐力训练中反复进行的高强度训练来提升。例如,在长达一个小时的跑步、骑自行车或越野滑雪训练中,重复进行练习 3 min 然后再放松 5 min 的训练,可以提高无氧阈。这种速度训练(法特莱克训练)的无数变化和传统的间歇训练相比,可以增加耐力训练的多样性和高强度的挑战。高强度间歇训练通过提升短跑能力,增加最大爆发力,并提供额外的刺激来产生提升有氧耐力所需的适应性,这些都能让耐力运动员受益。

(三)适应耐力训练

适应耐力训练主要表现在以下两个方面。

1.肺适应性

静息心率每周下降约 1 次/分。静息心率低于 50 次/分,在耐力运动员中并不罕见,最大运动时的心率较低,但最大心率不变,在刻苦训练后心率恢复较快,肺部最大通气量增加,血容量增加,左心室容积增加,左心室壁厚度增加,收缩强度增加,舒张末期容积增加(两次心跳之间的充盈程度提高),最大心输出量增加(由于每搏输出量增加),肌肉毛细血管的数量和密度增加,毛细血管募集增加,流向肌细胞的血液增加。

适应耐力训练改善了血液从非活跃组织到活跃肌细胞的分布,血管阻力降低(使心脏更容易泵血),红细胞量增多,血红蛋白含量增加,红细胞比容不变或略有降低,血液黏度降低(使心脏更容易泵血),最大摄氧量增加 10%～20%。

2.肌细胞适应性

肌细胞从血液中提取氧气的能力增强(动脉血氧含量与静脉血氧含量之间的差值增加),肌红蛋白含量可增加 80%,线粒体大小和数量增加,参与生产 ATP 的氧化酶的含量和活性增加,次最大强度运动中脂肪酸的使用增加(RER 降低),从而减少了对肌糖原的依赖,Ⅰ型纤维横截面积增大,临界爆发力(乳酸或无氧阈)增加,运动经济性改善。

(四)高强度间歇训练的特点及其给耐力运动员带来的好处

(1)高强度间歇训练增强了肌细胞进行有氧和无氧代谢的能力。高强度间歇训练会导致最大摄氧量、血容量和氧化酶浓度增加,这些与常规耐力训练类似。

(2)重复冲刺或高强度运动 20 s 至 3 min,然后进行低强度运动,这样做可以提升无氧和有氧耐力。

(3)有效的高强度间歇训练可以在 20 min 内完成。

(4)少量的高强度间歇训练和大量的传统耐力训练在改善生理和代谢能力(从而提升耐力表现)方面一样有效。

(5)高强度间歇训练不应该完全取代传统的有氧训练,但可以定期用它来给耐力运动员提供新的挑战,这将有益于改善他们的表现。

(五)耐力运动员应该进行力量训练吗?

这对耐力运动员来说是好的。耐力训练的好处并不会因力量训练而减少(但过多的耐力训练会削弱力量训练的效果)。精心设计的力量训练计划可以帮助耐力运动员保持肌肉量,这是训练季较长时可采用的重要适应措施。尽管耐力运动员通常都很苗条,但保持足够的肌肉量对于维持运动表现很重要。过度训练和能量摄入不足导致的肌肉量减少会影响表现。每周进行两次 30 min 的力量训练就足以防止肌肉量减少。公开水域游泳运动员、铁人三项运动员、自行车运动员和越野滑雪运动员都是耐力运动员很好的例子,对他们来说,上半身和下半身的肌肉对其运动成功与否至关重要。赛季的力量训练对于增强力量、保持或增加肌肉量都是必不可少的,这种适应性训练使得耐力运动员能够在更高水平上进行训练和比赛。

例如,如果一名长距离游泳运动员赛季前的背阔肌最大力量是 45 kg,而且每次比赛都要求游泳运动员在每次手臂划水时能够施加 30 kg 的力量,那么该运动员将反复使用 67%的最大力量。如果该游泳运动员能够将背阔肌的最大力量提高到 54 kg,那么以同样的速度游泳只需要 56%的最大力量,这会使得游泳变得更容易。如果游泳运动员使用新的最大力量的 65%,施加的力量将会是 35 kg,这会使得游泳运动员在相同的相对努力下游得比以前更快。

低肌糖原储存量的训练已被证明能够增加与糖类和脂肪氧化有关的氧化酶的浓度,这种适应性训练通常可以提升耐力表现。这种"训练量低"的策略只能定期使用,因为在肌糖原含量低的时候,训练能力会大大降低。此外,在进行低肌糖原储存量的训练时,增加运动员的蛋白质摄入量有助于保持蛋白质正平衡。

（六）把耐力训练和力量训练相结合的建议

（1）当运动员在同一周内进行高强度的力量训练和高强度的耐力训练时，请注意每天的疲劳程度。如果训练表现开始受影响，请减少训练量。

（2）经过一段时间艰苦的力量训练后，在理想情况下，运动员应进行至少 12 h 的恢复，然后再进行耐力训练。

（3）在力量训练之后，需要足够多的时间来恢复跑步、骑自行车或游泳的技能水平。

（4）如果可能，应在力量训练前进行耐力训练。例如，上午进行耐力训练，下午或晚上进行力量训练。

（5）当运动员将注意力转移到耐力训练上时，每周进行一到两次力量训练就足以保持肌肉力量。

（6）改变力量训练的模式、持续时间和强度，以优化适应性，并防止力量训练干扰耐力训练。

（七）为什么耐力对短跑运动员和团体赛运动员都很重要？

无论运动员从事何种运动或活动，提升有氧耐力是所有运动员抵抗疲劳的主要手段。即使是高强度的运动，也会对运动员的有氧耐力造成压力，因为从反复的爆发性运动中恢复的能力取决于有氧耐力。低强度运动对有氧耐力的要求较高，因为这些运动的持续时间较长。疲劳会影响运动表现。有氧耐力的提升可以延缓疲劳，甚至在非耐力运动中也可改善运动表现。这些运动项目的运动员在比赛中并不主要依靠有氧代谢，但他们能够持续保持精神集中，从反复的爆发性运动中恢复过来，承受艰苦的训练，并在炎热的环境中坚持进行比赛，都受益于有氧耐力的提升。

三、运动表现营养要点

为了提升耐力表现，美国运动医学会建议在持续 1 h 以上的运动中每小时摄入 30～60 g糖类（如果运动持续时间超过 2 h，则每小时最多摄入 90 g 糖类）。蔗糖、葡萄糖和果糖等糖类，在促进快速吸收和增加活跃肌细胞中糖类的氧化方面效果最好。

一些参加长达 12 h 或更长时间的超长耐力项目的运动员尝试了高脂肪、低糖类饮食，试图最大限度地增加脂肪氧化，节省肌糖原，并改善运动表现。这种饮食要求严格限制糖类的摄入（每日热量少于 10%），研究表明，生酮饮食确实会增加脂肪氧化和糖原。但由于身体的代谢灵活性受限，总体表现通常会受到影响。运动员在训练和饮食促进最大代谢灵活性时表现最佳，代谢灵活性是指在运动时同时使用脂肪和糖类作为燃料的能力。在长时间的运动中，肌肉会自然地产生自由基离子，这些自由基离子会破坏肌细胞内部的重要结构和功能。此外，细胞内确实存在抗氧化剂，如谷胱甘肽、过氧化物酶和超氧化物歧化酶等分子，它们可以保护细胞免受自由基的破坏。膳食中的抗氧化剂，例如维生素 C、维生素 E 和 β-胡萝卜素（维生素 A）也可以提供保护。似乎大量摄入这些维生素可以增强抵抗自由基的能力，事实并非如此。研究表明，补充抗氧化维生素并不能改善表现或帮助适应训练。事实上，补充抗氧化剂可能会延缓适应性的产生，因为人体需要产生一些自由基和暂时的炎症来产生有益的适应性。此外，补充大剂量的抗氧化剂会减少细胞中产生的抗氧化剂。应该鼓励运动员多吃水果和蔬菜类的各种饮食，为肌细胞提供天然的维生素和植物营养素，以提供抗氧化保护，且不会妨碍适应性的产生。

四、疲劳对表现的影响

(1)肌肉力量降低。

(2)耐力降低。

(3)注意力不集中和警觉性减弱。

(4)灵敏性和协调性减弱。

(5)力量降低。

(6)速度下降。

(7)更慢的反应速度和更长的运动时间。

(8)受伤风险增加。

案例拓展

小东是一名22岁的男性大学生业余游泳运动员，小时候经过了几年的业余游泳训练，已经多年没有系统地进行游泳训练了，现在想备战参加明年的大学生游泳比赛，比赛项目为400 m自由泳，目前的最好成绩为4分52秒，想要在10个月的时间内将成绩提高到4分30秒，由于缺乏专业训练的经验，如何合理的制订训练计划，有效地稳步提高运动成绩，成为小东最大的困扰。

下面我们结合小东的个人情况为他制订一份全面的训练计划，其中包括饮食、有氧耐力、无氧耐力和专项力量训练等。

1.小东的基本情况

身高175 cm，体重75 kg，体脂含量相对较低，皮下脂肪较少。

2.饮食调整

首先小东要在饮食上进行调整，例如多摄入一些蛋白质的食物，主要包含肉类(牛肉、鸡肉、猪肉等)、鱼类、奶制品、谷物、坚果、豆类，以及在每次训练后多摄入一些蛋白类和肌酸类的运动营养品，帮助小东增加体脂含量，增加肌肉力量。在训练过程中每小时摄入30～60 g糖类(如果运动持续时间超过2 h，则每小时最多摄入90 g糖类)，如蔗糖、葡萄糖和果糖等。

3.专项训练

在专项训练计划上，应遵循循序渐进的原则，因为小东的训练基础相对较弱，不能突然加大运动量和使用过高的运动强度。在每周的训练计划中，应当做出如下整体的安排。①有氧训练：50%。②速度耐力训练：20%。③绝对速度训练：15%。

④技术细节训练:15%。

4.技术训练

(1)陆上训练:主要进行身体素质训练,运用橡皮拉力等辅助器械对运动员的基本身体能力和专项技术进行训练。水上训练,借助呼吸管、脚蹼等专业设备进行水中身体位置训练。

(2)身体素质:主要提升全面身体素质、核心力量训练,提高协调性和灵敏性。采用专业辅助器械练习,如铁片拉力、橡皮拉力等,增强运动员力量方面素质的同时改善技术动作;采用一些辅助练习,如平衡球、瑞士球、徒手操、弹力带等。同时增加趣味性训练。

5.运动负荷(10 个月的运动负荷及运动量变化)(图 4-4-1)

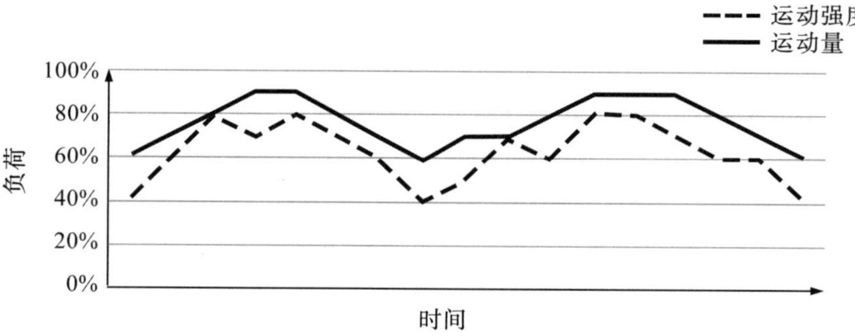

图 4-4-1　运动负荷

6.游泳水中专项训练计划设计(参考)

(1)200 m 混合泳(准备活动)。

(2)2 个 100 m 自由泳打腿(徒手,不拿浮板)。

(3)4 个 50 m 自由泳(前 15 m 全力游)。

(4)8 个 100 m 自由泳(1 个打腿、1 个夹板划手、1 个分解练习、1 个配合)间歇时间 20～25 s。

(5)5 个 400 m 自由泳(包干时间 5 分 10 秒)。

(6)100 m 放松。

(7)4 个 400 m 自由泳(包干时间为 5 分 10 秒、5 分 20 秒、5 分 30 秒,最后一个全力完成)。

(8)4 个 100 m 混合泳(技术练习)。

(9)200 m 放松,肌肉拉伸。

7.训练安排

(1)每周进行 5 次训练,每次训练时间为 2 h。

(2)每次训练分为热身、技术训练、力量训练和有氧训练四个环节。

(3)热身环节包括拉伸、跑步等,以提高身体温度和准备肌肉活动。

(4)技术训练环节重点巩固和改进自由泳动作,注重细节的规范和提高。

(5)力量训练环节根据自身力量弱点进行有针对性的训练,提高力量水平。

(6)有氧训练环节进行长距离游泳和间歇性训练,提高耐力和持久力。

(7)每周安排一次比赛模拟训练,以提高比赛时的应变能力和心理素质。

8.评估和调整

(1)每月进行一次体能和技术的综合评估,及时发现问题并进行针对性调整。

(2)根据评估结果,调整训练计划和训练内容,确保训练的科学性和有效性。

第五章　运动员机能状态与运动疲劳监控

运动过程中人体生理机能将发生一系列规律性变化，按其发生的先后顺序，我们可以将其分为赛前状态、准备活动、进入工作状态、稳定状态、疲劳及恢复5个阶段。研究和掌握运动过程中人体机能变化的规律及特点，并将其应用于运动训练实践，不仅对于探讨运动对人体系统、器官、组织的影响具有重要的理论价值，而且对于指导运动训练、提高运动表现以及预防运动损伤等均具有重要的实践意义。

第一节　赛前状态

在正式比赛或训练前，人体的某些器官、系统产生的一系列条件反射性变化称为赛前状态(pre-competition state)，它是运动员在特定时期的一种心理、生理反应。良好的赛前状态可以预先动员人体相应器官、系统的机能，克服内脏器官的生理惰性，为即将进行的比赛或日常训练做好准备，有利于机体快速进入高水平运动状态。不良的赛前状态可能带来相反的结果，对比赛或运动训练造成负面影响。赛前状态可发生在比赛前数天、数小时或数分钟，甚至在想象比赛时，也会出现赛前状态，越临近比赛表现越明显。

一、赛前状态的生理变化

在比赛或训练前，人体大多数器官、系统都发生一定程度的机能变化，主要表现为中枢神经系统兴奋性提高、体温升高、内脏器官活动增强以及物质代谢加强等，例如呼吸频率加快、呼吸深度加深、通气量增大、摄氧量提高、心率加快、动脉血压升高、汗腺分泌增加、尿频、血糖浓度升高和肌肉颤抖等。赛前状态的反应程度与比赛性质、运动员的训练水平以及心理状况等因素有关。比赛规模越大，离比赛时间越近，赛前状态反应越明显，如血压和脉搏的变化。运动员情绪紧张、训练水平低、身体机能欠佳、比赛经验不足等也会使赛前反应增强。例如，马拉松跑者的赛前紧张从比赛前一晚就开始了，尤其比赛经验少的跑者，即便早早睡觉，也会进入辗转反侧的状态，影响休息质量。第二天到赛场后，大家还会不约而同地去找厕所，所以为数不多的厕所前面总是排着长长的队伍，北京马拉松早期甚至出现“尿红墙”的现象。即使是有经验的职业运动员，也并不是在任何时候都能控制好自己的紧张情绪。虽然适宜的紧张能提高身体唤醒水平、提高比赛中的注意力，提高竞争能力，但过度紧张往往会出现全身肌肉僵硬、心神不安、视野缩小、认知方式不当等不良反应，从而影响参赛运动员技术动作的发挥和比赛成绩。

二、赛前状态的产生机理

赛前状态产生的机制可用条件反射学说来解释。比赛或训练时的运动场地、运动器械、广播声、音乐声、观众呐喊声、裁判和对手的表现等信息通过感官不断作用于运动员的大脑皮质，与比赛或运动训练时肌肉活动所引起的生理变化相结合。两者持久而反复地结合，使运动场景的信息变成了条件刺激，即使在比赛或训练前还没有进行肌肉活动，但只要接触或想到这些刺激信息，就可产生与运动训练或比赛时相类似的生理反应。由此可见，赛前状态是运动场景刺激与肌肉活动多次结合后，在大脑皮质中建立暂时性神经联系的结果，即在大脑皮质的主导下，通过两个信号系统的相互作用而建立的条件反射。由于这些生理变化是在日常比赛或训练的自然环境条件下形成的，因此赛前状态的生理机制是自然条件反射。例如参加马拉松的跑者，在领取比赛包的过程中，感受到强烈的比赛氛围感，或者走上赛道，在人头攒动、场地/环境、音乐等信息刺激下，大脑皮层建立起一种条件反射。

三、赛前状态的类型

良好的赛前状态能预先动员各器官、系统的机能，为即将进行的比赛或训练做好机能准备，使机体更快地发挥出最大的运动能力，从而缩短进入工作状态的时间。反之，将会对比赛或训练造成负面影响。

根据赛前状态的特征可将其分为三种类型。

1.准备状态

准备状态的特点是中枢神经系统兴奋性适度提高，自主神经系统和内脏器官的惰性有所克服，机体能得到预先动员，从而缩短进入工作状态的时间，有利于机体发挥更大的机能能力，进而提高运动成绩。准备状态多见于优秀运动员。

2.起赛热症

起赛热症的特点是中枢神经系统兴奋性过高，常表现为情绪过度紧张、四肢无力、全身微微颤抖、喉咙发堵、寝食不安、呼吸短促、尿频等不良反应，影响运动员的竞技能力和运动成绩。起赛热症多见于初次参加比赛的年轻运动员或参加特别重大比赛的运动员。

3.起赛冷淡

起赛冷淡的特点是中枢神经系统兴奋性过低，常表现为情绪低落、全身无力、反应迟钝、对比赛淡漠等现象。其产生的原因是中枢神经系统过高的持续性兴奋，进而引起超限抑制。起赛冷淡是起赛热症的继发性反应。

四、影响赛前状态的因素及调整策略

在运动实践中，不同的赛前状态对机体运动能力会产生不同的影响。例如，起赛热症，由于中枢神经系统兴奋性过高，运动员在比赛时易出现错误及多余动作、情绪紧张、急躁、易激动、注意力不集中等现象。这些不良反应不可避免地导致运动能力及比赛成绩下降，尤其在重大比赛中表现得更加明显。相反，起赛冷淡，如运动员兴奋性过低，则表现为肌肉紧张性降低、身体乏力等。这种现象同样也会影响运动能力，导致运动成绩下降。除此之外，心理状态也是影响赛前状态的一个重要因素，如对比赛认识不正确、有各种各样的思想包袱等，都会使运动员大脑皮质的兴奋性发生不良变化，从而诱发不良的赛前状态，导致运动成绩下降。为了提高运动成绩，必须针对不良的赛前状态进行必要的调整，使其达到准备状态。

(1)运动员应该不断提高心理素质，正确认识比赛的意义，控制情绪，端正比赛态度。

(2)组织运动员多参加比赛，积累比赛经验，适应各种比赛环境。

(3)根据运动员的赛前状态安排适宜的准备活动，如果运动员过度紧张，可安排一些缓和、有节奏、强度小、能够转移注意力的活动或练习，如果运动员兴奋性过低，情绪低落，则可安排一些活跃、强度较大、时间较长的练习。

(4)按摩对消除精神紧张或提高神经中枢兴奋性均有一定的作用，如强度较大的叩击能提高运动员的兴奋性，而强度小的揉、抚摩则能降低其兴奋性。

(5)加强思想教育和管理，如合理安排赛前活动，要求运动员自觉遵守作息制度等。

我们以马拉松运动为例，谈谈马拉松跑者调整赛前状态的一些小技巧。首先，赛前一天适当跑一跑。对于比较紧张焦虑的跑者，赛前一天跑步可以起到缓解紧张的作用；对于感觉不够兴奋，赛前状态调动不起来的选手，赛前一天跑步可以起到兴奋身体的作用。其次，赛前一天可以看一场电影、听听音乐、看一本自己想看却没时间看的书，通过转移注意力来调节紧张情绪。最后，保持正常饮食和足够的睡眠，不宜为了补糖而进食过多，增加胃肠负担，引发肠胃不适。

第二节　准备活动

我们经常看到，篮球比赛开始之前，运动员都会提前到比赛场地，做一些投篮、运球或者蹬功率车的活动，田径运动员在比赛前经常进行一些慢跑、拉伸的活动。事实上，运动员在正式比赛或训练前都要进行充分的准备活动，这对保持良好的运动机能状态以及预防运动损伤都是必不可少的。准备活动是指在比赛、训练的基本部分之前进行的身体练习，又称为热身活动(warm-up)。运动员进行准备活动的目的是预先动员人体的生理机能，克服内脏器官的生理惰性，缩短进入工作状态的时间，为即将进行的正式比赛、训练和体育课或体育锻炼做好身体机能上的准备，或是为了强化已掌握的运动技能，以提高比赛成绩。

一、准备活动的类型

根据准备活动的目的不同，我们通常将准备活动分为一般性准备活动和专门性准备活动。

一般性准备活动是指与正式比赛或训练动作结构及机能特点不相似的活动。例如，正式比赛或训练前进行的各种走、跑、跳、徒手操及游戏等，其目的是提高身体新陈代谢，使体温升高，提高神经系统的兴奋性及各器官、系统的机能。专门性准备活动是指与正式比赛或训练动作结构、节奏相似的各种身体练习。如棒球运动员在比赛前进行的试投、篮球运动员赛前的运球和投篮练习、百米运动员的起跑练习等。

专门性准备活动的目的是提高参与运动有关神经中枢间的协调性，强化动力定型，为正式比赛或训练做好技术和机能的准备。在运动实践中，两种准备活动缺一不可，进行合理的准备活动可有效地提高机体的运动能力。我国著名短跑运动员苏炳添平时运动前的准备活动一般会做 1 h 左右，包括涉及大肌肉群的 1 km 越野跑、柔韧练习，接下来就是跑步专门练习。

二、准备活动的生理作用

1.提高机体的调节能力

专门性准备活动可使运动条件反射联系多次接通，从而提高相关中枢间的协调性，还能将神经系统的兴奋性调节到适宜水平，增强内分泌的活动，为正式比赛或训练做好机能准备。

2.提高机体的有氧工作能力

准备活动可以克服呼吸、循环等内脏器官的生理惰性，使肺通气量、心输出量和摄氧量增加，心肌和骨骼肌中毛细血管开放数量增加，工作肌能获得更多的氧气供应，使机能水平提高。

3.提高体温和代谢水平

体温升高可以降低肌肉的黏滞性，提高肌肉收缩及舒张的速度，增加肌肉的收缩力量，并能提高肌肉及韧带的伸展性，预防运动损伤，同时增强体内代谢酶的活性，提高机体物质代谢水平，保证运动中有充足的能量供应。

4.提高肌肉的收缩能力

随着中枢神经系统兴奋性的提高，神经冲动的传导速度加快，肌肉的兴奋性增强，肌肉黏滞性降低，肌肉的收缩速度加快，收缩力量增大。另外，肌肉温度的升高可以正向改变力量-速度关系，同时改变功率-速度关系，进而提高运动任务中的功率输出。

5.提高机体的散热能力

准备活动时的身体练习可增大皮肤血流量，动员汗腺分泌活动，有利于机体散热，防止或减小正式训练或比赛时体温过高对机体造成的不良影响。

6.调整赛前状态

准备活动可调节不良的赛前状态，使机体在比赛前处于准备状态，缩短进入工作状态的时间。

三、准备活动的生理机制

（一）温度机制

热身提高运动表现大部分归结于体温，尤其是肌肉温度，肌肉温度与功率输出存在较强的关联，肌肉温度每提高 1 ℃，运动表现提高 2%～5%，这取决于肌肉收缩的类型和速度。此外，肌肉温度的变化还直接与运动强度的变化有关，在中等强度运动的初期，肌肉温度从基础值（35～37 ℃）快速升高，在 10～20 min 后达到一个相对平衡。

（1）肌肉温度的升高可以提高肌肉代谢，表现为 ATP 合成更快，主要与磷酸肌酸利用速率增加和 H^+ 累积，以及无氧糖酵解和肌糖原分解的增加有关，短期内提高输出功率，有益于短跑和持续高强度活动。

（2）肌肉温度的升高可以提高肌纤维表现，无论是Ⅰ型还是Ⅱ型肌纤维的收缩功能均受益于肌肉温度升高，如果把收缩频率考虑在内，根据研究报道的速度依赖效应，Ⅱ型肌纤维似乎更受益于肌肉温度的提高，尤其是在肌纤维收缩频率高的运动中。

（3）肌肉温度的升高可以提高肌纤维传导速度，肌肉温度的升高可以正向改变力量-速度关系，提高运动中的功率输出，肌肉温度升高 1～3 ℃可以诱导可测量的肌纤维传导速度和输出功率提高。

（二）代谢机制

积极的热身活动可以激活无氧和有氧代谢相关机制的变化。最具有代表性的研究是格比诺（Gerbino）及其同事发现 6 min 的高强度运动（高于乳酸阈，低于临界功率——高强度和极高强度运动的临界点）而不是中等强度运动，提高了接下来运动中的摄氧量动力学（VO_2 Kinetics）。摄氧量动力学是指摄氧量从安静或空载负荷运动状态进入指定运动状态以及运动后恢复状态的动态过程。摄氧量的提高和相关的有氧代谢可能节省运动初始阶段有限的无氧代谢储备，为接下来的运动保留能量。

当热身运动强度低于乳酸阈强度时，摄氧量（VO_2）呈指数状快速增长（快速部分），并在 3 min 以内达到一个稳定状态，运动开始后 VO_2 的动员速率越快，运动中产生的氧亏就越少，VO_2 动员越缓慢，运动中产生的氧亏就越多。当热身运动强度高于乳酸阈强度时，VO_2 稳定状态将会延迟或消失，并在 VO_2 快速增长后出现一个慢速增长部分（图 5-2-1）。不管热身运动强度高低，更快的 VO_2 动员和更小幅度的慢速增长部分可以增加运动中有氧供能的比例，减少无氧供能的比例，从而提高肌肉的抗疲劳程度，进而提高运动能力。因此，通过准备活动，可以加快 VO_2 从安静状态或空载负荷状态进入运动状态的动员速率，帮助运动员改善能量代谢过程，做好运动前的准备。

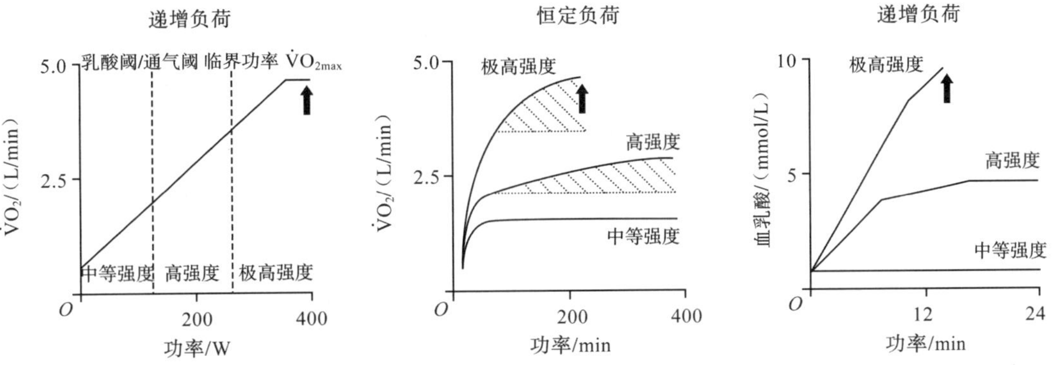

图 5-2-1　不同负荷下的摄氧量动力学[48]

（三）神经机制

在预负荷刺激（如动态热身）后，骨骼肌同时出现疲劳和肌肉增强，接下来肌肉产生的力量最终取决于这些因素之间的净平衡。尽管疲劳将有损运动表现，在动态热身活动中加入肌肉增强运动可以提高接下来的运动表现。目前，需要短时间（<1 min）最大功率输出的任务，如跳跃、短跑都可以受益于预负荷刺激。

激活后增强效应（post-activation potentiation，PAP）是一种在最大或次最大神经肌肉激活后肌肉表现可以快速提高的现象。PAP 可提高负荷下肌肉力量增长的速度，将力量-速度曲线（force-velocity curve，FVC）上扬和右移。FVC 是力与速度之间反向关系的表示，当力量越大，速度就越慢，而力量越小，速度就越快，这是由于较高的力量输出需求时，需要募集更多的横桥连接，这个过程往往需要一定的时间。热身活动中，加入一定的力量训练，可以将力量-速度曲线右移，这使得运动员在正式比赛或训练中能够以更高的速度移动更大的负荷，增强爆发力。

PAP 提高肌肉表现的机制主要有两个方面（图 5-2-2）。第一，强烈的肌肉收缩可以提高肌球蛋白轻链磷酸化，增加肌动蛋白-肌球蛋白结合位点对钙离子的敏感性，增加流向肌浆网的钙离子量，随着钙离子在细胞膜上的增加，被激活的 ATP 酶总量也随之增加，ATP 释放能量的速度加快，从而引起肌肉收缩速度增加。第二，预先的肌肉收缩可以提高神经递质的释放，增大神经递质的传输效率或减少兴奋点位在轴突分支处传输失败的可能性，还可以增加突触后电位的兴奋性，兴奋的突触后电位增幅越大，意味着更大的 α 运动神经元去极化，这将使 α 运动神经元更容易达到起始动作电位要求的阈值，进而增加了募集到高阶运动单位的可能性，而且这一兴奋的适应状态能持续好几分钟。

PAP 可以提高短时间任务的表现，如跳跃和短跑。其中，大负荷抗阻运动（>85% 1RM），如卧推、后深蹲和奥林匹克举就常被用来诱导 PAP。但是，通常在比赛环境下，这些方法的使用会受到限制。目前，通常用一些更加实用的预负荷活动，如跳深、负重跳。

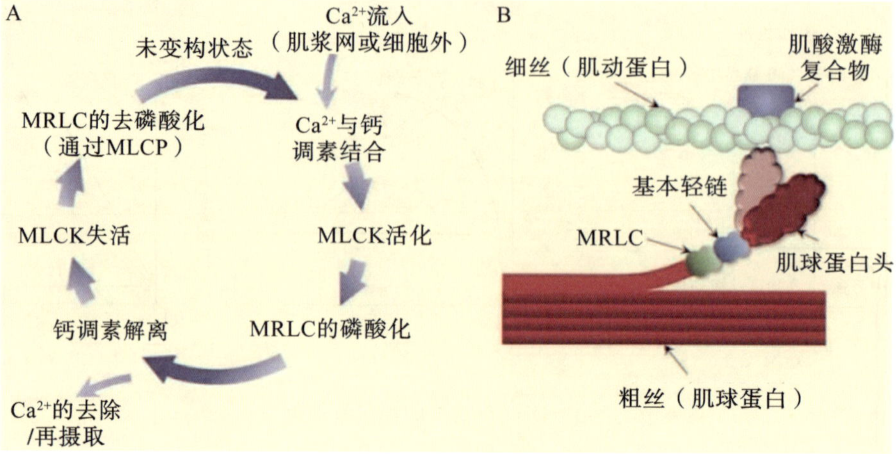

图 5-2-2 激活后增强效应经典机制[49]

通过预负荷活动产生 PAP 成功与否取决于疲劳和增强之间的平衡。这一平衡受到多种因素影响，包括年龄和性别、训练经历、肌纤维类型和比例等个体因素，也包括激活方式、激活强度、激活量和恢复时间等训练因素。

1.肌纤维类型和比例

Ⅱ型肌纤维的数量和比例与肌肉激活后的增强幅度呈正相关。

2.训练经历

肌肉激活后的增强幅度在一定程度上与受试者的训练水平或训练经历呈正相关。

3.年龄和性别

相比于女性，男性具有更大的Ⅱ型肌纤维横断面积和更短的收缩时间，而女性因为单收缩-强直比更低，肌肉的抗疲劳能力更差，因此，女性激活后的增强幅度也会小于男性。

4.激活方式

一般选择等张收缩刺激作为 PAP 诱导方式，一方面，等张收缩练习的操作程序简单，刺激负荷相对容易控制，另一方面，杠铃卧推、杠铃下蹲和负荷式训练是训练实践中惯用的练习手段。

5.激活强度

在进行中高强度抗阻练习时，快肌纤维才能被激活，练习强度越高，募集的快肌纤维越多，肌肉也就越容易疲劳，因此，激活强度也是影响 PAP 的重要因素，25%～99%强度的等长收缩刺激都能成功地诱导出肌肉的增强作用，随着刺激强度的逐渐增强，增强作用也逐渐明显。

6.激活量

在抗阻负荷刺激下，肌肉的收缩活动会同时产生疲劳和增强两种效应。增强作用占主导地位时，肌肉预先收缩会提高随后的爆发力表现，而当疲劳效应占主导地位时，肌肉的预先收缩就会损害随后的爆发力表现。因此，抗阻练习的重复次数或持续时间是影响肌肉疲劳，进而影响 PAP 的重要因素。单组等长刺激的持续时间以 5～7 s 为宜，多组等长刺激的持续时间以 9 s 为宜。在等张收缩中，重复刺激下的 PAP 要优于单次刺激，一般建议 3～5 次即可。

7.恢复时间

PAP 是指肌肉增强作用与疲劳效应之间的“净差值”，受试者在激活练习结束后只有经过适当的休息，肌肉的增强作用才会大于疲劳效应，肌肉的收缩痕迹也才会对随后的爆发力表现产生积极作用。

因此，当设计一次诱导 PAP 的预负荷活动时，需要考虑多个因素，包括个性化的训练经历和强度。我们建议采用等张收缩的方式，动作模式要与运动专项生物力学特点相符合。

（四）心理机制

热身阶段被认为是通过给运动员提供时间提前关注任务，从而在心理上为一个即将发生的事件做好准备。很多运动员都在竞赛前完成某种形式的心理准备。典型的策略有可视化、说一些提示语、注意焦点、预备性唤起等。这些策略用来缩小个人的注意力，建立起自信。水球、足球、乒乓球等项目运动员在使用心理演练技巧后，任务执行功能提高。预备性唤起可以提高卧推力量。与业余和新手运动员相比，精英运动员在训练和比赛中更经常使用心理准备任务，赛前使用心理表现策略被认为是成功奥林匹克选手的典型特征。例如，之前在成都大运会上两次刷新个人最好成绩的跨栏女运动员吴艳妮，赛前热身时，一套摇头晃脑的招牌动作加上别具一格的手势，引起广泛关注。这些动作可能给她带来自信和力量，有利于个人的竞技表现。

第三节　进入工作状态

在运动的开始阶段，人体的运动能力并不是一开始就立刻达到最高水平，而是有一个逐步提高的过程，这个过程称为进入工作状态（gradually entering the best working state）。进入工作状态在比赛或训练中表现得非常明显，例如 100 m 比赛中运动员通常在 40～50 m 处达到最高速度，篮球比赛中的投篮命中率往往在开赛后数分钟才达到最高水平等。长期的运动训练可以提高内脏器官与骨骼肌高度协调和配合的能力，缩短进入工作状态的时间，从而使机体能够更快地进入最佳运动状态，提高运动成绩。

一、产生进入工作状态的原因

进入工作状态产生的原因包括生理惰性和物理惰性两方面。物理惰性是指人体必须克服的物理惰性。生理惰性是指人体机能提高的难易程度，是影响进入工作状态的主要因素，有两个方面。

一方面，人体的所有活动都是反射活动。人体所有的反射活动都需要一定的时间。动作越复杂，时间延搁及神经系统各中枢间机能协调所需要的时间就越长，故进入工作状态的时间也越长。另一方面，内脏器官具有生理惰性。肌肉活动必须依赖内脏器官的协调配合才能获得能源物质、氧气和清除体内的代谢产物。内脏器官受植物神经支配，而肌肉活动受躯体运动型神经的调节。由于植物性神经具有传导速度慢及传导过程中突触联系多等特点，其生理惰性较躯体运动神经大。

此外，内脏器官的活动还受神经-体液调节，特别是内脏器官进行长时间持续性活动时，神经-体液调节的作用更为重要。神经-体液调节过程的生理惰性比单纯神经调节的惰性要大得多。在不做准备活动的情况下，跑 1500 m 时，呼吸、循环系统的许多指标需要在运动开始后 2～3 min 才能达到最高水平，运动器官在 20～30 s 内即可发挥出最高的工作效率。可见，内脏器官的生理惰性是产生进入工作状态的主要原因。

二、影响进入工作状态的因素

进入工作状态所需要的时间长短主要取决于运动项目、训练水平、运动强度、赛前状态及准备活动等。运动项目涉及的肌肉活动越复杂，动作变换越频繁，进入工作状态所需要的时间就越长；训练水平低的运动员比高水平运动员进入工作状态的时间长，随着训练水平的提高，进入工作状态的时间会缩短；良好的赛前状态及充分的准备活动能有效地缩短进入工作状态的时间，更快地提高机体的机能能力；此外，进入工作状态的时间长短还与年龄有关，儿童和少年进入工作状态的时间较成年人短。

三、生理“极点”和“第二次呼吸”

生理“极点”与“第二次呼吸”是人体在进入工作状态过程中先后出现的两种截然不同的生理反应。

（一）“极点”及其产生的机理

在进行长时间剧烈运动时，运动开始的某一阶段，运动者常常产生一些难以忍受的生理反应，如呼吸困难、胸闷、头晕、心率剧增、肌肉酸痛无力、动作迟缓不协调，乃至产生停止运动的念头等，这种机能状态称为“极点”。极点出现的迟早、反应的强弱和消失的快慢与运动强度、运动项目、训练水平、赛前状态及准备活动等因素有关。一般情况下，中长跑运动项目“极点”反应较明显；运动强度越大，训练水平越低，“极点”出现得越早，反应越明显，消失得也越慢；良好的赛前状态及充分的准备活动可推迟“极点”的出现，减弱“极点”反应。“极点”产生的原因主要是内脏器官的活动匹配不上肌肉活动的需要，造成体内氧气供应不足，导致大量代谢产物（如乳酸）在体内堆积，血浆 pH 值降低。在这些代谢产物的刺激作用下，反射性引起呼吸、循环系统机能活动失调。这些机能失调的强烈刺激传入大脑皮层后引起动力定型紊乱，运动中枢抑制过程占优势。因此，“极点”出现时动作迟缓，不协调。

(二)“第二次呼吸”及其产生的机制

“极点”出现后，经过一定时间的调整，躯体性和植物性动力定型的协调关系得到恢复，机体不良反应逐渐减轻或消失，动作变得轻松又有力，呼吸均匀自如，这种现象称为“第二次呼吸”。“第二次呼吸”代表着进入工作状态的结束，人体机能活动开始进入稳定状态。“第二次呼吸”产生的主要原因是植物性神经的惰性逐步得到克服，内脏器官活动逐步加强，氧气供应增加，乳酸得到逐步清除。“极点”出现后，运动速度减慢，需氧量减少，机体内环境逐步改善，被破坏的动力定型得到恢复。

第四节 稳定状态

稳定状态是指进入工作状态阶段结束后，人体各器官、系统的机能在一段时间内保持在相对稳定的状态。这一阶段，人体生理机能与运动输出功率保持相对稳定，心率、心输出量、呼吸频率、每分通气量、摄氧量及血压等均处于相对稳定状态。此时，根据机体对氧气的供求关系，可将稳定状态分为真稳定状态和假稳定状态。

一、真稳定状态

在进行强度较小(亚极量运动，即小于最大摄氧量的运动)、时间较长的运动时出现“真稳定状态”。其特点是摄氧量满足需氧量，二者保持动态平衡。在真稳定状态阶段，肺通气量、心率、血压及其他生理指标保持相对稳定，运动中能量供应以有氧代谢为主，血乳酸堆积量较少，内环境相对稳定，运动持续时间较长，可达几十分钟或几小时。由此可见，真稳定状态保持时间的长短主要取决于氧运输系统的功能，该功能越强，保持时间越长。例如，优秀耐力运动员以 66% VO_{2max} 的强度进行运动可以维持 8 h，以 47% VO_{2max} 的强度运动可以维持 24 h。

二、假稳定状态

在进行强度较大(极量或亚极量运动)、时间较长的运动时，会出现“假稳定状态”。

其特点是需氧量大于摄氧量。此时，虽摄氧量已达自己的极限水平，但仍不能满足需要量，故能量供应以无氧代谢为主，乳酸的产生率大于清除率，乳酸及氧债积累较多，血浆 pH 值下降，运动持续时间较短。在假稳定状态阶段，与运动有关的生理机能基本达到极限水平，如心率可达 200 次/分，心输出量达 30 L/min，呼吸频率达 60 次/分以上，肺通气量为 120～150 L/min，收缩压达 200～240 mmHg 等。一般情况下，运动强度较小的运动项目出现真稳定状态，运动强度较大的运动项目出现假稳定状态，短时间运动则不出现稳定状态。

第五节 运动性疲劳

相信大家都曾体会过长时间运动的后期会出现疲劳的感觉，如参加马拉松比赛、参加学校运动会长跑或者长时间打篮球、踢足球等，运动能力显著下降，注意力下降，甚至因此出现运动损伤。那么什么是运动性疲劳(sports fatigue)？运动性疲劳是指人体不能将机能水平保持在某一特定的水平，或者不能维持某一特定的运动强度，是人体运动到一定阶段出现的一种正常生理现象。适度的运动性疲劳并施以合理的恢复手段能及时消除运动性疲劳，并促使机能的恢复和提高，运动员训练水平的提高就是一个"疲劳—恢复—再疲劳—再恢复"的变化过程。过度疲劳则会对机体产生不良影响，引起人体机能障碍或运动损伤，甚至损害运动员的身体健康。大家可能都听过一句话，"没有疲劳的训练是无效的训练，没有恢复的训练是危险的训练"。正确认识运动性疲劳及其产生的机制对于合理安排运动训练、促进身体机能恢复以及提高训练效果等具有重要的理论和实践意义。

一、运动性疲劳的分类

运动性疲劳的分类十分庞杂，为了方便理解，我们将疲劳主要分为心理疲劳和躯体疲劳，这两种不同性质的疲劳具有不同的表现形式。其中，心理疲劳是由于心理活动造成的一种疲劳状态，主要表现为行为的改变，主要症状有注意力不集中、记忆力障碍、思维反应迟钝和不准确等，行为表现出动作迟缓、操作不灵敏、准确性下降、动作协调性下降等，常见于智力类比赛，如国际象棋、围棋等。躯体疲劳是由于身体活动或肌肉工作引起的疲劳，主要表现为运动能力下降，常见于体能主导类活动，如1500 m游泳、铁人三项和马拉松等长距离项目。根据疲劳发生部位不同，躯体疲劳可分为中枢疲劳和外周疲劳。中枢疲劳是指缺乏动机、中枢神经系统的传递或募集发生改变，外周疲劳包括神经肌肉接头兴奋传递、肌肉收缩活动能力下降等。根据产生疲劳的主要器官不同可分为骨骼肌疲劳、心血管疲劳及呼吸系统疲劳；根据运动方式可分为快速疲劳和耐力疲劳，快速疲劳是指短时间剧烈运动引起的疲劳，耐力疲劳是指运动强度虽不大，但运动时间过长引起的疲劳；疲劳还可以分为整体疲劳和局部疲劳，整体疲劳是指全身各器官机能水平下降而导致的疲劳，如马拉松比赛，局部疲劳是指局部机能水平下降而导致的疲劳，如健身健美训练中的单个力量训练。

二、运动性疲劳的生理机制

运动性疲劳产生的机制是世界各国学者热衷研究的课题之一，研究人员从不同角度进行了大量的研究，提出了许多理论和假说来解释运动性疲劳，如经典的“衰竭学说”（认为运动性疲劳产生的原因是体内能源物质大量消耗，如短时间、大强度运动至疲劳时ATP、CP含量显著下降；长时间运动时，疲劳的产生同时伴有血糖浓度降低，而补充糖后工作能力有一定程度的提高），“堵塞学说”（认为运动性疲劳产生的原因是某些代谢产物在肌肉组织内堆积，如乳酸堆积引起肌肉和血液中pH值下降，阻碍神经肌肉接头处兴奋的传递，影响冲动传向肌肉，同时抑制果糖磷酸激酶活性，从而抑制糖酵解，使ATP合成速率减慢），“内环境稳态失调学说”（认为疲劳是由于机体内pH值下降、水盐代谢紊乱和血浆渗透压改变等因素），“保护性抑制学说”（认为运动性疲劳是运动时大量神经冲动传至大脑皮质相应神经元，使其长时间兴奋耗能增加，为避免进一步消耗，产生了抑制过程，对大脑皮质有保护性作用），“突变理论”（认为疲劳是由运动过程中能量消耗、肌力下降和兴奋性改变三维空间关系改变所致），“自由基损伤学说”（认为疲劳是运动中产生的自由基与机体糖、蛋白质、核酸及脂类等物质发生反应，造成细胞功能和结构的损伤与破坏）。但由于不同运动项目的代谢差异，以及运动性疲劳的复杂性，其产生的机制有所不同。近些年来，运动性疲劳机制相关的研究不断取得新进展，如我们认识到K^+起着两个生理角色，一个是K^+诱导的肌肉增强，一个是K^+诱导的力量抑制。在中低强度肌肉收缩中，细胞外K^+浓度升高引起的K^+诱导的力量抑制被同时下降的氯离子通道1(chlorideion channel 1，CIC-1)活性下降阻断，允许K^+诱导的肌肉增强占主导地位，从而优化肌肉表现。当ATP需求超过供应时，产生代谢应激，钠-钾ATP酶和CIC-1均被激活，钠-钾ATP酶通过降低肌细胞膜产生动作电位促进力量下降，而氯离子通道CIC-1提高K^+的力量抑制效应，从而触发肌肉疲劳。

三、不同类型运动的疲劳特征

运动性疲劳的产生是一个极其复杂的生理过程，与运动持续时间、运动强度及运动项目的代谢特征等因素有密切关系。因此，不同类型运动过程中产生的运动性疲劳具有不同的特征。不同代谢类型运动疲劳的代谢特征如下：

对于短时间、最大强度运动（如短跑、短道速滑、短距离游泳等），运动性疲劳产生的主要原因是中枢神经系统机能下降、CP耗竭引起ATP转化速率降低。

对于短时间、次最大强度运动（如800 m跑、100 m游泳等），能量供应以糖酵解系统为主，因此，肌肉和血液中乳酸大量堆积、pH值降低是造成机体机能下降而产生疲劳的主要原因。

对于长时间、中等强度运动（如马拉松、越野跑等），疲劳的产生往往与肌糖原和肝糖原大量消耗、血糖浓度下降、体温升高、内环境稳态失调、工作肌氧气供应减少以及神经系统活动能力下降等因素有关。

对于静力性运动（如马步、平衡等），中枢神经系统持续兴奋、肌肉中血液供应减少以及过度憋气导致心肺功能下降等，是产生疲劳的主要原因。

此外，在进行非周期性练习过程中，其技术动作的复杂程度和变化也是影响运动性疲劳的重要因素。一些习惯性、自动化程度较高、动作节奏性较强的运动不易使人产生疲劳;而一些动作结构复杂、动作变换较多、精力要求高度集中的练习,容易使人产生运动性疲劳。

四、运动性疲劳的综合评价

正确认识和判断运动性疲劳,是实施科学训练、促进疲劳恢复以及提高运动成绩的理论基础,具有重要的实践意义。我们要评价疲劳的发生以及疲劳的程度,还要找到产生疲劳的原因,只有这样才能有针对性地进行科学恢复。由于不同形式的运动具有不同的疲劳特征,因此,评价疲劳的方法也有差异。目前,评价运动性疲劳的方法主要有以下几种。

(一)测定肌力并评价疲劳

肌肉力量下降是肌肉疲劳的显著特征,也是判断运动性疲劳的显著特征,一般情况下,如果运动后肌肉力量明显下降,且不能及时恢复,可视为肌肉疲劳。最常用的是背肌力与握力测试,即早晚各测一次,求出数值差。如次日晨已恢复,可判断为正常。另一个是呼吸肌耐力测试,即连续测 5 次肺活量,每次间歇 30 s,疲劳时肺活量会逐次下降。

(二)测定神经系统和感觉机能并评价疲劳

1.皮肤空间阈。

皮肤空间阈又称为“两点阈”,是在皮肤上感知两点刺激的最短距离。疲劳时,辨别皮肤两点最小距离的能力下降。运动后皮肤空间阈较安静时增加 1.5～2 倍为轻度疲劳,增加 2 倍以上为重度疲劳。

2.闪光融合频率

光刺激断续作用于人眼时,会引起闪烁的感觉。随着闪烁频率不断增加,闪烁感觉会逐渐消失,因为重复的刺激会引起人感觉的滞后,人眼不再能够区分,最后变成一个稳定的光,这种现象被称为闪光融合。介于闪烁与稳定之间的能引起连续融合感觉的最小断续频率称为闪光融合频率,是视觉时间特性的重要参数。闪光融合频率是用来测定精神疲劳的常用指标之一,测三次取平均值。疲劳时闪光融合频率减少。轻度疲劳时约减少 1～3.9 Hz,中度疲劳时减少 4～7.9 Hz,重度疲劳时减少 8 Hz 以上。

3.反应时

反应时是指机体从接受刺激到做出反应动作所需要的时间,也就是从刺激到反应之间的时距。外部刺激(发令枪)引起了感觉器官的活动,经由神经系统传递给大脑,经过加工,再由大脑传递给效应器,作用于外界的某种客体。主要反映人体神经与肌肉系统的协调性和快速反应能力。疲劳时,运动员的反应时间延长。

4.膝跳反射阈

膝跳反射是单突触反射,是人体的一种低级反射,神经中枢位于脊髓灰质内,只有传入神经和传出神经。当膝关节屈曲、小腿自由下垂时,轻快地叩击髌骨下髌腱的位置,从而引起股四头肌的收缩,使小腿做急速前踢的动作,这是一种腱反射。疲劳时,膝跳反射的敏感性降低，引起膝跳反射所需要的叩击力量增加，即膝跳反射阈值明显升高。

5.血压体位反射

血压体位反射是反映植物性神经调节能力的指标，可作为评定心血管系统疲劳程度的依据。受试者坐位静息 5 min 后，测安静时血压，随即仰卧 3 min，然后将受试者扶成坐姿（推受试者背部，使其被动坐起），立即测血压，每 30 s 测 1 次，共测 2 min。若 2 min 以内完成恢复，说明没有疲劳，恢复一半以上为轻度疲劳，完全不能恢复为重度疲劳。

（三）用生物电评价疲劳

1.肌电图

局部肌肉的身体疲劳可以通过分析表面肌电图信号中值频率或均方根振幅的变化来检测。疲劳时肌电振幅增大，频率降低，电机械延迟（electromechanical dissociation，EMD）延长。积分肌电图（integrated electromyography，IEMG）和均方根振幅（root mean square，RMS）均增加，中心频率（central frequency，FC）和平均功率频率（mean power frequency，MPF）降低。EMD 是指从肌肉兴奋产生动作电位开始到肌肉开始收缩的这段时间，该指标延长表明神经肌肉功能下降。

2.心电图

心电图可反映心脏兴奋的产生、传导和恢复过程中的生物电变化。疲劳时心电图出现 ST 段下移，T 波可能倒置。

3.脑电图

当运动员的运动负荷过大出现疲劳时，由于神经元抑制过程的发展，脑电图的 α 波减少，θ 波增加，δ 和 θ 频段功率会增高而 α 频段功率下降，这可以帮助运动员选取合适的训练负荷量，提高训练效果。

（四）用主观感觉评价疲劳

主观体力感觉等级（rating of perceived exertion，RPE）是判断疲劳的重要指标，是对运动时感觉自己的身体和心理承受的困难程度的主观评估。这种评价方法的优点是简单易行，可及时了解个体的疲劳感受。具体测定方法是：受试者在跑步等运动过程中在主观体力感觉等级量表上指出自我感觉等级，表中的等级乘以 10，即为受试者完成负荷运动的心率。如果机体出现疲劳，主观体力感觉等级将相应增加（表 5-5-1）。

表 5-5-1　主观体力感觉等级量表

RPE	主观运动感觉	对应参考心率
6	安静不费力	静息心率
7	极其轻松	70 次/分
8		

续表

RPE	主观运动感觉	对应参考心率
9	很轻松	90 次/分
10	轻松	
11		110 次/分
12	有点吃力	
13		130 次/分
14		
15	吃力	150 次/分
16	非常吃力	
17		170 次/分
18		
19	极其吃力	195 次/分
20	精疲力竭	最大心率

(五)心率(心率变异性)

心率是评定运动性疲劳最简易的指标,一般常用基础心率、运动后即刻心率和恢复期心率对疲劳进行诊断,近些年还采用了心率变异性来评价运动性疲劳。

1.基础心率

基础心率在正常情况下相对稳定,大负荷运动训练后,经过一夜的休息,如基础心率较平时增加 5～10 次/分以上,认为有疲劳积累现象,如果连续几天持续增加,则应调整运动负荷。

2.运动中心率

按照训练—适应理论,随着训练水平的提高,若一段时间内从事同样强度的定量负荷,运动中心率增加,表示身体机能状态不佳。

3.运动后心率恢复

人体进行定量负荷运动后心率恢复时间长,表明身体机能状态欠佳。如进行 30 s 20 次深蹲的定量负荷运动,心率一般可在运动后 3 min 内完全恢复。身体疲劳时,恢复时间明显延长。

4.心率变异性

心率变异性(heart rate variability, HRV)是指逐次心跳周期差异的变化情况,也就是相邻两个 R 波时间间隔的变化情况。其机制是交感神经与迷走神经协调作用从而控制窦房结的起搏,其具体表现是每个心动周期长短的不规则变化。研究表明来自身体和心理上的压力会扰乱自主神经系统的均衡性。HRV 是反映自主神经系统或植物神经系统的有效指标,自主神经系统控制体内各器官系统的平滑肌、心肌、腺体等组织的功能,如心脏搏动、呼吸、血压、消化和新陈代谢。因此，HRV 可以反映人体在生理、内分泌系统和心理情绪方面的平衡性。如果是由疲劳引起的身体平衡被打乱，那么自主神经平衡会最先被影响到。随着年龄的增长，HRV 会急剧变差。年轻人的 HRV 往往比老年人高，男性的 HRV 通常略高于女性。精英运动员通常比我们其他人具有更好的 HRV，且耐力运动员通常比力量运动员具有更高的 HRV，但这也不是绝对的。HRV 与其他人进行比较意义不大，还是要遵循个人的变化趋势。有几个因素对 HRV 的影响较为明显。首先，健康的饮食对 HRV 有很大影响，一个普遍的有益补充是含 ω-3 不饱和脂肪酸的鱼类（或磷虾）油。ω-3 不饱和脂肪酸对心血管系统的多重效果，包括稳定的心脏节律，提高 HRV，减少心律失常的发生。营养不良会对 HRV 产生不利影响，不按时吃饭也是如此。大量饮酒会抑制免疫系统恢复以及睾丸激素等激素分泌，后者在肌肉生长和训练适应性中起着重要作用。晚上大量喝酒可以降低 HRV 值长达 5 天。其次，补水是确保 HRV 全天都不减少的最简单方法之一。研究表明，脱水达到人体总体重的 2% 时会对 HRV 产生负面影响，水对健康和体质起着至关重要的作用，全天摄入足够的水对于促进良好的 HRV 数值和健康的神经系统非常有用。另外，睡眠会对 HRV 产生重大影响，尤其是对运动员而言。入睡时，副交感神经系统活跃，可以帮助身体休息和恢复。由于运动和训练，运动员自然每天承受的压力更大，因此睡眠对于长期成功尤为重要（很多顶级运动员每天要睡足10 h）。

国内外学者基本上认可了 HRV 对运动性疲劳的敏感性和有效性的观点。心血管系统对运动的反应取决于运动类型、运动强度和运动时间。其中，运动强度是决定自主神经反应的主要因素。一次低强度运动，心血管机能完全恢复需要 24 h，乳酸阈强度运动需要 24～48 h，大强度运动至少在 48 h 后。运动结束后，交感神经紧张性逐渐降低，迷走神经紧张性增加。其中迷走神经的变化是人体稳态的标志，可直接反映运动员身体机能的恢复情况。长时间大强度的训练会引起人体器官和身体系统产生一系列改变，如果得不到充分的恢复，疲劳深度积累，会引起过度训练。有研究指出，过量运动会使运动员 HRV 显著增加或减少，若 HRV 持续大幅增加或减少超过两周，则可判定为存在非功能过度训练。

一些学者探讨了慢性运动疲劳下 HRV 的变化，多数结果表明自主神经系统的调节能力与运动疲劳高度相关。有学者通过对 15 名运动员进行持续 4 个月的强化训练，建立慢性运动疲劳模型后发现，运动员的交感神经活动增加，而副交感神经系统功能相对下降。还有研究将有疲劳状态的运动员与正常状态的运动员进行对比，结果显示在 24 h 心电图监测中，处于疲劳状态的运动员 SDNN（SDNN 是心率变异性的一个指标，一般来说都是大于 100 的，年龄越小，SDNN 越大）显著低于对照组。

然而，也有研究认为处于慢性疲劳状态下运动员的 HRV 无显著增加或减少。引起争论的原因可能源于以下三个方面。第一，对运动性疲劳的诊断标准混淆；第二，样本量过小，不具备说服力；第三，对其他无关变量把控得不严格，例如，环境、心理、疾病等因素都会影响 HRV 的最终值。

（六）生化指标

1.血尿素

尿素氮（blood urea nitrogen，BUN），又称血尿素氮，是机体蛋白质代谢的终末产物，由肝脏合成，从肾小球滤过而排出体外，可用于检测肾小球的滤过功能。有研究表明，运动应激引起的血尿素氮含量变化与运动强度、持续时间、运动类型和运动员个性特点均有密切关系。大多数BUN含量不易升高者，或升高且易恢复者，通常能承受较大的负荷，机能水平提高迅速。相反，BUN基础含量高、训练中BUN升高且不易恢复者，成绩提高缓慢。用BUN浓度评定疲劳程度和运动员对运动量的承受能力十分敏感，其可作为评定运动量和监督过度训练的指标。当运动负荷时间超过30 min时，BUN的变化无显著性差异。在运动强度和运动量这两个因素中，BUN变化幅度对运动量更敏感，即负荷量越大，BUN增加得越明显。诸多研究表明，一次负荷训练后血BUN值在8.4 mmol/L以下较为合适，周期的负荷训练累加可使BUN值达到10 mmol/L以上。周期训练时，BUN值随着运动负荷的增大而逐步增加，其间负荷较小，BUN值会有所下降，但仍高于基础值，一旦负荷加大，BUN值又会上升。因此，教练员要合理安排周期训练负荷，避免运动员疲劳过度堆积造成损伤。

2.血清睾酮、皮质醇（T/C）比值

睾酮（testosterone，T）是一种类固醇激素，为人体主要的雄性激素，也是雄性激素中活性最强的一种。睾酮具有促进蛋白质合成、促进骨骼生长、促进肾脏促红细胞生成素的产生和对抗雌激素等重要作用。皮质醇，亦称氢化可的松，是从肾上腺皮质中提取出的对糖类代谢具有最强作用的肾上腺皮质激素，属于糖皮质激素的一种。皮质醇在调节情绪和健康、免疫细胞和炎症、血管和血压间的联系，以及维护结缔组织（例如骨骼、肌肉和皮肤）等方面具有特别重要的功效。压力状态下，皮质醇一般会维持血压稳定和控制过度发炎。正常情况下，身体能很好地控制皮质醇的分泌和调节血液中皮质醇的含量，但并不总是如此（而以后者情况居多）。正常的皮质醇代谢遵循这样一种生理节奏，是一个周期为24 h的循环，一般皮质醇水平最高在早晨（6～8点），最低点在凌晨（0～2点）。通常在上午8～12点间皮质醇水平会骤然下跌，之后全天都持续一个缓慢的下降趋势。从凌晨2点左右皮质醇水平开始由最低点再次回升。

睾酮对肌肉细胞具有抗分解作用，可能有助于增加质量和强度，被认为是雄激素作用的最重要的间接机制之一，这些激素可以限制另一种类固醇激素在体内的作用，即糖皮质激素（皮质醇是主要代表）。糖皮质激素对肌细胞的作用实际上与雄激素正好相反，即发送命令来释放已储存的蛋白质，该过程被称为异化，表示肌肉组织的分解。当睾酮同化作用强于皮质醇的异化作用时，肌肉就会增长，通过艰苦的训练和正确的饮食，身体储存的蛋白质通常会多于分解的蛋白质，而且这种斗争会持续不断地进行下去。

睾酮、皮质醇对运动的应答较为敏感，二者可以动态反映机体同化和异化作用状态，不同的运动形式及负荷强度对睾酮、皮质醇的影响不同；相反，可以根据睾酮、皮质醇的关系变化来掌握运动负荷情况，从而用于指导运动训练。体育运动对睾酮的作用主要受运动密度、负荷强度、持续时间等因素影响。据相关文献记录，高强度运动后睾酮浓度升高，长时间运动后升高或者不变或降低，中等强度或者持续时间短的运动后，睾酮会明显升高。

体育运动对皮质醇的作用主要受运动形式、运动强度和运动持续时间的影响。运动负荷主要也是受前面三者影响，随着运动负荷的加大，皮质醇会进一步下降，当强度负荷达到激活皮质醇的强度时，通过反馈作用，使皮质醇大量释放，导致大负荷运动后皮质醇升高。长时间剧烈运动会使机体大量消耗能源物质，此时就必须动用蛋白质与脂肪来弥补代谢供能的不足，这种刺激会引起下丘脑—垂体—肾上腺轴的兴奋，使皮质醇分泌增强，机体疲劳时，皮质醇上升，降低机体合成蛋白质的速度，不利于机体恢复。

实际上，睾酮、皮质醇与运动的关系很密切，睾酮浓度变化可以反映体内合成代谢情况，皮质醇浓度变化可以反映体内分解代谢的情况，在实践中，可以通过二者的变化来对运动的情况进行反馈。也可以通过二者综合起来进行机能评定，通过睾酮/皮质醇的比值变化反映机体的代谢过程情况。正常生理条件时，如果运动量适宜，则机体可以通过自身调节，使睾酮、皮质醇达到平衡，二者比值保持在一定范围内，如果运动量过大，就会引起睾酮浓度下降，而皮质醇浓度上升，从而导致比值下降。长时间这样，可能会引起机体激素代谢失调，对运动员机体造成损害，影响运动成绩。若一次大负荷训练次日晨血清中 T/C 比值小于个体正常值，表明分解代谢大于合成代谢，机体处于尚未恢复的疲劳状态。

3.血乳酸

乳酸是糖酵解代谢的标志性产物，在无氧代谢为主的运动过程中，体内乳酸产生显著增加，形成乳酸堆积。对运动员来说，乳酸是很重要的机能评价指标，乳酸阈也被认为是最佳的有氧耐力预测因子，乳酸阈强度训练作为科学有效的训练手段，能够提升运动员的心肺功能和有氧代谢能力。血液中乳酸能达到的浓度越大，说明运动员的糖酵解供能能力越强。在运动训练过程中，可以通过血乳酸来评定运动强度及运动员的糖酵解供能能力，乳酸的清除能力又可以评价运动员的有氧耐力。当机体处于疲劳状态时，往往会出现最大血乳酸水平下降、定量负荷运动后血乳酸清除时间延长等现象，这些现象在一定程度上反映运动性疲劳。

4.尿蛋白

运动性蛋白尿属于正常的生理现象，剧烈运动时，由于肾脏的小动脉血管收缩，肾脏血液供应减少，造成肾脏氧供应不足，肾细胞机能下降，使得肾小球滤过通透性增大，血液中的蛋白质很容易从肾小球的滤过膜透出。运动性蛋白尿一般在 24 h 内可自行消失。运动训练实践中，常常用尿蛋白的变化来衡量运动强度、运动负荷的大小，如果运动强度、运动负荷大，尿蛋白就多一些，持续时间也会相应长一些。运动员对运动强度和运动负荷不适应时，也会出现尿蛋白，待适应之后，尿蛋白也就消失了。若运动后次日晨尿蛋白含量较高或超过正常值，且呈逐日持续增加的趋势，则可视为过度疲劳或过度训练。

5.尿胆原

尿胆原是体内血红蛋白分解的代谢产物。目前认为,机体疲劳或机能下降时,晨尿中尿胆原排量增加,用晨尿胆原可准确地测定运动者的疲劳和恢复程度。

(七)生化指标可穿戴设备评价疲劳

2016年,英国伦敦国王学院研究员罗杰·里瓦斯·马尼龙宣布其团队开发出可检测肌肉疲劳度的可穿戴运动设备。这种智能紧身裤可以检测出运动中的肌肉疲劳程度,且已经达到了实用级别。这种设备在紧身裤内绣上电极和连接到便携式 Arduino 微处理器的电路,通过收集电刺激数据进行肌肉疲劳度分析。研究团队对两名运动员的状态进行了测试。分别在公路、田径场以及沙滩三个环境下测试记录了运动员的肌肉疲劳程度。检测数据展示了运动员腿部肌肉如何开始加力,1～2 min 后开始疲劳,如此循环往复。这是首次在室外进行类似的肌肉疲劳测试实验,在未来,这些新兴体育科技有可能改变运动员分析自身运动机能状态的方法。

五、运动性疲劳的益处

运动性疲劳有其不利的一面,当疲劳发生后,如果不给予控制或及时有效地消除,疲劳就会累积、加重,导致疲劳的发生。如果这时还继续强行锻炼,就很可能会出现危及健康的运动性伤害,比如各种肌肉肌腱拉伤、撕裂,甚至运动性横纹肌溶解,出现血尿,严重者猝死。但我们不能否认运动性疲劳存在其有利的一面,运动性疲劳从某种意义上说,是一种人体的保护性抑制,即当你感觉到疲劳的时候,你或许就会停下运动,那就避免了过度锻炼对身体可能产生的损害。运动生理学里还存在一种“超量恢复”的理论,只有当运动出现一定程度的疲劳,才会产生有效的锻炼效果,疲劳过后身体出现超量恢复,运动水平才能比以前更高。运动水平的提高就是一个“疲劳—恢复—再疲劳—再恢复”的良性过程。简单地说,毫无疲劳的运动,可能不会产生有益的锻炼效果。

六、疲劳和过度训练的区别

在训练中,不断增加运动负荷,有意识地打破机体内环境的相对平衡,使之发生向较高机能水平的转化,在较高运动负荷水平上获得相对平衡,这个过程称为训练适应。运动性疲劳在训练适应、提高运动员运动水平中起着重要的作用,没有疲劳的训练是无效的训练。过度训练则是指训练计划安排不当,运动负荷过大,超过运动员机体的承受能力。过度训练是一种训练与恢复、运动与运动能力、应激与应激耐受性之间的失衡状态。

七、运动性疲劳的恢复

恢复过程是指人体在运动过程中和运动结束后,各种生理机能和运动中消耗的能源物质逐渐恢复到运动前水平的变化过程。运动过程中消耗的物质,只有在恢复期得到完全恢复,人体机能才能得以提高;反之,将会出现过度训练或过度疲劳,导致运动能力下降，甚至出现运动性损伤。应该指出，运动过程和恢复过程的合理安排及良好组合是机体对运动负荷产生最佳适应性变化的前提条件。在运动训练中，恢复过程与运动过程具有同等重要的作用，充分的机能恢复是取得良好运动效果的保障。

(一)恢复过程的一般规律

一般认为恢复过程可分为三个阶段，即运动中恢复阶段、运动后恢复到运动前水平阶段和运动后超量恢复阶段。

第一阶段：运动时能源物质的消耗占优势，恢复过程虽在进行，但是消耗大于恢复，所以总的表现是能源物质逐渐减少，各器官系统的工作能力下降。

第二阶段：运动停止后，消耗过程减少，恢复过程占优势，能源物质和各器官系统的功能逐渐恢复到原来的水平。

第三阶段：运动时消耗的能源物质及各器官系统机能状态在这段时间内不仅恢复到原来水平，甚至超过原来水平，这种现象称为“超量恢复”。超量恢复是客观存在的规律，运动员在超量恢复阶段参加训练或比赛，能提高训练效果和比赛成绩。如何将超量恢复规律应用于运动训练中，仍是当前亟待解决的课题。

(二)促进人体机能恢复的措施

竞技运动的发展给运动训练提出了更高的要求，不仅需要科学的训练手段，还要有合理的恢复措施，才能使人体在“疲劳—恢复—再疲劳—再恢复”的良性循环过程中得到发展，才能实现“更高、更快、更强”的目标。

1.能源物质的恢复

(1)磷酸原的恢复。磷酸原恢复得很快，剧烈运动后消耗的磷酸原可在 20～30 s 内恢复一半，2～3 min 可完全恢复。

(2)肌糖原的恢复。肌糖原是有氧氧化系统和糖酵解系统的重要供能物质，不同运动强度和持续时间，对肌糖原的恢复影响不同。长时间运动致使肌糖原耗尽后，用高糖膳食 46 h 即可完全恢复，但用高脂肪与蛋白质膳食 5 天，肌糖原恢复仍很少。

2.运动性手段

(1)积极性休息。运动结束后采用变换运动部位和运动类型，以及调整运动强度的方式来消除疲劳的方法称为积极性休息。积极性休息更适合于少量肌肉群参与工作所引起的局部疲劳，或运动强度较大而引起的快速疲劳。如长时间慢跑所导致的下肢疲劳，可通过一些轻微的上肢活动得到消除；引体向上产生的上肢疲劳，可通过慢跑活动得以消除等。积极性休息与被动性休息相比较，积极性休息能使积累的乳酸消除速度提高一倍。有报道认为脑力劳动者若以肌肉运动作为积极性休息，对疲劳的消除速度将会明显加快。可见，在运动训练过程中，采取调整训练内容、变换运动形式的积极性休息，对于消除疲劳、促进恢复具有重要作用。

(2)整理活动。整理活动是指运动后进行的各种较为轻松的身体练习，其目的是消除疲劳，促进体力恢复。实验证明，运动结束后，通过整理活动使参与运动的肌肉做一些伸展或牵拉运动，可减少肌肉的延迟性酸痛和硬度，加速肌肉机能的恢复。可见，运动结束后进行一定量的整理活动对于消除乳酸、促进机能恢复具有重要作用。运动结束后，如果不做整理活动而骤然静止，将会影响血液循环和呼吸运动，使氧气的补充及静脉回流受阻，心输出量减少，血压下降，脑组织暂时性缺血，从而引起一系列不良反应，甚至出现“重力性休克”。此外，剧烈运动时，由于骨骼肌持续紧张收缩，使大量代谢产物堆积，肌肉僵硬增加，导致机能下降，出现疲劳。运动结束后，通过整理活动，可减少肌肉的延迟性酸痛，有助于消除疲劳。因此，整理活动是运动训练过程的重要组成部分，应予以高度重视。

3.心理恢复

过度训练可引起与躯体性疲劳相联系的心理疲劳，使机体表现出主观感觉乏力、兴趣减退、意志减弱、厌倦、动机水平下降、抑郁等不良心理症状。过度训练易导致积累性疲劳，甚至出现下丘脑—垂体—性腺轴功能紊乱、免疫抑制、慢性感染及运动损伤等现象，直接影响人体的健康、正常训练和比赛。大多数学者认为，神经系统功能降低、神经细胞抑制过程加强是引起不良心理反应的主要因素，与训练负荷安排不当、恢复措施不足等因素有密切关系。因此，采用合理的心理调节是促进疲劳消除、提高训练效果的重要手段。常用的心理恢复手段有心理暗示法、意念放松法、肌肉放松法、呼吸调整法、音乐放松法、心理调整训练法，以及赏识、激励和人文关怀等。

4.睡眠

睡眠对身体机能恢复非常重要，睡眠是大脑皮质抑制过程的表现。睡眠时机体与外界环境之间的主动联系大大减少，全身肌肉处于放松状态，因而能量消耗较少。此时，代谢活动以合成代谢为主，所以良好的睡眠是消除疲劳的重要措施之一。有研究发现，精英运动员总的睡眠时间要比非运动员少，这一现象可在多个运动项目中观察到，不管是个人项目还是团体项目，不管是力量项目还是耐力项目。奥运级别选手睡眠时间要小于权威机构推荐的 8 h，一般为 6.5～6.8 h。即使他们的睡眠时间能达到 8 h，与非运动员相比，他们的睡眠潜伏期（入睡时间）更长，睡眠效率更低，导致睡眠质量差，因此，精英运动员比普通人需要更高质量的睡眠。

剥夺睡眠或者睡眠不足（≤6 h）可以引起机体的内分泌和代谢变化，促进炎症产生，从而影响运动员的竞技表现，包括反应时间、动作准确率、力量和耐力，以及认知功能等。因此，在平时训练期间，运动员每天睡眠时间不应少于 7～9 h，并应安排 1～2 h 的午睡，在大运动量训练（如冬训期）或比赛期间，睡眠时间也应适当延长。为了加深睡眠和延长自然睡眠的时间，在就寝前应尽量避免外界刺激，使心理趋于平静状态。

5.其他恢复手段

（1）冷水浴。我们经常看到一些篮球、橄榄球、足球、田径等项目的运动员在比赛或训练后，将自己的身体浸泡在冰水中。冷水浴就是在运动后让身体表面暴露在低温的水中（一般低于 15 ℃，多采用冰水混合物）。那么运动后冷水浴有什么好处？有大量证据表明，冰水浴可以减轻运动后的疼痛和疲劳，其机理主要有以下几个方面：通过降低核心温度，加速中枢神经系统疲劳的恢复，从而提高神经募集肌肉的能力；令血管收缩，从而减少局部组织发炎肿胀;降低肌肉温度,减慢细胞受损的代谢反应;减慢神经传递速度,从而放松肌肉;浸在冰水时,周边的水压能带动血液从四肢血管回流到躯干和心脏,加快循环为肌肉带来养分。此外,冰水浴还能提供安慰剂效应,即心理作用。冰水浴结束,身体温度快速上升,血液循环加速,加速炎症的恢复。

(2)超低温液氮冷冻疗法。冷冻疗法的关键在于低温,由于皮肤表面超低温(−160℃)的短期影响,迫使机体激活更大的能量,加快新陈代谢,加速身体恢复和改善健康状态。大量的科学研究表明,该疗法对不同的肌肉、软组织和关节损伤有积极的治疗作用。勒布朗·詹姆斯、梅威瑟这样的顶级运动员都配有私人的液氮冷冻舱,在比赛后就利用液氮冷冻舱来加快身体机能的恢复。那么液氮冷冻疗法到底有什么神奇的作用?大量的实践证据显示,液氮冷冻疗法不仅可缓解肌肉酸痛,还能有效降低炎症因子含量,提高抗炎能力,延长细胞活性并增加健康寿命。在使用液氮冷冻疗法过程中,低温会刺激皮肤的温度感受器,从而刺激下丘脑的体温调节中枢,因肾上腺素提高、交感神经纤维传导兴奋和局部小动脉、小静脉的收缩,缓解关节和肌肉酸痛。另一方面,极度低温还会引发膜系统中蛋白质结构发生改变,在后续逐渐适应正常温度过程中,已变性的蛋白质会在有效范围内刺激机体的免疫系统,减少促炎物的产生,并降低氧化应激效应。如一项针对职业橄榄球运动员的研究让 10 名运动员每天在−110℃条件下进行 2 min 的液氮冷冻疗法,发现运动员体内抗炎细胞因子白细胞介素-10(interleukin-10,IL-10)的浓度均显著提高,且促炎细胞因子IL-2、趋化因子 IL-8 和炎性标志物含量均下降,可见液氮冷冻疗法可有效缓解细胞炎症,延长细胞健康寿命。这也是许多知名运动员在使用液氮冷冻疗法后,不仅能保持数十年如一日的身体素质,而且看起来还能维持年轻模样的原因。

(3)温水浴。温水浴可以促进血液循环,利于疲劳肌肉的物质代谢,还可以放松肌肉,安抚神经,是一种简单易行的疲劳消除方法。温水浴的水温以(42±2)℃最为适宜,不宜过高,时间为 10～15 min,勿超过 20 min,以免加重疲劳,每天不要超过两次。

(4)冷热交替水浴。冷水浴可以帮助血管收缩,提高血管弹性和韧性,提高心肌收缩和舒张功能,提高中枢神经系统功能,增强去甲肾上腺素分泌,提高运动员的注意力和专注度;而热水浴的好处是加速血液流通,从而增加血管的功能,通过汗液加速人体毒素排出,增加生长激素的分泌,舒缓神经,帮助睡眠。冷热水浴的交替使用可以达到 1+1＞2 的效果,已经被越来越多的国内外高水平运动员采用,以最大程度地缓解运动后的机体疲劳和治疗损伤。

(5)桑拿浴。桑拿浴利用高温的环境,加速血液循环,使人体大量排汗,从而使代谢产物能及时排出体外。单次不宜时间过长,每次停留 5 min 左右,最好与温水浴交替进行,反复 4～5 次。桑拿浴一般不要运动结束后马上进行,以免造成脱水和加重疲劳。应休息一段时间,补充水分和营养物质后再进行效果更佳。

(6)按摩。按摩通过对人体的机械刺激、神经反射,以及神经—体液调节而影响人体各器官、系统的功能,从而达到调节血液循环、增强心血管功能、解除大脑的紧张与疲劳,并可以改善由运动性疲劳造成的免疫功能下降的状况。在神经系统方面，按摩给运动员一种良性刺激的信号，通过神经传导作用，传入大脑皮层，经过大脑皮层的分析调整后，再传出反射到某身体部位，使之产生相应的变化，人体组织和内脏器官的功能得到恢复。同时加强大脑皮层的调节功能，调节兴奋递质并维持其相对平衡状态，使中枢神经及途经的各种神经组织得到充分的营养供给，使大脑皮层和人体各器官系统的反射及相互联系更加完善和巩固，使其恢复到人体生理功能正常状态。在呼吸系统方面，按摩可加深呼吸，增加氧的摄入和二氧化碳的排出，使呼吸肌逐渐变得发达，增加运动幅度和肺活量。有实践证明，全身按摩后，血液与肺泡气体交换率增加，氧气利用量增加 10%～11%。在循环系统方面，按摩能促进静脉血回流，减轻心脏的负担，还能扩张毛细血管，提高局部组织血液及营养供给。通过按摩，可促使全身血液重新分配，降低血流阻力，改进血管通透性，还可以加快血液中乳酸的运输，去向肝脏进行糖异生，从而加快疲劳的恢复。在运动系统方面，按摩是被动运动，不会增加肌肉的耗氧和耗能，通过加速血液循环，为肌肉带来充分的氧气和营养物质，加速肌肉组织中乳酸等代谢物的吸收或排泄，消除肌肉疲劳。

(7)吸氧与负离子吸入。运动性疲劳发生时，在血液中积有大量酸性代谢产物，吸氧可促进血乳酸的氧化，对消除疲劳有良好的效果。负离子能提高人体神经系统的兴奋性，加速组织氧化，也有利于疲劳消除。

(8)高压氧舱。高压氧已应用到体育健身领域，给运动员身体充电。一些运动健将，如英国的足球运动员贝克汉姆、美国游泳运动员菲尔普斯，都把高压氧作为运动疲劳恢复、缓解运动损伤的一种辅助疗法，并起到了立竿见影的效果。高压氧可以快速提高血氧含量、血氧饱和度，从而提高组织氧分压，恢复细胞活力，使运动造成的全身缺氧状况得到改善。运动后吸入高压氧不仅缓解了剧烈运动后的氧亏，还加速了体内乳酸的清除速率。另外，高压氧吸入还可以增强机体的有氧代谢能力，增加 ATP 合成，有利于加速血氨、血尿素氮的清除，消除疲劳。同时，高压氧可以缓解运动过程中产生的自由基对细胞膜的损伤，保护细胞结构完整性，维持细胞正常功能。

案例拓展

(一)案例背景

小明是一名普通大学生，选修了一门大学体育课程，期末考试要跑 3000 m。与许多同龄人一样，他日常缺乏运动，基本不会接触到系统的有氧训练，上个学期 3000 m 考试刚刚及格，考试前一晚，紧张得睡不着，考试前频繁上厕所，腿发软，心慌。小明对自己的身体状态感到很好奇，然而，由于缺乏相关运动生理学知识和系统训练的经验，他不清楚如何科学地解释这一现象，也不知道从哪里开始着手调整这一身体状态。

（二）案例分析

很多大学生由于缺乏运动生理学知识，通常对于赛前状态、人体运动过程中发生的极点和第二次呼吸现象、疲劳等生理状态不清楚，也不清楚怎么去调整赛前状态才能更好地发挥运动能力，拿到好的考试成绩。小明的情况具有典型代表性，代表了许多普通大学生的普遍问题，即没有经历过系统的训练，对自己身体机能状态的认知不足，同时缺乏必要的运动生理学知识，不了解在参加体育比赛或3000 m跑等体育课考试之前、过程中和结束后身体机能状态的变化规律和机制。

（三）解决思路

为了帮助小明科学地了解自己的这种状态，并做出有效改善，可以从以下几个方面入手：

（1）录制有关运动机能状态的科普小视频：教师将运动生理学中有关运动机能状态的知识通俗易懂地录制成短视频，帮助以小明为代表的当代大学生了解什么是赛前状态，赛前状态发生的机理，赛前状态对运动能力的影响，针对赛前状态应该怎样调整；让小明认识到准备活动的重要性和作用机理，了解为什么在跑3000 m过程中会出现"极点"现象，为什么没有达到"第二次呼吸"，什么是运动性疲劳。

（2）公共体育课标准化指导：为了优化赛前状态，并尽量将跑3000 m过程中出现"极点"的时间延后，将"极点"反应减小，体育教师在传授运动技能的同时，还要将运动生理学知识备课并有针对性地进行现场指导，明确赛前状态调整的方法和案例，进行准备活动的教学和演示，让学生在长跑中深刻体会充分准备活动与不进行准备活动的区别，体验极点和第二次呼吸，并让学生分享自己的体验，切实认识到准备活动的重要性。

第六章　特殊环境运动训练

高温、寒冷和高海拔环境是常见的环境压力因素，它们会影响人体对运动的生理反应，从而改变人体保持速度、爆发力，特别是耐力的能力。简而言之，凉爽天气下的人体表现通常比寒冷或炎热天气下要好。在许多项目中，在高海拔地区的表现会受到影响，在某些项目（例如短跑、跳跃和一些投掷项目）中，这种环境却可能提升表现。本章主要介绍这些特殊环境下的运动训练。

第一节　高温环境训练

酷热，是超级马拉松比赛中最常见的极端环境。有时，超级马拉松跑者必须面对酷热、潮湿以及低气压的三重夹击，整个环境仿佛打开烤箱那样的燥热，选手们恨不得要榨干赛道上的每一滴水。人类对于热环境具有强大的适应能力，在有充足的饮水及避免阳光直射的前提下，人类可以适应几乎任何自然的热环境。除了环境因素（如温度、湿度、阳光辐照），热环境下的运动也会对人体造成生理上的热压力，主要体现在核心温度、皮肤温度及脑温的升高，心血管压力增加，对糖代谢的依赖性加重，最终导致有氧运动能力下降。因此，如何更好地适应热环境，成了在高温环境下提高运动表现的关键。

一、机体的体温调节

人体正常体温维持在 36.1～37.8 ℃，是产热与散热平衡的结果。安静时，主要由内脏器官（肝脏）产热；运动时，肌肉成为主要产热器官。此外，循环系统通过血液重新分配来对体温进行微调。下丘脑被称为人体“恒温器”。当中枢温度偏离调定点时，会诱发下丘脑启动一系列调节产热与散热的生理反应。机体的热量来源于代谢产热和环境热能；散热可通过物理途径，即辐射、传导和对流以及皮肤、呼吸道的水分蒸发来实现。此外，循环系统通过血液重新分配可对体温进行微调。

运动过程中，机体通过以下方式保持热量平衡：在炎热的天气，热量可以从地面辐射到身体上，运动的肌肉产生的热量被循环的血液吸收，并传输到身体的其他部位，包括皮肤。风或者人体在静止的空气中移动，可以通过对流增加身体热量的流失。当所在环境比较凉爽时，血液中产生的热量可以通过皮肤辐射到较凉爽的环境中。当体温上升到足以激活汗腺时，就开始出汗。随着汗水从皮肤上蒸发，热量也迅速从体内散失。在运动过程中，出汗是散发热量的最重要途径。

二、环境温度太高会影响运动表现

研究表明，与在4.4～15.5 ℃的温度下运动相比，超过15.5 ℃的温度足以影响人体长时间运动的表现。当温度上升到15.5 ℃以上时，对运动表现的负面影响就会逐渐增加。适度的中枢温度升高很可能创造了一个有利于生理功能与代谢的适宜温度环境。研究证实，运动的相对负荷，即最大摄氧量利用率（% VO_{2max}）决定中枢温度。例如，在舒适的环境下运动，强度为50%最大摄氧量时中枢温度可升至37.3 ℃的稳态水平，而强度为75%最大摄氧量时稳态水平为38.5 ℃。因此，在相同的最大摄氧量利用率下，有氧代谢能力强的人与有氧代谢能力弱的人相比，运动中会产生更多能量同时中枢温度较低。也就是说，在相同的绝对负荷下，训练有素者的中枢温度较低。

三、热应激

热应激是指机体对热环境发生全身性、综合性的生理反应。

在热环境下运动，机体面临着两种竞争性需求：肌肉需要氧以维持能量代谢，代谢产生的热能需借助血液从深部组织转运到外周组织。在这种情况下，机体在热环境中运动的生理反应主要体现为4个方面：

（一）心血管功能

在热环境下运动会增加心血管系统的负担。此时，循环系统不仅为运动肌肉持续运输血液，还要为皮肤输送血液以使肌肉产生的热量及时散失。为满足这两种需求，心血管系统会出现两种变化：第一，通过提高心率和心肌收缩力来进一步增加心输出量（高于冷环境下同等运动强度）。第二，血液重新分配，内脏器官血流量减少而皮肤血流量增多。在热环境下进行亚极量强度运动，每搏输出量下降而心率相应增加，因而使心输出量基本保持不变。但在极量运动中，循环调节与肌肉供血可能优先于温度调节，以应对大量出汗引起的血容量减少，心率增加程度不足以补偿每搏输出量的下降使心输出量下降，有氧运动能力降低。

（二）肌肉组织

在热环境下运动，肌细胞酶活性下降，肌肉工作能力下降。与凉爽环境下运动相比，在炎热环境下的亚极量运动更多地依赖于无氧供能，有氧代谢比例下降，这导致乳酸过早积累与糖原消耗。

（三）大脑对热非常敏感

长时间在热环境下运动，脑细胞工作能力下降，极易导致核心温度过度升高到危险水平，发生“中枢疲劳”。

此外，热环境中运动的代谢热能主要通过汗液蒸发机制散发。然而，过量的出汗可导致严重的体液流失与血容量减少，由此可引起循环衰竭，并使中枢温度升至致命水平。脱水也会降低心脏为活跃肌肉供应血液的能力，同时也使皮肤无法获得足够的血液以协助散热，再加上电解质的丢失，使机体的运动能力下降。

四、热环境中的运动适应

在高温环境下，人的运动表现会降低，而在高温环境下训练却能提升运动表现，其主要原因是：高温环境下的运动表现始终比凉爽环境下的运动表现差，因为人体只有这么多的血液可流动。当皮肤的血流量上升到很高的水平时（例如热暴露和运动期间），肌肉的血流量无法增加到足以维持最佳表现的程度。但是，因为进行热适应训练可获得适应性，所以在高温环境下进行训练可以提升在所有环境中的表现。

研究表明，人在热环境中反复运动可较快地适应热环境。在热环境中持续训练，可逐步提高人体克服热疲劳和中暑的能力，使机体逐渐适应热环境，这种生理适应性改变称为“热习服”。通常，在热环境中每天运动 1 h 或更长时间，连续 9～14 天，可使机体适应热环境。热环境中运动 1～3 天时血浆容量就已增加，因而心血管机能通常最先发生改变。排汗机制的改变需要更长时间，通常为 10 天或更多。

热习服的主要生理变化有三个方面：第一，血液重新分配，皮肤血流量增加。这可以将代谢热由深部组织转移至体表，保证皮肤和运动肌肉的血流，维持运动中稳定的血压。第二，心血管系统产生适应，心率减慢，每搏输出量增加。血浆容量提高可加大每搏输出量，有利于为运动肌肉和皮肤输送更多血液。第三，排汗的时间提前，排汗量增高，汗液中盐的浓度下降。其效果是优化皮肤的蒸发冷却，降低皮肤温度，加大环境与皮肤的温度梯度，促进热散失，细胞外液电解质的丢失减少。值得注意的是，热适应是在热环境中运动而非单纯热暴露。并且，热适应的程度与效率取决于训练水平、每次训练的环境状况、热环境中运动时间的长短及体内产热率。

五、热环境中的健康风险

人体向环境散发热量的能力是有限的，因此，在高温环境中运动有一定的健康风险。当达到散热能力极限时，如果继续运动，核心温度会继续升高。核心温度升高的速度和程度取决于运动强度、持续时间和环境条件。当核心温度升至危险水平，机体会出现健康风险。

在热环境中运动，可造成的常见热伤害有脱水（体液丢失）、热痉挛（骨骼肌的不随意挛缩）、热衰竭（由于循环血量不能满足皮肤血管的舒张而引起的低血压和虚弱）、中暑（又称热射病，下丘脑体温调节功能不足）。

一般来说，热伤害的处理如下：首先，迅速脱离高温环境，将患者抬到通风、阴凉、干爽的地方，使其仰卧并解开衣扣，松开或脱去衣服，如衣服被汗水湿透要更换干衣。面部发红的患者可将头部稍垫高，面色发白者头部应略放低，使外周血液较易回流到心脏。其次，头部捂冷毛巾，可用 50%酒精、冰水或冷水进行全身擦浴，促进降温。如果患者已失去知觉，可让其嗅氨水等刺激剂，醒后可饮一些清凉饮料或淡盐水。最后，对于脱水者应及时补充丢失的体液，根据脱水的程度和身体情况决定补液量、种类、途径和速度。按丢失 1 kg 水需补充 1000 mL 液体计算，体重 75 kg 的运动员，轻度脱水需补充 1500～2250 mL 液体。补液的速度以使循环功能恢复为首要目的，一般是先快后慢，所需的补液总量应在 48 h 内完成。通常是当日先给补给量的一半，次日再补足余量。

六、与热应激相关的热休克蛋白

热应激反应是机体细胞内激发的一系列高度程序化的事件，涉及一些信号传递系统，以使细胞对即将发生的危险警觉起来，并启动程序化的过程，以减轻这些危险，从而避免休克发生。热应激反应不仅可由热应激引起，其他一系列体内外应激因素（如物理、化学和生物因素等）都可引起热应激发生。此反应的主要特点之一是选择性合成一组多肽——热应激蛋白（heat stress protein，HSPs），又称热休克蛋白。当前，热休克反应和此反应中的核心成分——热休克蛋白已成为当今世界生命科学的热点研究领域之一。

热应激蛋白有多个家族，其中最主要的是 HSP70。热应激后，随着机体受热时间的延长，各组织细胞受不同的热作用后均有新蛋白质合成，其中以 HSP70 的合成量最多。随着 HSP70 的增多，细胞存活率增高，受损减轻，提示 HSP70 对细胞具有保护作用。其增加有助于机体尽快获得热适应。HSP70 在热适应中的作用主要有：增强细胞耐受性，保护细胞；具有分子伴侣的作用，帮助蛋白质折叠；抗氧化作用；维持细胞的热平衡；参与免疫应答。有研究发现，运动时细胞内 HSP70 合成的速度和数量可能会影响细胞功能，HSP70 可能参与调节物质代谢和能量代谢，因此，其可能与一些运动机能的调节有密切关系。

第二节　寒冷环境训练

面对国内日益增长的野外徒步、旅行、赛事需求，以及日趋严峻的自然灾害，在低温环境或者冬季进行户外运动时，比如雪上运动、爬山、越野跑、攀登、徒步穿越等，了解运动时会遇到哪些问题，然后才能有针对性地预防和解决这些问题。冬季和低温确实对参与户外活动的人构成了一个非常真实的危险——低体温症！然而，失温不仅限于冬季，低于 0 ℃的温度不是导致低体温症发作的唯一因素。任何导致人体长时间散发热量的情况，都会增加失温的风险。运动员身体的脂肪含量低，参与能量和体液消耗高的户外运动，失温的风险甚至更大。因此，掌握机体对冷环境的生理反应及健康风险是运动科学中的重要问题。

一、寒冷环境下运动机体的体温调节机制

在寒冷的天气中，风速很重要，因为风会增加对流和蒸发热损失。颤抖性产热是人体在极端寒冷下调节体温的重要措施。非颤抖性产热也可以促进热量的产生，因为全身的细胞会增加新陈代谢活动，从而产生更多热量。交感神经兴奋及甲状腺素、儿茶酚胺类激素作用可增强机体的非寒战产热过程。在冷环境下运动，机体通过一系列的方式对抗散热。首先，机体降低血液或皮肤温度，下丘脑可以感觉到皮肤血流减少和体温下降。血管收缩发生在皮肤的血管中，因此有较少的热量散失到环境中。随后，身体的其他组织、皮肤和血液温度升高，最终有助于保持或升高冷环境中的体温。

二、冷环境中运动的生理反应

冷环境中运动的生理反应主要有两个方面。

第一，肌肉功能：低温导致肌力下降，肌肉收缩的速度和功率明显下降。肌纤维募集模式发生改变，这降低了肌肉工作效率。幸运的是，在低温情况下，机体具有减少散热的保护机制，多数深层肌肉不会出现温度过低的现象。在冷环境中，如果运动员穿着的衣物和运动产热能有效保持体温，就不会损害有氧运动能力。随着疲劳出现及肌肉运动变慢，机体产热量逐渐减小，长距离跑步、游泳和滑冰项目可能导致运动员出现此类状况。在运动初始阶段，运动员的运动频率能产生足够的热量来保持体温，但是运动后期，机体能量储备减少及运动强度的下降导致代谢产热量降低。随之出现的体温过低加剧运动员的疲劳，产热量更少。此时，运动员面临着潜在危机。此外，手指等四肢的小块肌肉温度低时，会严重影响肌肉功能，丧失运动的灵活性，限制精细动作。

第二，代谢反应：儿茶酚胺（肾上腺素和去甲肾上腺素）是促进脂类代谢的主要因素。长时间运动促进机体释放儿茶酚胺，进而提高自由脂肪酸（FFA）的活化与利用。冷环境也能显著提高肾上腺素和去甲肾上腺素的分泌，但是 FFA 的升高幅度却远低于在温暖环境中运动时的状况。这是因为冷环境中皮肤血管和皮下脂肪组织的血管收缩，降低了动员 FFA 的血流量，减弱了 FFA 的活化程度。血糖对于对抗严寒能力和运动耐力有重要作用。例如，低血糖会抑制寒战，进而显著降低直肠温度。研究发现，在冷水中肌糖原的利用程度要高于温暖环境。虽然原因不明，但是在冷环境中机体能适度维持血糖浓度。有关在冷环境中运动时机体代谢状态的研究成果并不多见，激素对代谢调节作用的研究更为有限，尚不能得出确切结论。

三、冷环境对运动的不利影响

冷环境对运动的不利影响主要表现为：神经、肌肉、腺体的兴奋性下降；酶活性降低；

肢体末端血流量减少，影响其灵活性；物质代谢增强，增加能耗；摄氧量下降；肌肉僵硬。

四、冷应激有关的健康风险

在冷环境中，运动可能会造成的伤害分为以下两个方面。

第一，体温过低。一旦机体深层温度低于 34.5 ℃，下丘脑开始丧失调节体温的能力。体温过低最终会导致嗜睡，甚至昏迷。首先，在冷环境中过度暴露可对机体造成潜在的损伤，包括外周组织、心血管系统及呼吸系统，尤其对心脏的影响最大。体温过低导致死亡的原因是心脏骤停，但是呼吸系统功能没有丧失。寒冷主要影响心脏的起搏器——窦房结，导致心率逐渐降低最终骤停，中枢温度的下降加上心率的降低导致心输出量的快速下降。其次，在冷环境中过度暴露会影响呼吸功能，降低呼吸频率及容量。此外，运动过程中经常用口呼吸，当气温低于－12 ℃时，冷空气会刺激口腔、咽、呼吸道甚至支气管。

第二，冻伤。暴露在冰点温度下可造成皮肤或皮下组织的伤害或损伤。外周血管收缩有助于机体保持热量。但是，在极冷环境中，当皮肤血流量减少到缺乏氧气和营养物质，以致组织坏死的程度时，就会出现冻伤。如果治疗不及时，冻伤可严重到坏疽和切除坏死组织的程度。

五、冷环境下运动伤害的处理方式

有三种情形需要有针对性处理：对于轻度的体温下降者，应将其安置在温暖环境，换上干衣物并盖上暖被，适当饮用热饮料。对于中度及重度体温过低者，应循序渐进缓慢复温，避免心律失常。重症者需要住院接受治疗。当机体由于暴露于极度寒冷的环境而导致皮肤组织坏死时，应尽早处理。

失温是在一些比较极端的天气下，比如潮湿寒冷大风的天气之下，机体产热的速度赶不上热量丢失的速度，导致核心体温下降，机体会产生一系列反应：刚开始时会觉得身体很冷，手脚不自主抖动；再往下发展会出现意识不清楚，讲话很含糊，动作笨拙不协调；再继续发展可能出现意识丧失、昏迷，甚至是心跳呼吸骤停，最后严重到死亡。那么失温后如何自救？首先，快速转移。如果遇到寒冷、潮湿、大风的天气，要赶紧离开这种环境，选择一个相对比较干燥避风的环境。其次，更换衣物。脱下身上潮湿的衣物，换上干净保暖的衣服。因为潮湿的衣服导致热量丢失的速度远远大于干燥的衣服。然后，给核心区域复温。有条件地使用睡袋，或者与同行伙伴抱在一起相互取暖也是有帮助的。如果有热水袋、发热贴的话，放在脖子、腋窝、大腿根部这些大血管经过的部位，以帮助机体快速复温。不要用雪或者手去搓寒冷的地方，加温效果不好，反而有可能造成表皮的二次损伤。最后，注意快速补充热量。如果有热饮、能量棒等，应尽早摄入。注意有一个错误行为需要纠正：千万不要喝酒保暖！这是因为酒里面的能量并不高，喝酒之后全身的外周血管扩张，反而会带走热量。

六、冷环境中运动的适应

人体在低温条件下经过一定时期的锻炼,会对低温产生一定的适应,即对低温的耐受性提高,对低温发生的生理反应减轻,这种现象称为寒冷的适应,医学上称为“冷习服”。但也有研究者认为,反复冷暴露对身体机能的改变并不像热习服那样显著或是能达到预期效果,因此,这些变化通常被称为适应,而非习服。

冷习服的适应能力主要有几个方面:第一,皮肤平均温度下降。寒战是人类冷适应的初期反应,当皮肤温度较低时,即开始产生寒战现象,目的在于维持热的产生。寒战发生初期,皮肤平均温度会下降。先是发动较小的不自觉寒战,再诱发更高的非寒战生热作用。生热作用会增加去甲肾上腺素分泌进而促成代谢生热效应的提升。第二,冷适应的生理调整。当人体暴露于低温环境发生冷适应现象时,机体会对低温环境产生调节反应,明显改善间歇性末梢血管舒张,进而增加手、脚的血流量与热量,人体能够维持更高的手、脚平均温度。尽管局部的冷适应会引起机体热量从外周流失,但这代表了机体的一种自我防御形式,因为旺盛的血液循环有助于预防因低温所致的组织损伤。第三,冷适应的睡眠。不能适应低温环境的人,入睡时身体往往会冷得颤抖不停,进入梦乡极度困难。但是,若冷适应良好,情况则正好相反。通常,适应低温者其代谢及直肠温度只有微小变化,他们可以提高非寒战生热比率,可以舒适安眠。

七、影响冷习服的因素

一般来说,影响冷习服的因素分为几个方面。首先,较高的有氧耐力可增强机体在冷应激防御中的体温调节功能。有氧耐力的提高不仅使机体对冷暴露的寒战反应出现较早并较敏感,而且寒战反应的程度也较大。其次,身体总脂肪含量的差异对冷环境下安静及运动中的生理功能有着显著影响。有研究发现,与短距离游泳运动员相比,长距离游泳运动员往往有更多皮下脂肪,这极大增强了机体的保温效果,即使在冷水中,此类运动员的中枢体温也不致降低太多。而对于消瘦的运动员,运动中的产热量不及散失到水中的热量,因此体温下降。最后一点,冷刺激对机体过度的生理负担不仅取决于环境温度,而且取决于代谢水平和体脂保温作用,特别是在温度低于 25 ℃的水中。因此,每一个人或每一种运动都可能存在一个最适温度,短时间剧烈运动时感到舒适的水温可能更低,消瘦者运动时的最适宜水温比肥胖者更高。

第三节 高海拔环境训练

通常,机体对运动训练产生适应都是在海平面水平(平原)高度的条件下,其大气压力(Pb)约为760 mmHg。氧分压(PO_2)是高原生理学中一个重要的概念,因为高原上较低的氧分压是限制运动水平的首要因素。众所周知,随高度升高而降低的气压,被称作低气压环境或者简称低气压(较低的大气压力)。较低的大气压力同样会导致较低的PO_2,这会导致肺部的气体交换变得困难,氧气向组织中扩散的速度降低。而当氧气向组织中的扩散速度降低后,其结果就是细胞缺氧(细胞内氧供不足)。

一、高原环境的特点

高原环境的特点可以概括为:低压、低氧、低温、高辐射。具体如下。

第一,高原的大气压力。随着高度的上升,空气中氧分压的下降比例与大气压力的下降比例是相同的。PO_2的变化会显著影响到达肺内空气的氧含量,进而影响肺泡与血液间(血液运载氧气)及血液与组织间(血液释放氧气)的氧分压差。海拔1500 m以上的环境,会对运动能力产生较明显的影响。

第二,空气湿度。当海拔高度增加时,气温会下降,而气温的降低也伴随着空气中水汽压的降低。空气干燥可通过增加机体皮肤水蒸气蒸发量、呼吸系统蒸发水量及汗液蒸发量而导致机体脱水。

第三,太阳辐射。在高海拔地区,太阳的辐射强度会增加。原因有三点:首先,高海拔地区光线到达地面时需要穿过的大气层比较薄,大气吸收的光线,尤其是紫外线就相对较少。其次,由于高海拔地区空气中含水量少,水可以吸收或反射的光线也少,所以也会增加高原环境的辐射强度。最后,高原上常见的积雪可以反射光线,增强辐射。

二、急性高原暴露的生理反应

急性高原暴露的生理反应通常从呼吸系统、心血管系统和代谢反应三个角度来分析。

(一)呼吸系统

对于运动中的肌肉而言,充足的氧气供应是其发挥运动能力的重要保障。氧气供应是否充足,取决于机体摄入氧气的量、氧气从肺部转移入血的速率、扩散至肌肉的速度,以及肌肉摄取氧的能力。任何一个步骤的不足都会损伤运动能力。因此,从呼吸系统的角度主要以四个方面来分析。

1.肺通气机能

肺通气量都会增加。其原因主要是较低的PO_2会刺激主动脉弓和颈动脉窦的化学感受器,它们将信号传递给大脑,反射性地引起肺通气增加。最初,肺通气量增加是由吸气量增加和呼吸频率加快所致。在数小时或数天后,肺通气量会保持在与当地海拔高度相适应的水平上。提高呼吸深度和呼吸频率可以代偿PO_2下降导致的供氧不足。

2.肺换气

当机体处于安静状态时,肺换气(O_2由肺泡进入肺部毛细血管)机能并不是肺泡与血液间气体交换的瓶颈。如果肺部的气体交换受限或者损伤,那么动脉PO_2将会低于肺

泡内的 PO_2 水平。但是,在高海拔地区,这两者的含氧量是一样的,所以高原环境下的低血氧状况是由肺泡内的 PO_2 较低造成的,而不是高原环境限制了肺部的气体交换机能。

3.氧气的运输

随着海拔高度的升高,肺泡内的 PO_2 下降,肺部毛细血管内血红蛋白的氧饱和度也随之降低。

4.肌肉的气体交换

从海平面水平(平原)处转变为 4300 m 的高原,组织和动脉之间的氧分压差从 60 mmHg降至15 mmHg,下降了 75%之多。因为氧气浓度的梯度差是促使氧气从血液进入组织的动力,所以高原环境对机体运动能力产生影响的各个因素中,这种梯度差的降低比肺内血氧饱和度下降更应受到关注。

图 6-3-1 呈现的是在海平面水平(平原)及海拔 4300 m 高度下,空气与机体组织内氧分压的比较。因为空气中 PO_2 下降,所以肺泡中 PO_2 也下降。PO_2 在动脉和肺内基本一致,但是与需要交换 O_2 的组织(肌肉)相比,则具有较大的梯度差。图 6-3-2 是海平面水平(平原)高度下的"S"形氧解离曲线(实线部分)。当肺泡内 PO_2 为 104 mmHg 时,有 96%~97%的血红蛋白结合了氧气。急性高原暴露会产生呼吸性碱中毒,进而导致曲线向左移(虚线部分),这可以缓解 PO_2 降低所带来的不良反应。另外,在高原环境下,机体出现的早期适应也有助于缓解血氧饱和度下降。之前已有论述,急性高原暴露会导致过度换气,进而产生呼吸性碱中毒。这会导致血液 pH 值升高,而氧解离曲线在较高的 pH 值下会左移。其结果是血氧饱和度因曲线左移而从 80%升高至 89%。

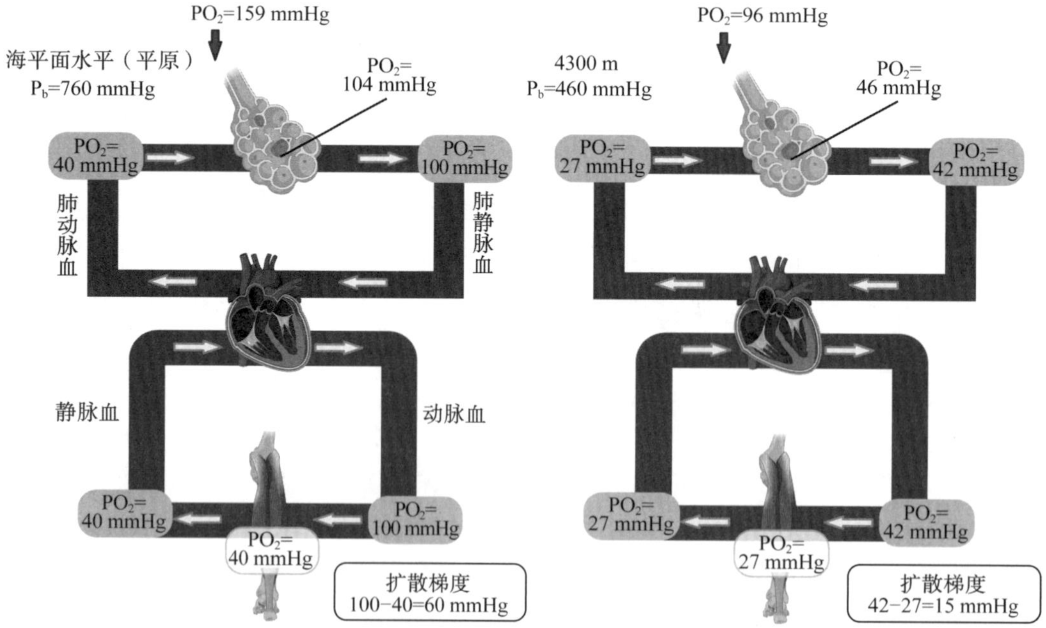

图 6-3-1 在海平面水平(平原)及 4300 m 高度下,空气与机体组织内氧分压的比较[60]

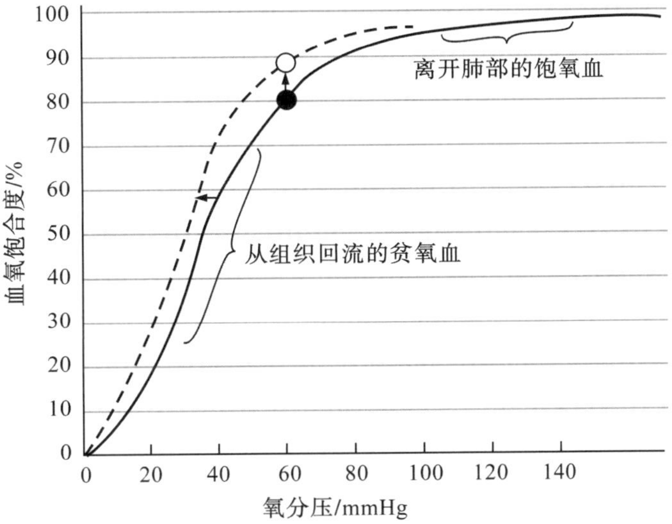

图 6-3-2　海平面水平(平原)高度下的 S 形氧解离曲线(实线部分)[60]

在这部分,需要注意几点:第一,高原上的肺通气量上升和海平面水平(平原)上的过度换气在表现上十分类似。第二,肺泡中的 CO_2 含量较低,而血液中的 CO_2 含量相对比较高,这种压力差促使 CO_2 加速排出体外。因此,血液中的 CO_2 含量降低,血液 pH 值就会上升,进而导致呼吸性碱中毒。第三,碱中毒有两方面的影响。一是使整个氧解离曲线左移。二是高 pH 值可以限制通气量的进一步升高,但是这种限制作用比低血氧含量(低 PO_2)提高通气量的作用差。第四,在次最大强度的运动下,高原的通气量要超过海平面水平(平原),但是在最大强度下运动,两者通气量是相同的。

(二)心血管系统

心血管系统的反应主要有循环血量和心输出量两个方面。

1.循环血量

人体在初到高原的几小时内,就会出现血浆量下降,并且持续下降数周后才能保持稳定。由于呼吸系统损失了大量的水及排尿增多,这两种作用可以使血浆量下降 25%。血液中水分减少,红细胞(含有血红蛋白)浓度升高,在心输出量一定的情况下,较高的红细胞浓度可以将更多的氧气运输至肌肉。在血浆量下降的同时,红细胞数量基本没有变化,所以在高原环境下,虽然血红蛋白浓度升高,但是总循环血量却有所下降。持续的高原暴露会促使肾脏分泌促红细胞生成素(EPO)。EPO 分泌增多可以使红细胞总数升高,并最终使总血量升高,这种机体的适应可以部分缓解高原低氧环境对机体的负面影响。然而,这种适应现象的发生过程较慢,需要数周甚至数月才能使血量达到新的水平。

2.心输出量

在休息和非最大强度运动时,血液供应量的增加是通过心输出量的增长来实现的,心输出量是由每搏输出量和心率共同决定的,所以,每搏输出量增加、心率加快或者两者同时增长,都可以引起心输出量的增加。基于这些分析,急性高原暴露后,心输出量的改变表现为：初到高原的数小时内，由于体液丢失，人体在非最大强度运动时每搏输出量会降低。幸好这时心率会急速上升，这不但能代偿每搏输出量的降低，而且还使心输出量略有升高。然而，从长远来看，这种为了使运动时组织可以得到充足的氧供，而使心脏长期处于高负荷状态下的适应并不经济。在高原环境，机体进行极限强度运动时，最大每搏输出量和最大心率比海平面水平（平原）地区都有所下降。所以，心输出量也比海平面水平（平原）时低。而在高原环境下，心脏的β肾上腺素受体会减少，心脏对交感神经的刺激反应相对不敏感，这会导致最大心率下降。由于最大心率和最大每搏输出量都下降，所以最大心输出量也降低。故而，高原环境可以使动脉和肌肉之间的氧分压差下降，又可以使最大心输出量下降，会严重影响机体的氧运输能力，这就是在较高的海拔地区 VO_{2max} 出现下降，且最大有氧运动能力也会降低的原因，机体进行高强度、长时间有氧运动的能力会显著降低。

三、高原环境对运动能力的影响

首先，高原缺氧对机体氧气运输能力的影响表现为：随海拔高度的增加，机体运输氧气的能力逐渐下降，即体内的缺氧程度不断加大。高原造成的机体缺氧可以刺激产生一系列抗缺氧反应，如血红蛋白和肌红蛋白的增加，线粒体增多，2，3-DPG 及氧化酶活性上升等，从而提高血液运输氧及肌肉利用氧气的能力，提高耐力。高原缺氧还会造成 VO_{2max} 降低，对运动训练有一定的积极意义。

图 6-3-3 所示的是在海平面水平（平原）和标高 4300 m 处做定量运动时的生理负荷强度比较。与海平面水平（平原）运动时一样，在标高 4300 m 处以 100 W 负荷运动时需要 2.1 L/min 的吸氧量。但是由于在 4300 m 处 VO_{2max} 下降了 25%，即由海平面水平（平原）的 4.1 L/min 下降到 3.1 L/min，运动强度则由海平面水平（平原）的 50% VO_{2max} 增大到 70%。其意义在于进行高原训练时只需较小的运动强度即可达到海平面水平（平原）锻炼心肺功能的效果。

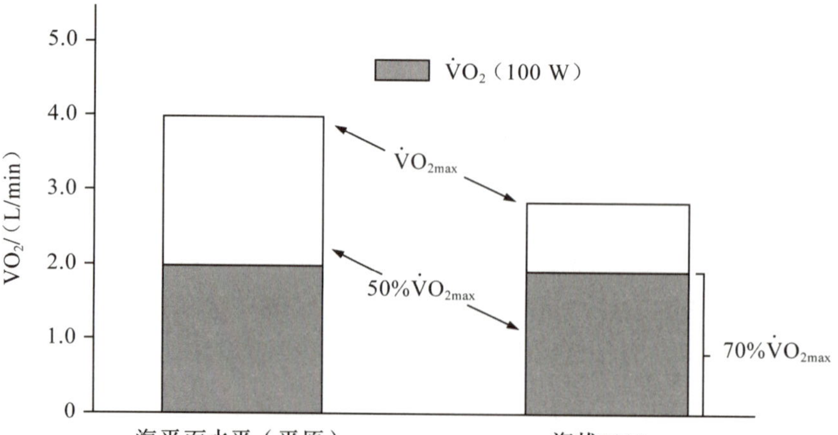

图 6-3-3 在海平面水平（平原）和海拔 4300 m 以 100 W 负荷运动时相对运动强度的比较[62]

其次，高原缺氧对不同运动项目运动能力的影响：①对于持续时间较长的耐力性项目，运动成绩受高原环境影响较大。原因为高原环境缺氧，最大氧耗随大气压的下降而呈比例降低，对机体有氧供能能力的限制作用较大。②中等海拔高原环境对持续时间2 min以内或更短的无氧短跑类项目、跳跃与投掷项目运动成绩普遍无影响，有时运动成绩甚至能有所提高。其原因是这类项目对机体氧运输与有氧代谢能力的依赖较低，主要由磷酸原和糖酵解系统供能。此外，高原上稀薄的空气环境对运动员运动时产生的空气动力学阻力较小。高原缺氧对不同运动项目运动能力的影响可以从表6-3-1中体现。

表6-3-1　1968年墨西哥城奥运会径赛成绩与当年世界纪录的比较[62]

项目	1968年世界记录	墨西哥城奥运会成绩	差数/%
100 m	10.0秒	9.9秒	−1.00
200 m	20.0秒	19.8秒	−1.00
4×100 m接力	38.6秒	38.2秒	−1.03
400 m	44.5秒	43.8秒	−1.57
4×400 m接力	3分02.8秒	2分56.1秒	−3.66
110 m栏	13.2秒	13.3秒	+0.75
400 m栏	49.1秒	48.1秒	−2.03
800 m	1分44.3秒	1分44.3秒	0
1 500 m	3分33.1秒	3分34.9秒	+0.84
3 000 m障碍	8分26.4秒	8分51.0秒	+4.85
5 000 m	13分16.6秒	14分05.1秒	+6.08
10 000 m	27分39.6秒	29分27.4秒	+6.50
马拉松	2小时12分11.2秒	2小时20分26.4秒	+6.24

注：表中数据引自田野等，2023。

四、在高海拔地区训练是否可提升在海平面地区的表现？

对于大多数运动员来说，至少需要在中等海拔（2000～3000 m）地区生活三周，以进行呼吸系统、心血管系统和肌肉组织的适应，从而完成更艰苦的训练。在高海拔地区通常需要更长的适应时间。各种适应性训练可以提升在高海拔地区的有氧运动能力。关于这些适应性是否有助于提升在海平面地区的表现，目前答案仍然不是很清楚。大多数运动员在高海拔地区的训练强度和持续时间均有所降低，训练刺激减少，导致训练反应减弱。此外，在高海拔地区待一段时间会导致机体脱水、血容量和肌肉量减少。在海平面地区生活一两周后，在高海拔地区获得的额外红细胞会被身体破坏。这可能是在高海拔地区训练不能持续改善在海平面地区运动表现的原因。利用高海拔环境作为改善在高海拔和海平面地区表现的策略，取决于运动员在高海拔地区停留的时间，以及目标是为高海拔比赛做准备，还是利用与高海拔相关的适应性来获得在海平面地区的竞争优势。

五、如何利用高海拔环境提升运动表现？

当训练是为低海拔比赛做准备时，运动员应该将训练结束时间设置为比赛的前几天，此时高海拔训练适应性还未降低。当训练是为高海拔比赛做准备时，运动员应该在尽可能接近比赛地区高度的地方进行训练，以免没有足够的时间应对高海拔环境带来的不利影响。当比赛时限为一天时，此选项是最佳选择。对于分散在几天内进行的比赛，最佳策略是至少在赛前于高海拔地区训练两周，以便在比赛开始之前消除不利影响。对于耐力运动员，最好的办法也许是生活在高海拔地区，以便从缺氧引起的适应性中获益，但在低海拔地区进行训练，可以维持高强度的训练刺激，并推动其产生更强的适应性。

简而言之，尽管目前还没有足够的研究得出其适用于所有场合或所有运动的明确结论，但从理论上讲，在高海拔地区生活、在低海拔地区训练（高住低练）是较好的办法，既能提高运动员有氧代谢能力，又能保证训练量和强度。最新研究表明，使用低氧睡眠帐篷模拟高海拔地区的生活，可以刺激血容量和血红蛋白的增加从而改善耐力表现。并且，生活在海拔 2000～2500 m 可以激发最佳反应。值得注意的是，每个运动员对高海拔环境的反应都存在很大差异。毫无疑问，一些运动员会迅速适应在高海拔地区训练并从中获益，另一些运动员则会在高海拔地区的训练中苦苦挣扎，表现也会受到影响。

六、高原训练提高有氧运动能力的生理学机制

目前，高原训练提高有氧运动能力的生理学机制主要涉及四个方面。

第一，提高机体运输氧气的能力。对长跑和游泳运动员的研究表明，3 周高原训练可使红细胞数目、反映红细胞内血红蛋白数量的评价指标——平均血红蛋白量及红细胞内血红蛋白浓度的评价指标——平均血细胞血红蛋白浓度有所增加，而血红细胞体积评价指标——平均血细胞容积有所减少。这有利于红细胞在毛细血管中的移动和携带氧气能力的增加，对提高耐力有较大的好处。

第二，提高心脏供血能力。研究表明，随着受试者在海拔 4300 m 高原滞留时间的延长，受试者每搏输出量减少。但回到海平面水平（平原）后，每搏输出量明显提高。高原训练可以提高运动员在海平面水平（平原）上运动时心脏的供血能力，提高耐力。

第三，提高骨骼肌的代谢能力。研究表明，中长跑运动员在海拔 2000 m 的高原训练后，回到海平面水平（平原）后的第 6 天最大跑步速度时的血氨/血乳酸比值明显高于高原训练前，这表明运动员骨骼肌乳酸供能能力的增强，机体无氧代谢能力加强。越野滑雪运动员比赛前在低压氧舱进行模拟高原训练（2000 m）后，长时间运动时及运动后血乳酸的产生量减少，表明低氧训练可以提高骨骼肌有氧代谢能力。自行车运动员模拟高原训练 4 周，发现骨骼肌毛细血管密度增加，氧化酶活性升高。

第四，提高 VO_{2max}。虽然存在一定争议，但不少研究证明了高原训练提高 VO_{2max} 的

作用。研究结果的不同可能与受试者的训练水平及受试者高原训练前的机能状态有关。

七、急性高原暴露的健康风险

在高海拔地区，机体的应答主要涉及脑、肺、心脏、肾和血液。图 6-3-4 描绘了在高海拔地区，随时间推移(从几分钟到几周)的质变过程。从低海拔地区到高海拔地区，升高的数值用紫色表示，降低的数值用蓝色表示。许多生理应答表现出剂量—反应关系，即缺氧越严重，应答越强。各种应答的时间也各不相同，例如，脑血流量、心率和通气量在海拔上升后几分钟内即增加，而血浆容量和血清促红细胞生成素浓度则是在 1～2 日发生变化。通气量和血红蛋白浓度全面增加发生在海拔上升后几周内。应答模式和时间在不同人之间是相似的，但幅度显著不同，如低氧通气应答、缺氧性肺血管收缩和脑血流量变化的个体差异所示。在考虑急性暴露于高原地区的健康风险时，认识到这一差异以及疾病对观察到的应答的影响至关重要，因为应答的大小决定了在某一海拔和气压下，低氧血症的严重程度，以及供氧的充足程度。这些知识对理解急性高原暴露的健康风险有一定意义。

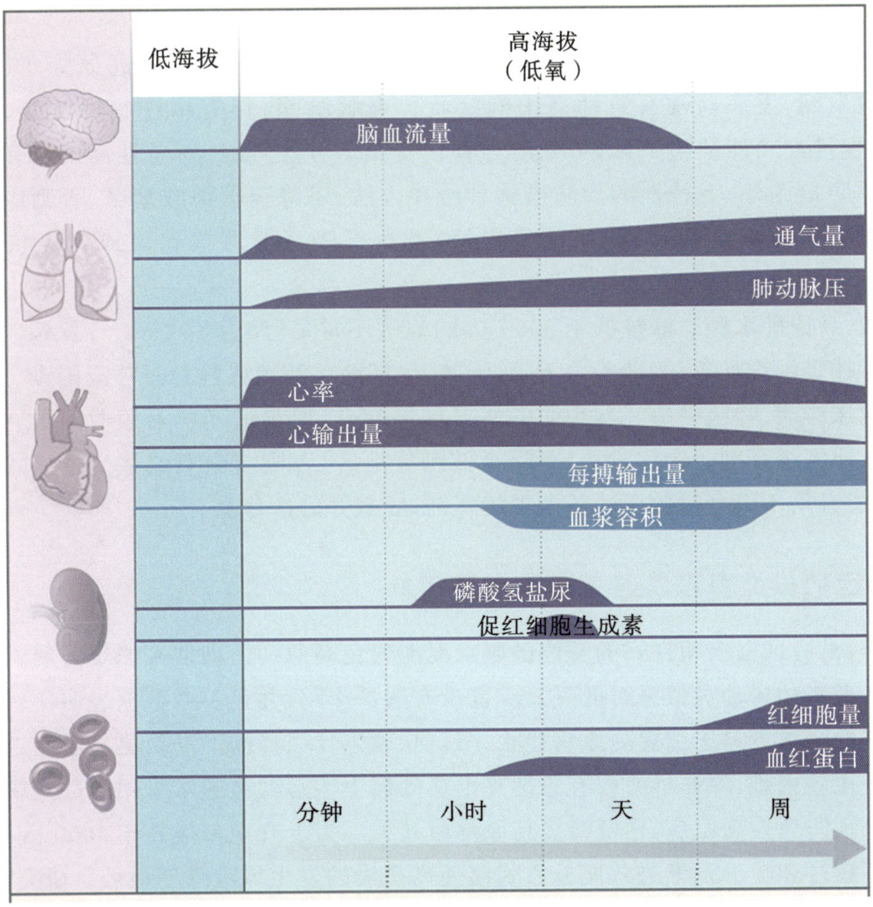

图 6-3-4　人体对缺氧的生理应答[66]

人体对低氧的生理应答发挥一定的保护作用，但某些情况下会发生适应不良反应，导致某些急性高原病。前往高海拔地区的所有人，不论基础健康状况如何，都面临着发生这些问题的风险，应该了解如何识别、预防和治疗这些问题。这些健康风险主要分为四类。

第一，高原性头痛。海拔高于 2500 m 时常见，爬升后 4～24 h 发病。发病时症状为钝性或搏动性双额、颞部或弥漫性头痛，常因运动而加重。预防方法主要是缓慢上升，留出适当的习服时间。中危或高危爬升可用乙酰唑胺或地塞米松治疗。治疗方法：停止爬升，在当前海拔休息；使用非甾体类抗炎镇痛药或对乙酰氨基酚；重度头痛考虑使用地塞米松；持续或恶化应下降至低海拔地区或吸氧。

第二，急性高山病。海拔高于 2500 m 时常见，爬升后 1～2 日发病。主要表现为头痛及以下一种或多种症状：食欲不振、恶心、呕吐、嗜睡、持续性头晕，神经系统检查和精神状态正常。其预防方法与高原性头痛一致。治疗方法：停止爬升，在当前海拔休息；头痛使用非甾体类抗炎镇痛药或对乙酰氨基酚，轻度疾病考虑使用乙酰唑胺，重度疾病使用地塞米松；持续或恶化应下降至低海拔地区或吸氧。

第三，高原脑水肿。海拔低于 3500 m 的地区不常见，除非合并高原肺水肿，爬升后数日内发病，发病前常有急性高山病症状。全脑脑病，伴有精神状态改变、共济失调，局灶性神经功能缺损少见，可发展为昏迷。预防方法：除针对急性高山病和高原肺水肿的预防措施外，无特别的预防措施。治疗方法：下降至低海拔地区，否则应吸氧或接受便携式高压氧舱治疗；使用地塞米松，直至下降至低海拔地区或者症状和体征消退。

第四，高原肺水肿。海拔低于 3000 m 的地区不常见，爬升后 2～4 日发病。发病早期活动时呼吸困难加重，运动能力下降，干咳；后期简单活动或静息时呼吸困难、发绀、咳粉红色泡沫样痰、呼吸窘迫。其预防方法是缓慢爬升，留出适当的习服时间。有病史者使用硝苯地平缓释剂。治疗方法：下降至低海拔地区，否则应吸氧或接受便携式高压氧舱治疗；二者均不可行时使用硝苯地平缓释剂，吸氧并卧床休息。

八、运动员是否可以避免急性高原病？

目前，没有证据表明良好的身体健康状况能避免高原病。即使高原暴露前曾受过高强度耐力训练的运动员似乎对低氧效应也没有防护作用，并且一些数据表明年轻的个体与体能好的个体更易于出现高原病症状。目前，确定什么样的运动员更易于受这些症状的影响还比较困难，除非早前曾有急性高山病的病史。运动员通常采用渐进式爬升高原的方式来预防急性高山病，在低海拔高原停留几天。为上升至海拔高于 3000 m 的高原，以每天不超过 300 m 的渐进式爬升方式能使高山病的发生风险降至最低。研究已证实，服用乙酰唑胺可减轻急性高山病人群的症状，且在上高原前服用可预防急性高原病。乙酰唑胺也可与地塞米松一起使用，但这两种药物必须在医学监督下使用。严重的急性高山病的有效治疗方法是退回到较低海拔的高原，但是在紧急情况下，增加氧气供应与使用高压急救袋也是非常有效的。

案例拓展

案例一：高温环境下的马拉松运动员训练与应对策略

1.背景介绍

李华是一名专业马拉松运动员，为了在即将到来的夏季马拉松比赛中取得好成绩，他决定在高温环境下进行训练。然而，高温环境会对运动员的生理机能和运动表现产生显著影响，如增加核心温度、加速脱水、引发热伤害等。

2.案例分析

高温环境下，运动过程中机体产生的热量难以有效散发，导致核心温度升高。李华在训练过程中，可能会因大量出汗而迅速脱水，进一步影响运动表现和身体健康，从而出现运动表现下降。研究表明，当环境温度超过 15.5 ℃时，对长时间运动的表现产生负面影响。李华在高温下训练，可能会因体温升高、心率加快和疲劳感加剧而导致运动速度下降。若未采取适当措施，李华在训练中可能面临热痉挛、热衰竭甚至中暑等健康风险。

3.解决思路

为了让李华能够在高温的环境下仍能发挥最高的运动水平，可以进行以下训练计划：

(1)热习服训练：根据第六章第一节的内容，李华应通过逐渐增加在高温环境中的训练时间和强度，促进热习服的形成。这有助于改善心血管系统机能、增加排汗量并降低汗液中盐的浓度，从而提高在高温下的运动表现。

(2)补水策略：训练前、训练中和训练后，李华应及时补充水分和电解质，以降低脱水的风险。同时，通过调整训练时间和强度，避免在一天中最热的时候进行高强度训练。

(3)防护措施：穿着轻便、透气的运动装备，佩戴防晒帽和太阳镜，以减少太阳辐射对身体的影响。同时，定期监测核心温度和体重，及时发现并处理热伤害的风险。

案例二：高原地区的足球比赛

1.背景介绍

一支来自平原地区的足球队前往海拔 2500 m 的高原地区参加比赛。在比赛前，球队进行了常规的训练，但在比赛中，队员们发现自己的体能明显下降，运动能力受到了很大的影响。

2.案例分析

在高原环境下，由于氧分压降低，队员们的摄氧量减少。这使得他们在运动过程中容易出现呼吸困难、疲劳等症状。此外，高原环境还会影响心血管系统和代谢功能，使心率加快，心输出量减少，最大摄氧量降低。这些生理变化都会导致队员们在比赛中的运动表现下降。

3.解决思路

(1)球队在前往高原地区之前，应该提前到达并进行适应性训练，让队员们的身体逐渐适应高原环境。适应性训练可以包括低强度的有氧运动、呼吸训练等，以提高身体的摄氧能力和适应能力。

(2)在比赛中，教练可以根据队员们的身体状况，合理调整战术和利用换人策略，避免队员过度疲劳。同时，要注意给队员提供足够的休息时间和营养补充，帮助他们恢复体力。

(3)对于长期在高原地区训练和比赛的球队，可以考虑采用一些特殊的训练方法和手段，如模拟高原环境的训练设备、高原训练基地等，以提高队员们的高原适应能力和运动表现。

第七章　运动与兴奋剂

综观兴奋剂使用的历史，可以发现，它是与现代竞技体育的发展相伴而生的，兴奋剂的使用是国际竞技体育发展到一定历史阶段的畸胎，它的产生与整个社会大背景下的各种因素有关，包括政治的、社会的、经济的、文化的以及竞技体育本身的诸方面因素。本章节仅就兴奋剂的生理、药理、生化等生物学方面的问题，兴奋剂对使用者机体生理功能和运动能力的影响，兴奋剂的不良反应、伤害作用与毒性作用，以及兴奋剂检测技术的进展等方面进行了一些介绍和阐述。

第一节　兴奋剂概述

一、兴奋剂的概念及分类

运动员服用兴奋剂是困扰当代世界各国竞技体育的严重问题。兴奋剂在英语俚语中称为“Dope”，原义为供赛马使用的一种鸦片麻醉混合剂。由于运动员为提高成绩而最早服用的药物大多属于兴奋剂药物——刺激剂类，所以尽管后来被禁用的其他类型药物并不都具有兴奋性（如利尿剂），甚至有的还具有抑制性（如 β-受体阻滞剂），国际上对禁用药物仍习惯沿用兴奋剂的称谓。如今通常所说的兴奋剂不再是单指那些起兴奋作用的药物，而实际上是对禁用药物的统称。凡是运动训练和正常的营养方法以外的，旨在改变身体功能和心理状态以提高运动能力的药物、人工合成物质与特殊的生理学或药理学手段、禁用方法，统称为兴奋剂。也指世界反兴奋剂机构（World Anti-Doping Agency，WADA）制定公布和修订的年度《禁用清单》（Prohibited List，PL）所禁用的物质和禁用方法。

参与和准备参与体育竞技比赛的运动员及其教练员和医务人员，采用某些药物，出于非治疗性目的，或以非治疗剂量摄入体内，或用不正常途径摄入生理性物质，或用其他不正当手段，企图以运动训练和正常营养以外的方式，增强或辅助增强运动员的体能和影响运动员的心理状态，以达到提高比赛成绩和战胜对手的目的，即构成使用兴奋剂。

对兴奋剂这个概念的理解要注意三个方面：第一，兴奋剂或使用兴奋剂是一个动态的概念，是一个发展和变化较快的范畴，随着体育科学、医学科学及其体育伦理学、社会学的发展而变化。第二，从“质”的方面来看，被禁用的兴奋剂首先是指人工提取和人工合成的物质。第三，在理解兴奋剂“量”的概念时，要注意兴奋剂中有一些本来就属于医学上的常规药品，运动员究竟是作为医疗治病使用还是作为兴奋剂使用，其界限是以所摄入药物的量来划定的。一般常规治疗量的任何药物都不可能达到兴奋剂的特殊效应，也不必视为使用兴奋剂。但大剂量甚至超大剂量时，就不可能是出于治疗性目的，必然视为使用兴奋剂。

WADA 每年更新禁用物质和方法的列表，如果符合以下三个标准中的两个，该物质或方法将被列入 WADA 的《禁用清单》：①证明它有可能提高或能够提高运动能力；②使用该物质或方法可能对运动员的健康造成实际或潜在的危害；③使用该物质或方法违背《世界反兴奋剂条例》所述体育精神。除此之外，医学或其他科学证据、药理学作用或经验证明，该种物质或方法具有掩蔽使用其他禁用物质或禁用方法的可能性，则该种物质或方法也将被列入《禁用清单》。

兴奋剂的分类情况如下：2023 WADA 禁用物质清单目前已经达到十大类。S0.未获批准的物质。S1.蛋白同化制剂：①蛋白同化雄性类固醇（anabolic-androgenic steroids，AAS）；②其他蛋白同化制剂。S2.肽类激素、生长因子、相关物质和模拟物：①促红素类以及影响红细胞生成的制剂；②肽类激素及其释放因子；③生长因子以及生长因子调节剂。S3.β_2 激动剂。S4.激素及代谢调节剂：①芳香酶抑制剂；②抗雌激素作用物质［抗雌激素和选择性雌激素受体调节剂（selective estrogen receptor nmodulators，SERMS）］；③激活素受体ⅡB 活化抑制剂类；④代谢调节剂。S5.利尿剂和掩蔽剂。S6.刺激剂。S7.麻醉剂。S8.大麻（酚）类。S9.糖皮质激素。S10.禁用方法：M1.篡改血液和血液成分；M2.化学和物理篡改；M3.基因和细胞兴奋剂。

二、兴奋剂的主要生理药理作用及危害

第一类，刺激剂。包括精神刺激剂、中枢神经刺激剂、交感神经胺剂等。这是最早使用，也是最早禁用的一批兴奋剂，对神经肌肉具有真正的“兴奋作用”，常用于短跑、跳远、短距离游泳项目。其主要作用：①精神刺激剂：如苯丙胺。抑制身体的自然警报系统，掩盖疲劳感，增强自信心和进取心，增强耐力和力量。增加心率、血压和能量代谢。②交感神经胺剂：麻黄素。作用于心血管和呼吸系统，增加心率、血压和肌肉血流量，扩张呼吸道、增加肺通气量。③中枢神经刺激剂：尼可刹米。提高运动员训练和比赛中的注意力，运动的机敏性。危害主要有：易产生依赖，推迟疲劳界限，导致过度兴奋与焦虑，进一步影响人体自身判断力而容易受伤，易造成心血管系统紊乱，严重损害人体健康，还可导致呼吸和循环衰竭，甚至引起心脏衰竭而造成死亡。此外，对中枢神经系统的危害引起的不良反应包括焦虑、烦躁、神经紧张、易怒、失眠。当较大剂量服用刺激剂时，会使运动员表现出呼吸困难、过度脱水、易怒和失眠、性格改变。有的刺激剂还会使人成瘾而难以自

拔，比如人们熟知的可卡因。

第二类，麻醉止痛剂。主要指镇痛药一类，不包括临床麻醉剂。在发挥镇痛效应的同时，并不影响其他感觉和意识，也不降低运动能力，常见的有吗啡、海洛因、杜冷丁、可待因等，常用于篮球、足球、排球、羽毛球、网球项目。其主要作用有两方面：①直接作用于中枢神经系统而抑制疼痛的产生。②消除不良情绪。其危害主要表现为：由于这类药物主要是通过直接作用于中枢神经系统，延长兴奋性、传导性，能使痛觉丧失，使服用者丧失痛觉阈值而尽力表现自己，剥夺了疼痛感对人体的自我保护功能，这可能导致运动员的伤势恶化和加重，对身体造成进一步的伤害。同时，短期内过量使用这类药物会出现头脑迷糊、说话含糊不清、产生幻觉、精神抑郁、催眠昏睡等症状。长期服用会使人变得冷漠、恍惚，出现恶心和低血压症状，同时记忆力和认知能力出现障碍，容易产生心理依赖。此外，药物所引发的幻觉还可能导致人们伤害自己或他人，易引发暴力和犯罪行为。

第三类，合成固醇类。也称蛋白同化制剂，其衍生物和品种特别繁多，是目前使用范围最广、使用频度最高的一类兴奋剂，主要促进肌肉蛋白合成与增强肌肉力量，常用于田径、举重、拳击项目。其主要作用有四方面：①增加肌肉力量、爆发力、反应速度。②使攻击性行为增强，以稳定训练强度。③可加快训练后的恢复。④使有氧耐力增强。最大吸氧量增加、肌肉氧含量增加、氧储备增加。合成固醇类药物的危害主要有：滥用合成类固醇会对健康造成严重影响，尤其是对肝脏、心血管和生殖系统等方面的影响最为严重。长期和过量使用合成类固醇可能导致肝脏损伤、肝脏病变和肝癌的发生；同时也会导致体内脂质代谢异常、破坏体内代谢和电解质的平衡，导致高血压、心脏肥大和诱发冠心病，增加心脏病发作、心脏衰竭和脑卒中的风险。此外，滥用合成类固醇还可破坏生殖系统，引发生殖器官形态结构等方面的不良改变。

第四类，利尿剂。利尿剂并非直接通过增强运动表现提高运动成绩，而是利用其“掩蔽”作用逃避兴奋剂检测，因此被列入《禁用清单》。常见的使用项目有拳击、摔跤、柔道、举重。主要作用有三方面：①通过影响肾脏的尿液生成过程，来增加尿液排泄量，从而短时间内快速减轻体重，以确保运动员能参加低体重级别的比赛，间接提升了运动竞争力。②通过稀释兴奋剂以造成药检假阴性结果。③加速其他兴奋剂及其代谢产物的排泄。利尿剂作为兴奋剂的危害主要有：大剂量和长期使用利尿剂会使得尿中的盐和电解质过度流失，破坏体内的电解质平衡。因体液流失而导致大幅度减体重，导致肌肉抽筋（痉挛），同时也可使血糖升高。更为严重的是，利尿剂导致心律不齐或心脏衰竭而危及生命的案例不在少数。

第五类，β-受体阻滞剂。亦称β肾上腺素受体阻滞剂，代表药物有心得安、美替洛尔等。能阻断肾上腺素和去甲肾上腺素的作用，因为其作用以抑制性为主，故在体育运动中适用范围和普遍性较小，常用于射击、射箭项目。其主要作用有两方面：①降低心率，减少心肌耗氧量、增加精神状态的稳定性。②使肌肉放松，减轻比赛前的紧张和焦虑不安，有时还用于帮助休息和睡眠。其危害或产生的不良反应包括：降低有氧耐力、无氧工作能力和爆发力，引起心功能抑制和继发性的心力衰竭，引起哮喘病患者的突发性支气管痉挛，以及引起中枢神经系统的抑郁症甚至男性性功能障碍。

第六类，肽类激素。其主要发挥的作用有四个方面：①人体生长激素：主要作用是促进骨、软骨、肌肉及其他组织细胞分裂增殖，蛋白质合成增加；促进代谢，加速脂肪分解。②胰岛素：主要作用是促进蛋白质的合成。③促红细胞生成素：是目前滥用较为严重的肽类激素之一，调节血红细胞生成，增加红细胞数量。增加训练耐力和训练负荷。④促性腺激素：调节性激素的水平。肽类激素兴奋剂的危害表现在三方面：①外源性使用生长激素可引起内脏肥大、软组织肿胀，可引发心血管疾病以及葡萄糖含量下降和糖尿病等。②在作为兴奋剂使用时，胰岛素会诱发生长激素的释放，因而能同时产生生长激素的不良反应。使用不当或过量时还可引起肌肉震颤、体温过低、虚弱、心肌梗死、过敏性休克。③由于促红细胞生成素额外增加了血液中的红细胞，因此，其使用会引发高血压，易形成血栓直至死亡。在此前的体育竞赛中，尤其是自行车项目，已有多起运动员因使用促红细胞生成素而死亡的案例。

第七类，血液兴奋剂。其又称血液红细胞回输技术，即从运动员本人体内抽出一定数量的血液，比赛前1～7天通过输血增高红细胞水平，可在一定程度上提高耐久力项目的运动成绩，常用于中长跑、马拉松、自行车项目。其主要作用是增加血液中红细胞的数量和血红蛋白的浓度，以增强血液的携氧能力。其危害或不良反应表现为加重心血管的血液循环负担，引起代谢性休克；且容易引起感染和过敏反应。

第二节　兴奋剂生理学问题

本节将以常见的兴奋剂——刺激剂、合成类固醇、β-受体阻滞剂、利尿剂为例，分析它们在运动过程中发挥作用的生理学基础，然后总结兴奋剂对体能和运动成绩的影响。

一、以咖啡因和苯丙胺为例学习刺激剂的运动生理学基础

（一）咖啡因

相关研究表明，咖啡因不仅能增强心肌收缩力，增强腿部肌肉的爆发力，还能提高应变能力，使注意力更集中并缩短反应时间。咖啡因在一定的条件下能提高视觉和听觉接受刺激的反应速度，从而改善灵敏素质。咖啡因也有利于促进体内的脂肪动员和利用，增加耐力运动时脂肪供能的比例，从而节省体内的糖原消耗，以延长糖供能的时间。还有研究表明，咖啡因在举重、投掷等爆发力项目比赛中能产生一定的增进力量和功率的效应，可能使运动员超常发挥其体能潜力。据此，通常认为咖啡因用于马拉松、公路自行车、越野滑雪以及竞走等项目中，可有利于耐力的发挥。

（二）苯丙胺

苯丙胺有类似咖啡因的作用，运动员使用苯丙胺后，心血管系统的耐力和肌肉耐力，

以及速度、力量和反应时均有明显的提高或改善，其原理可能是苯丙胺加强了交感神经系统的应激性。同时，它还能增加脑组织的摄氧量，加速肌糖原和肝糖原的分解，使肌肉小动脉舒张，从而增加肌肉运动时的能量摄取。甚至有研究表明，使用苯丙胺后运动员在跑台上跑到力竭的时间延长，最大乳酸值增加。然而，也有一部分学者认为，苯丙胺对体能的正性作用并不肯定，依据不充分，而且多数实验没有设立对照组的比较，缺乏科学性，其对运动能力的提高作用主要是发挥了安慰剂的心理作用。此外，一些设有严格对照组的实验研究则比较一致地得出结论，苯丙胺对运动员的最大摄氧量、最高心率、最大通气量以及通气当量等运动生理学指标都没有明显的作用。

二、合成固醇类兴奋剂发挥作用的运动生理学基础

对身体成分来说，长期使用类固醇会导致体内氮保留，造成肌肉质量的比例增加，脂肪丢失，因此体脂比例下降，瘦体重增加，有利于发挥更大的肌肉力量和爆发力。其肌肉增加的部位是躯干，特别是颈、肩、胸和臂部。其促进肌肉蛋白合成的可能机制是：刺激肌细胞中的特殊分子结构，触发肌细胞中蛋白质合成的基因过程；激活蛋白质合成的酶系统，加速蛋白质合成速度，抑制蛋白质的分解；增加肌细胞膜对氨基酸的通透性，获取更多的合成蛋白质的原料。外源性使用雄性激素，在一般剂量下，对正常男子的作用并不显著，但对雄性激素分泌不足的男子或对正常女子，则可产生较显著的促进蛋白质合成的作用。特别是对女子使用雄性激素合成类固醇，效果更为强烈。

对红细胞来说，雄性激素对红细胞和 Hb 的生成有强烈的刺激作用。雄性激素与肾脏的相应受体结合，能促使促红细胞生成素的分泌，使红细胞数量和 Hb 的含量增加。雄性激素还可以直接作用于骨髓，刺激造血功能，产生更多的红细胞。而红细胞及 Hb 的含量增加，被认为有利于耐力的发挥。但这通常也只对女子和雄性激素分泌不足的男子有效。

对能源物质来说，动物实验表明，雄性激素可使肌糖原储量增多，睾酮可对运动后出现的肌糖原超量恢复起到调节作用。雄性激素能减少尿肌酸的排出量，使肌酸保留在体内合成磷酸肌酸的机会增多。

对神经传导和肌肉收缩来说，雄性激素可改善神经-肌肉接头的营养状况，使神经末梢的乙酰胆碱更容易释放，加速神经与肌肉间的信息传递，有利于运动单位的募集。雄性激素能增加肾远曲小管对钙的重吸收，保留体内钙离子，间接对肌力的维持和增强有利。

对最大摄氧量来说，雄性激素摄入尚存争议。多数证据表明，类固醇使用后并不产生比单独的有氧训练更好的正效应，即并不改善最大摄氧量。但雄性激素能使快肌比例有所增大，以及使磷酸化酶活性增强，有利于无氧工作能力的提高。

合成类固醇类兴奋剂发挥的作用也与运动负荷和耐力水平有关。当运动负荷量较大时，特别是瞬时负荷量较大时，血浆睾酮的浓度较大，机体分泌睾酮的能力也较强。另外，运动开始后 15 min～1 h，血浆睾酮上升。但大强度与长时间力竭性运动后血浆睾酮

水平下降，又反过来限制体能的发挥，并造成疲劳。有人认为，运动后恢复期雄性激素补充不足是疲劳后恢复缓慢的原因之一，可用合理补充类固醇激素的方法，加速运动性疲劳的消除。合成类固醇的使用一般集中在速度和力量性项目，如举重、短跑、健美、摔跤、柔道、投掷、自行车、游泳和橄榄球等。

三、β-受体阻滞剂发挥作用的运动生理学基础

β-受体阻滞剂用于兴奋剂的首要效应就是缓解外周神经肌肉的过度紧张状态，这是射击运动员希望得到的作用。研究表明，受试者在进行射击训练前服药β-受体阻滞剂美多心安，可使射击成绩有明显提高，且水平越高的运动员，成绩提高的幅度也越大。其原因可能是β-受体阻滞剂抑制了通常情况下手平举时产生的不随意性颤抖，使射击运动员持枪平举的稳定性提高，从而增加了瞄准的能力。从生理药理上讲，β-受体阻滞剂能抑制肌肉的颤抖和多汗等，对抑制外周的紧张状态是有效的。

服用β-受体阻滞剂后进行渐增负荷的亚极量实验表明，受试者的最大吸氧量、最大心率、无氧阈均降低，其药理作用的机制被认为是β-受体阻滞剂抑制了交感神经系统，使心率下降，心输出量随之减少，因此最大吸氧量出现明显降低。动物实验发现，β-受体阻滞剂抑制了肝外糖原的分解。而肌肉在剧烈运动中需糖量增加，当肝外糖原的利用受阻，极易诱发类似低血糖的症状，可能不利于耐力运动。β-受体阻滞剂还具有降低运动过程中能源物质代谢率的作用，并抑制磷酸肌酸的利用。β-受体阻滞剂还能减慢运动过程中乳酸的转运和清除速率，导致无氧运动时肌肉中的乳酸排除不畅，形成肌乳酸的堆积。运动员口服β-受体阻滞剂后，最大肌力降低，且不同类型的肌纤维对β-受体阻滞剂的敏感性不同。慢肌纤维中β受体的密度分布比快肌纤维中高，因此它比快肌纤维对β-受体阻滞剂的敏感性更高。实验研究与理论分析表明，β-受体阻滞剂严重有碍机体的无氧耐力、静力耐力、有氧工作能力和有氧耐力的正常发挥，使肌肉对疲劳的敏感性大大增加，这对几乎所有的力量和耐力型项目的运动成绩都只能是负面效应。

四、利尿剂对体能训练、运动过程中生理学的影响

目前，这方面的研究有限，现有的研究主要体现了以下几点。

利尿剂可引起钾离子排出增加，因而使体内 pH 值降低，同时由于排尿量增加使血容量降低，从而改变无氧代谢、血乳酸清除。这样就可能减少长距离跑步时血乳酸的累积。另外，在脱水过程中，减少出汗和表皮血流可能引起体温过高。除此之外，利尿剂的一些作用，如体温升高、失水和心功能降低等，可能使跑步速度降低。

综上所述，对兴奋剂的作用与效应进行一个总结。首先，是对运动员体能的生理与药理作用：兴奋剂对人体具有一定的生理和药理效应，特别是在充分的营养和高强度训练的条件下，对运动员的体能有一定的增强作用，或对某些专项运动能力有一定的提高和辅助作用。然而，这种作用仅仅是单一性的，不具有协调性和整体性，有时往往某种兴

奋剂对某一种体能有正性作用，而对另一种体能则起负性作用。而运动成绩的提高有赖于多种体能协调所表现出来的综合与整体能力。其次，兴奋剂对运动员的心理作用表现在：一些设计较严密的实验研究表明，关于兴奋剂增强体能的报告中大部分带有极大的片面性，有过分夸大其正效应之嫌，因为有的实验设计不够合理严密，缺少必要的对照组作比较。较有说服力的双盲实验证实，兴奋剂的心理作用大于生理作用，安慰剂同样起到了增强运动员体能的正向效应。最后，需要引起注意的是兴奋剂对运动员机体的损伤作用：兴奋剂对运动员体能的所谓正性作用，即使有也是暂时的，只出现在用药过程中的一定阶段，而其对运动员的身体健康和体能造成的不可避免的不良反应和慢性损伤却是长期的、恶性的。

第三节　兴奋剂禁用与检测

兴奋剂作为一种短期提高体育成绩，但对身体造成极度危害的药物，已经像“幽灵”一样附着在人类体育运动的许多领域，玷污着人类崇高的体育精神。如何打赢反兴奋剂斗争攻坚战是竞技体育领域的一个重要课题。

一、禁用兴奋剂的目的

禁用兴奋剂的目的主要有四个方面：第一，维护奥林匹克公平竞争的原则和道德规范。公平竞争是国际上公认的体育竞技原则。运动员应该凭借刻苦的、科学的体能和技能训练来取得好的比赛成绩，而不能依靠药物来增强体能，因为这对不使用药物的运动员来说是不公平的，有违奥林匹克道德规范，有违体育精神。第二，保护运动员的身心健康。兴奋剂使用和一般医疗性药物的使用不同。兴奋剂使用往往是大剂量性的、长周期的，因此其累积性的不良反应和慢性中毒作用会损害运动员的身体和心理健康，许多危害甚至是终身的，不可恢复的。第三，维护竞技体育科学训练的基本原则。兴奋剂的使用严重破坏了竞技体育训练的基本原则，竞技体育的科学训练有其自身规律，但药物的滥用使人们忽视对训练规律的研究和掌握，造成了一种从认识到实践的偏差，认为只有用药的训练才是“科学”的训练。这在某种程度上是对科学的亵渎，是伪科学。第四，保证体育事业的健康发展。使用兴奋剂的行为，有悖于社会主义的道德标准和精神文明建设的根本目标，损害了体育事业的健康、可持续发展，是一种损害国家荣誉和人民利益的行为。

二、兴奋剂检查方案

目前针对运动员所实施的兴奋剂检查方案主要依据《国际检查和调查标准》

(International Standard for Testing and Investigations,ISTI)。该标准是作为世界反兴奋剂计划的一部分所制定的强制性国际标准,它是在与签署国、政府当局和其他相关利益攸关方协商后制定的。ISTI 于 2003 年首次通过,于 2004 年 1 月生效,并在其后共进行了六次修订。目前最新版本的 ISTI 纳入了 WADA 执行委员会于 2022 年 9 月和 11 月批准的进一步修订,自 2023 年 1 月 1 日起生效。

依据当前版本的 ISTI 的规定,对运动员实施的兴奋剂检查方案主要分为赛内检查和赛外检查两部分,并遵循相应的检查流程。所有运动员都有责任和义务随时随地接受兴奋剂检查。

关于赛内检查,它是指在比赛中挑选运动员进行的兴奋剂检查,检查可以在该次比赛开赛前,或比赛期间或比赛刚结束后进行。每个反兴奋剂组织都必须对其有权管辖的运动员计划和实施与兴奋剂风险成比例的检查,并有效地发现和阻止此类行为。在兴奋剂检查开始之前,需要根据必要的步骤来进行风险评估,并制订满足这一要求的检查分配计划。即在体育竞赛开始前,负责兴奋剂检查的机构就应该同有关单项体育联合会和竞赛组委会进行磋商,确定接受检查运动员的数量及挑选受检运动员的方法。选定受检运动员一般以比赛名次、是否破纪录或抽签结果作为取舍标准,也可根据特殊情况任意指定运动员接受检查。

关于赛外检查,它是指任何非赛内检查的兴奋剂检查。每名运动员必须在有权进行检测的反兴奋剂组织的要求下,在任何时间和地点接受兴奋剂检查。此外,注册检查库中的运动员必须在其行踪文件中指定的当天具体的 60 min 时间段内,在特定地点接受检查。有权在注册检查库中对运动员进行检查的反兴奋剂机构,应当利用运动员行踪档案对该运动员进行赛外检查。尽管 ISTI 的第 2.4 条"行踪要求"规定了 60 min 的检查时间段,但检查时间不应限于运动员指定的该 60 min 时间段。为了确保赛外检查对运动员是不可预知的,反兴奋剂组织还应考虑运动员提供的其他行踪信息,例如定期检查运动员的活动。

整个兴奋剂检测主要分为 11 个步骤:

(1)挑选运动员。通过一个独立的、不可预测的挑选程序,公平、科学、有效地确定受检运动员名单。挑选运动员接受兴奋剂检查一般通过随机抽取、事先确定标准、目标检查三种途径。被挑选运动员可能在任何时间、任何地点接受兴奋剂检查。

(2)通知运动员。运动员接到兴奋剂检查通知后,应要求检查人员出示身份证件和兴奋剂检查授权书,确认无误后,运动员应在兴奋剂检查通知单上签名。

(3)到兴奋剂检查站报到。运动员收到兴奋剂检查通知后,应按要求尽快到达兴奋剂检查站报到并接受检查。18 岁以下运动员必须有一名成人陪同人员一起进入检查站。运动员可以参加颁奖仪式、新闻发布会或进行放松运动。运动员需提供带照片的身份证明,并对自己服用的饮料负责,运动员可以饮用自带的饮料。

(4)挑选尿杯。运动员有权利挑选一套独立密封的尿杯,并确认其完好无损,运动员在挑选尿杯前应先洗手。在整个收样过程中,尿杯由运动员本人负责保管。

(5)样品采集。只有运动员本人和同性别的监督排尿检查人员能够进入卫生间，留样时运动员必须将衣物褪至胸部以上、膝盖以下，同时手腕至肘部也必须裸露，以便检查人员确认收集到的是运动员本人的尿样。

(6)样品量。运动员在接受兴奋剂尿样检查时，需提供不少于 90 mL(EPO 检查不少于 130 mL)的尿样。如果不够，需启动部分尿样程序。密封好部分尿样，兴奋剂检查人员在记录单上注明部分样品编号和密封时间，并将密封好的部分样品保存在带锁的冰箱内。如果是赛外检查，收样地点不具备条件时，则由检查人员和运动员共同看管。再次留样时，要开启一套新的尿杯，并与第一次的尿样混合，直到尿量足够。

(7)挑选样品瓶。运动员可以挑选一套独立密封的样品瓶，确认样品瓶的完整、干净，并核对瓶盖、瓶身和包装盒上的编码是否相同。

(8)尿样分装。运动员本人根据兴奋剂检查人员指令，将尿样倒入样品瓶。应先将尿样倒入 B 瓶直至规定量，再将剩余的倒入 A 瓶。

(9)样品封存。运动员本人封存 A 瓶和 B 瓶。陪同人员和检查人员协助确认样品瓶封存完好。

(10)填写兴奋剂检查单。运动员应提供近期使用营养品和药物的信息，包括处方药和非处方药，填写在兴奋剂检查记录单中。如果运动员具有治疗用药豁免资格，应在接受兴奋剂检查时，向兴奋剂检查人员出示《治疗用药豁免批准书》，并在兴奋剂检查记录单上填写获准使用的禁用物质或方法及《治疗用药豁免批准书》编号。运动员可以对整个检查过程发表意见并填写在表格记录单“备注”栏中。运动员应确认表格上的所有信息，尤其是姓名、证件号码以及瓶号，正确无误后，应在表格上签名，并保留表格副本。

(11)实验室检测。所有样品应被送交经世界反兴奋剂机构认证的兴奋剂检测实验室，实验室按照国际标准进行检测。A 瓶样本被用于分析是否存在违禁药物，B 瓶保存在实验室，以备需要时确认阳性结果。实验室需向相关反兴奋剂组织和世界反兴奋剂机构报告所有检测结果。

以上就是关于兴奋剂检测流程的一些基本知识。

三、兴奋剂检测方法

兴奋剂检测的主要体液是尿液，但对个别单纯用尿液检查难以确定结果的物质，目前业界正在探索采用血样分析来予以弥补。尿样检测是兴奋剂检测的理想样本。其优点在于：取样方便；对人无损害；尿液中的药物浓度高于血液中的药物浓度；尿液中的其他干扰少。

兴奋剂检测尿样的分析流程大概如下：运动员在比赛结束后 1 h 内由专人伴随去取样站报到，直到取得尿样。一般取尿至少 75 mL，分装 2 瓶，瓶中约 50 mL，称为 A 瓶，另一瓶中约 25 mL，为 B 瓶。A 瓶与 B 瓶均需密封编号，一同装入一个袋中密封，分瓶与密封过程，运动员需在场确认。尿样冷冻保存并由专人送往实验室，分析 A 样，B 样则锁入冷柜中保存。如 A 样中查出含有禁用药物，则通知比赛组委会，再由组委会通知运动员、所在代表队负责人及队医等共同当面取出B样复核。如仍检出有A样中的禁用药物,则报国际奥委会医学委员会讨论决定并采取措施。分析过程中按药物的化学特征和分析方法将所有药物分成四类:第一类:尿中以游离形式排泄的易挥发性含氮化合物(主要是刺激剂)。第二类:尿中以硫酸或葡萄糖醛酸结合的难挥发性含氮化合物(主要是麻醉止痛剂、β-受体阻滞剂和少数刺激剂)。第三类:化学结构和性质特殊的刺激剂(咖啡因、匹莫林)和利尿剂。第四类:合成类固醇及睾酮。实验室分析中,首先进行尿样pH值、密度、颜色、体积等测定,然后按以上四类药物分成四组进行筛选分析,主要是化学提取和仪器分析两步,最后由计算机打印出检测报告。

此外,其他的检测方法还有血样分析。其目的主要是补充尿样分析方法的不足,目前血样分析尚处于研究探索阶段,仅用于血液回输促红细胞生成素、生长激素、绒毛膜促性腺激素、睾酮等的测量。其他检测方法还有放射免疫测定、酶技术、气相色谱、气相色谱-质谱联用等。

近年来出现了一种兴奋剂检测的新方法——干血点采样技术。它是由WADA、国际奥委会(International Olympic Committee,IOC)、国际检查机构(International Testing Agency,ITA)和中国反兴奋剂中心等组织和机构共同发起的一项充满创新性、革命性的反兴奋剂技术,来大幅度改善采样方法,这个创新方案被称作干血点采样技术(dried blood spot,DBS)。北京冬奥会是首个正式实施干血点检查、检测的国际综合性赛事。干血点采样技术是一种直接的检测方法,具有快速、灵敏、高效的特点。其作为常规尿检、血检的重要补充手段,大大加强了兴奋剂检测的力度。目前干血点采样主要有两种方式:一是通过对指尖或上臂穿刺后,将指尖血或上臂血直接制成干血点样本;二是通过采集静脉全血样本后,由实验室制成干血点样本进行检测。干血点采样技术是将全血样品收集在滤纸片上,经过干燥得到干血斑块,再经过溶剂萃取后便可使用串联质谱等方法对干血斑块中的待检测组分进行检测分析。干血点采样卡用适宜的化学试剂处理后,能够裂解细胞、使蛋白质变性、抑制细菌等其他微生物生长。干血点样本只需经过室温干燥,不需要进行其他处理,分析物与血液成分就可以吸附在固体纤维素基质上,具有较强的稳定性。

干血点检测法最主要的优点是:第一,干血片的转运、检测和储存都很方便,样本储存和运输成本低。常规送检的液体血的保管储存条件比较严苛,干血片改善了这种情况。传统的尿液检测对运动员有侵犯性,收集和运输也较为复杂,并且由于尿液容易被污染,还需要空间和巨额成本来储存样品。第二,样本采集简单、采血量小。全血采样不仅需要大量血液以获取分析检测所需的足量血浆,并且对采样环境和采样人员要求较高。而干血点采样技术通常可采用指尖穿刺的方式采集少量血液(通常少于100 μL),直接将指尖血液滴到采样卡上制备干血点样本,即可在实验室中被用于检测可疑物质。第三,基于在采集、运输和存储上的优势,DBS样本能提高分析物和生物标记物的稳定性,同时也大大降低了接触感染的发生率。第四,虽然DBS样本量有限,但通常与液相色谱-质谱联用技术联用,因此,具有较高的检测灵敏度、精密度与准确度。综上所述,基于干血点检测法的优点，其可以大大提高被检测的运动员数量，让世界边远地区的运动员得到血液检测的机会。干血点样本采集方法的应用使兴奋剂检查实现从“抽检”向“普查”转变，将更有力地打击使用兴奋剂的违规者。

四、反兴奋剂法律法规

世界反兴奋剂机构前主席理查德·庞德曾发表讲话：“如果我们不控制体育运动中的兴奋剂问题，那么体育将面临着成为一个仅仅局限于提高极限、暴力和毫无意义的角斗场的危险，那是一群怪物才会从事的活动。”可见，反兴奋剂始终是体育运动中的关键一环，兴奋剂使用不单纯是道德问题，已然成为违法行为，需要一定的法律法规打击兴奋剂犯罪。

(一)世界反兴奋剂机构(WADA)

世界反兴奋剂机构成立于1999年，由IOC和国家政府共同组成。总部位于加拿大蒙特利尔，并在全球各地设有合作机构和办事处。世界反兴奋剂机构的成立，标志着世界反兴奋剂进入新的纪元，从过去各单项体育协会、国家各自为战，进入到全球一体化阶段，反兴奋剂在世界范围内更加统一、规范。WADA的主要职责是领导和协调全球范围内的反兴奋剂工作，每年发布禁用物质与方法清单，监督兴奋剂测试和检查，推动反兴奋剂教育和宣传，以及调查和处理违规行为。WADA于2003年主持召开了哥本哈根世界反兴奋剂大会，体育领域反兴奋剂工作普遍适用的基础性内容，会上制定通过了《世界反兴奋剂条例》(后文简称《条例》)，作为全球兴奋剂管控的核心标准和指导文件，也是国际和各国体育组织必须遵守的统一反兴奋剂法典。该规则规定了兴奋剂的定义、禁用物质与方法清单、兴奋剂测试与检查程序、违规行为的处理程序、处罚标准、处罚措施等内容。逐渐形成了统一、协调、多层次的反兴奋剂规则体系，为世界反兴奋剂治理提供了规则框架。各国体育组织在该规则的基础上制定自己的兴奋剂法律法规。这是全球范围内反兴奋剂工作的基础文件，所有签署该条例的国家和体育组织都必须遵守。自《条例》正式实施后，WADA分别于2009年、2015年、2021年对《条例》进行修订，至此，世界反兴奋剂体系基本形成。

同时，IOC、国际残奥委会、国家奥委会、国家残奥委会、国际单项体育联合会、重大赛事组织机构和国家反兴奋剂组织等实体，通过签署承认《世界反兴奋剂条例》的声明从而成为签约方，逐渐形成了以世界反兴奋剂机构为主导的全球反兴奋剂治理机制。IOC也在其《奥林匹克宪章》中对兴奋剂问题进行了规定。在这份宪章中，IOC呼吁所有的运动员、教练和医务人员尊重并遵守WADA的条例。各国和国际体育组织通常会设立自己的反兴奋剂机构，负责执行《世界反兴奋剂条例》和处理兴奋剂违规行为。这些机构可能会有自己的规定和处罚标准，但都必须符合《世界反兴奋剂条例》的基本要求。想要实现没有兴奋剂的体育环境，仅依靠行业治理是远远不够的。在国家层面彰显反兴奋剂的决心和态度，制定反兴奋剂政策法规，打击兴奋剂非法生产、销售和进出口等方面，必须有政府的介入，需要在政府层面形成协调、一致、有效的反兴奋剂治理体系。为此，联合国教科文组织于2005年通过了《反对在体育运动中使用兴奋剂国际公约》。该公约为各国政府提供了反兴奋剂法律框架，对各缔约国政府具有普遍约束力，成为各国开展反兴奋剂工作的国际法依据。这种“体育组织＋政府”的模式，形成了目前世界反兴奋剂治理的基本逻辑。

（二）中国的反兴奋剂组织机构及法律法规

中国反兴奋剂中心是国家级反兴奋剂机构，成立于 2007 年。前身是国家体委运动医学研究所兴奋剂检测中心，始建于 1987 年。它的使命与责任是对兴奋剂问题零容忍，通过高效率、高质量的反兴奋剂工作，使运动员及相关人员“不敢用、不能用、不想用”兴奋剂。维护运动员身心健康，维护纯洁体育，维护国家形象。其主要任务是：①参与研究制定国家反兴奋剂的发展规划、规则和相关程序、标准；②参与制定反兴奋剂目录；③组织实施兴奋剂检查和检测，对检查结果进行管理；④组织实施对兴奋剂违规事件的调查及听证；⑤开展食品、药品兴奋剂检测；⑥组织开展反兴奋剂教育、培训、科研、咨询和国际交流等活动；⑦监督各级各类体育组织开展反兴奋剂工作；⑧负责兴奋剂检测实验室的建设和管理，并支持其按照国际国内标准独立开展检测工作。

中国体育系统反兴奋剂管理体系的构成：国家体育总局起着领导作用。其领导着国家运动项目管理单位，国家反兴奋剂机构，全国性体育社会团体，运动员管理单位，全国性综合运动会组织机构，地方各级体育主管部门。其中，国家体育总局领导、协调和监督全国的反兴奋剂工作，确定反兴奋剂工作目标与任务，起草、制定反兴奋剂管理制度与规章，制定国家反兴奋剂发展规划，开展政府间反兴奋剂国际交流与合作。地方各级体育行政部门领导、协调和监督本地区的反兴奋剂工作。

不同国家针对兴奋剂的法律法规有所不同。中国对待兴奋剂问题始终秉承坚持零容忍的态度，目前，我国已出台《中华人民共和国体育法》《反兴奋剂条例》《反兴奋剂规则》《反兴奋剂管理办法》等法律法规管理打击兴奋剂犯罪。由国家体育总局制定的新版《反兴奋剂管理办法》于 2021 年 7 月 14 日通过并于 7 月 22 日公布实施，它是根据《中华人民共和国体育法》和《反兴奋剂条例》等法律法规制定的。作为我国体育运动中兴奋剂管制通则，这一办法全面规范了我国反兴奋剂工作的各个主要方面。《反兴奋剂管理办法》是体育总局的规章，主要规定体育系统内的反兴奋剂管理体制，明确体育主管部门和相关单位的职责、权限和分工等，以及违法行为应受到的行政处分等。其目标是防止在体育运动中使用兴奋剂，保护体育运动参与者的身心健康，维护体育竞赛的公平竞争，维护国家荣誉和形象，弘扬社会主义核心价值观和中华体育精神，并规范反兴奋剂工作。

此外，在此之前，国家在反兴奋剂领域也出台了一系列法律法规。早在 1995 年，国家出台了《中华人民共和国体育法》，明确严禁在体育运动中使用兴奋剂和对兴奋剂进行严格检查的基本方针以及使用兴奋剂的法律责任，这是反兴奋剂法制的基础。1999 年，出台了“总局 1 号令”，在一定时期内起到了《条例》细则的作用，但在兴奋剂检查、检测、违规处理等方面仍需按照条例的要求进一步细化、完善。2004 年，国家出台了《反兴奋剂条例》，这是反兴奋剂法制的核心。首次从法律层面明确提出了“严令禁止、严格检查、严肃处理”的反兴奋剂工作方针，明确了体育主管部门和有关部门的反兴奋剂职责，相关机构和辅助人员的反兴奋剂义务，运动员的行为规范，兴奋剂检查计划的制订和实施，兴奋剂检查的范围、权限和程序，兴奋剂检测的资质，违反《条例》的行为的法律责任等事宜。2009 年，国家出台了《运动员治疗用药豁免管理办法》。2011 年，又出台了《运动员行踪信息管理规定》和《兴奋剂违规行为听证规则（暂行）》。2023 年，出台了《兴奋剂检查人员管理办法》。

我国与兴奋剂治理相关的法律法规主要有：《中华人民共和国体育法》；《中华人民共和国刑法修正案》；《最高人民法院关于审理走私、非法经营、非法使用兴奋剂刑事案件适用法律若干问题的解释》；《反兴奋剂条例》；《反兴奋剂管理办法》；《国家体育总局兴奋剂违规责任追究办法》；《反兴奋剂规则》；《治疗用药豁免实施细则》；《运动员行踪信息管理实施细则》；《兴奋剂违规听证实施细则》；《兴奋剂检查人员管理办法》等。

案例拓展

案例一：利尿剂使用事件

（一）背景介绍

小明是一名职业拳击运动员，在国内拳击比赛中多次获得冠军。为了参加即将举行的世界级拳击比赛，小明在教练的建议下使用了利尿剂，希望通过快速减轻体重来确保能够参加更低体重级别的比赛。然而，在赛前的兴奋剂检查中，小明的尿样被检测出含有利尿剂成分，从而被取消了比赛资格。

（二）案例分析

1.利尿剂使用原因

（1）小明为了参加更低体重级别的比赛，使用了利尿剂来快速减轻体重。

（2）教练对兴奋剂的了解不足，错误地认为利尿剂只是用来减轻体重的“辅助工具”，而忽视了其潜在的风险和危害。

2.检测流程

小明在赛前的尿样被送往实验室进行检测；检测结果呈阳性后，小明被取消了比赛资格，并面临进一步的处罚。

3.造成的影响

（1）对其个人的职业生涯和名誉造成了极大的损害。

（2）对教练的声誉和职业发展也产生了负面影响。

（三）解决思路

1.加强反兴奋剂教育

对运动员和教练进行深入的反兴奋剂教育，使他们充分认识到兴奋剂的危害性和严重性，提高他们的法律意识和自律意识，防止类似事件再次发生。

2.完善兴奋剂检测制度

加强对运动员的日常兴奋剂检测，确保及时发现和处理潜在的兴奋剂问题。完善检测技术和手段，提高检测的准确性和可靠性。

3.加强管理和监督

加强对运动员和教练的日常管理和监督，防止他们使用不正当手段来提高竞技水平。对违反规定的运动员和教练进行严厉的处罚，以儆效尤。

4.推广科学的减重方法

向运动员推广科学的减重方法，如合理饮食、适量运动等，避免使用不正当手段来减轻体重。

案例二：教练鼓励运动员使用兴奋剂

（一）背景介绍

某游泳队的教练李某为了提高队员的比赛成绩，私下鼓励队员使用一种新型的兴奋剂。李某认为这种兴奋剂能够帮助队员在比赛中取得更好的名次，从而为自己和队员带来荣誉和利益。

（二）案例分析

教练李某的行为不仅违反了反兴奋剂规则，也违背了职业道德。他作为教练，应当引导队员遵守规则，通过科学的训练方法提高成绩，而不是鼓励他们使用不正当手段。这种行为不仅损害了运动员的身心健康，也破坏了体育竞赛的公平性和纯洁性。

（三）解决思路

(1)对教练李某进行严肃处理，吊销其教练资格证书，并禁止其从事与体育相关的工作。

(2)对使用兴奋剂的队员进行检测和处罚，取消他们的比赛成绩，并给予禁赛等处罚。

(3)加强对教练队伍的管理和培训，提高他们的职业道德和法律意识，杜绝类似事件的发生。

(4)建立健全举报机制，鼓励运动员和其他相关人员积极举报使用兴奋剂的行为，加强对体育竞赛的监督和管理。

参考文献

[1]MYERS J, PRAKASH M, FROELICHER V, et al. Exercise capacity and mortality among men referred for exercise testing [J]. N Engl J Med, 2002, 346(11): 793-801.

[2]ROSS R, BLAIR S N, ARENA R, et al. Importance of Assessing Cardiorespiratory Fitness in Clinical Practice: A Case for Fitness as a Clinical Vital Sign: A Scientific Statement From the American Heart Association [J]. Circulation, 2016, 134(24): e653-e699.

[3]ISOYAMA N, QURESHI A R, AVESANI C M, et al. Comparative associations of muscle mass and muscle strength with mortality in dialysis patients [J]. Clin J Am Soc Nephrol, 2014, 9(10): 1720-1728.

[4]TATSUKAWA Y, MISUMI M, KIM Y M, et al. Body composition and development of diabetes: a 15-year follow-up study in a Japanese population [J]. Eur J Clin Nutr, 2018, 72(3): 374-380.

[5]YUAN S, LARSSON S C. Epidemiology of sarcopenia: Prevalence, risk factors, and consequences [J]. Metabolism, 2023, 144: 155533.

[6]CRUZ-JENTOFT A J, SAYER A A. Sarcopenia [J]. Lancet, 2019, 393(10191): 2636-2646.

[7]ALLEN D G, WHITEHEAD N P, YEUNG E W. Mechanisms of stretch-induced muscle damage in normal and dystrophic muscle: role of ionic changes [J]. J Physiol, 2005, 567(Pt 3): 723-735.

[8]LAVIE C J, ARENA R, SWIFT D L, et al. Exercise and the cardiovascular system: clinical science and cardiovascular outcomes [J]. Circ Res, 2015, 117(2): 207-219.

[9]KEMI O J, CECI M, WISLOFF U, et al. Activation or inactivation of cardiac Akt/mTOR signaling diverges physiological from pathological hypertrophy [J]. J Cell Physiol, 2008, 214(2): 316-321.

[10]MORRIS N R, WALSH J, ADAMS L, et al. Exercise training in COPD: What is it about intensity? [J]. Respirology, 2016, 21(7): 1185-1192.

[11] WANG T, MAO L, WANG J, et al. Influencing Factors and Exercise Intervention of Cognitive Impairment in Elderly Patients with Chronic Obstructive Pulmonary Disease [J]. Clin Interv Aging, 2020, 15: 557-566.

[12]冯美云.运动生物化学 [M]. 北京:人民体育出版社,1999.

[13]张蕴琨.运动生物化学(第二版)[M].北京:高等教育出版社,2014.

[14] CASPERSEN C J, POWELL K E, CHRISTENSON G M. Physical activity, exercise, and physical fitness: definitions and distinctions for health-related research[J]. Public Health Rep, 1985,100(2): 126-131.

[15] LIEBERMAN D E. The Story of the Human Body: Evolution, Health and Disease[J]. Fam Med, 2016,48(10): 822-823.

[16] FEILING A , XIA W . Gini coefficient decomposition-based and mortality-rate-difference-based description of mortality causes in the Chinese population from 1991 to 2019: a retrospective cross-sectional surveillance study.[J].BMJ open,2022,12(4):059395.

[17]EKELUND U, TARP J, STEENE-JOHANNESSEN J, et al. Dose-response associations between accelerometry measured physical activity and sedentary time and all cause mortality: systematic review and harmonised meta-analysis[J]. BMJ, 2019, 366: l4570.

[18]O'BRIEN M W, SHIVGULAM M E, DOMINGUEZ A H, et al. Impact of Sedentary Behaviors on Blood Pressure and Cardiovascular Disease: An Umbrella Review of Systematic Reviews and Meta-Analyses[J]. Sports Med, 2024, 54(12): 3097-3110.

[19] AJUFO E, KANY S, RAMO J T, et al. Accelerometer-Measured Sedentary Behavior and Risk of Future Cardiovascular Disease[J]. J Am Coll Cardiol, 2025, 85(5): 473-486.

[20] HELMERHORST H J, WIJNDAELE K, BRAGE S, et al. Objectively measured sedentary time may predict insulin resistance independent of moderate- and vigorous-intensity physical activity[J]. Diabetes, 2009,58(8): 1776-1779.

[21] EKELUND U, TARP J, FAGERLAND MW. Joint associations of accelero-meter measured physical activity and sedentary time with all-cause mortality: a harmonised meta-analysis in more than 44 000 middle-aged and older individuals. Br J Sports Med.[J]. 2020,54(24):1499-1506.

[22]STRAIN T, WIJNDAELE K, DEMPSEY P C, et al. Wearable-device-measured physical activity and future health risk[J]. Nat Med, 2020,26(9): 1385-1391.

[23] FLETCHER G F, LANDOLFO C, NIEBAUER J, et al. Promoting Physical Activity and Exercise: JACC Health Promotion Series[J]. J Am Coll Cardiol, 2018,72(14): 1622-1639.

[24]NAYOR M, SHAH R V, MILLER P E, et al. Metabolic Architecture of Acute Exercise Response in Middle-Aged Adults in the Community[J]. Circulation, 2020,142(20): 1905-1924.

[25]SECTION CHINESE NUTRITION SOCIETY OBESITY, NUTRITIONSECTION CHINESE NUTRITION SOCIETY CLINICAL, SECTION CHINEE PREVENTIVE MEDICINE ASSOCIATION，等. 中国居民肥胖防治专家共识[J]. 中国预防医学杂志，2022, 23(05): 321-339.

[26] 中国超重肥胖医学营养治疗专家共识编写委员会.中国超重/肥胖医学营养治疗专家共识(2016年版)[J].中华糖尿病杂志,2016,8(9):525-540.

[27]LV Y, ZHANG Y, LI X, et al. Body mass index, waist circumference, and mortality in subjects older than 80 years: a Mendelian randomization study[J]. Eur Heart J, 2024,45(24): 2145-2154.

[28]PADWAL R, LESLIE W D, LIX L M, et al. Relationship Among Body Fat Percentage, Body Mass Index, and All-Cause Mortality: A Cohort Study[J]. Ann Intern Med, 2016,164(8): 532-541.

[29] NG M, FLEMING T, ROBINSON M, et al. Global, regional, and national prevalence of overweight and obesity in children and adults during 1980-2013: a systematic analysis for the Global Burden of Disease Study 2013[J]. Lancet, 2014,384(9945): 766-781.

[30]中国高血压防治指南修订委员会,高血压联盟(中国),中国医疗保健国际交流促进会高血压病学分会,等.中国高血压防治指南(2024年修订版)[J].中华高血压杂志(中英文),2024,32(07):603-700.

[31]ROMERO S A, MINSON C T, HALLIWILL J R. The cardiovascular system after exercise[J]. J Appl Physiol (1985), 2017,122(4): 925-932.

[32]PESCATELLO L S, BUCHNER D M, JAKICIC J M, et al. Physical Activity to Prevent and Treat Hypertension: A Systematic Review[J]. Med Sci Sports Exerc, 2019,51(6): 1314-1323.

[33]中华医学会糖尿病学分会. 中国2型糖尿病防治指南(2020年版)[J]. 中华糖尿病杂志，2021,13(4):315-409

[34] WAHID A, MANEK N, NICHOLS M, et al. Quantifying the Association Between Physical Activity and Cardiovascular Disease and Diabetes: A Systematic Review and Meta-Analysis[J]. J Am Heart Assoc, 2016,5(9).

[35]Global, regional, and national burden of diabetes from 1990 to 2021, with projections of prevalence to 2050: a systematic analysis for the Global Burden of Disease Study 2021[J]. Lancet, 2023,402(10397): 203-234.

[36]BOONPOR J, PARRA-SOTO S, PETERMANN-ROCHA F, et al. Dose-response relationship between device-measured physical activity and incident type 2

diabetes：findings from the UK Biobank prospective cohort study[J]. BMC Med，2023，21(1)：191.

[37]MAYHEW J L，JOHNSON B D，LAMONTE M J，et al. Accuracy of prediction equations for determining one repetition maximum bench press in women before and after resistance training[J]. J Strength Cond Res，2008,22(5)：1570-1577.

[38]国家体育总局. 国民体质测定标准(2023 年修订)[EB/OL]. [2025-04-13]. https://www.sport.gov.cn/n315/n20001395/c25880704/content.html.

[39]All About The Yo-Yo Intermittent Recovery Test Level 1[EB/OL]. [2025-02-17].https://www.theyoyotest.com/yyir1.htm.

[40]CAMIC C L，KOVACS A J，ENQUIST E A，et al. An electromyographic-based test for estimating neuromuscular fatigue during incremental treadmill running[J]. Physiol Meas，2014,35(12)：2401-2413.

[41]ISSURIN V B. New horizons for the methodology and physiology of training periodization[J]. Sports Med，2010,40(3)：189-206.

[42]GIBALA M J，MCGEE S L. Metabolic adaptations to short-term high-intensity interval training：a little pain for a lot of gain? [J]. Exerc Sport Sci Rev，2008,36(2)：58-63.

[43]HODY S，CROISIER J L，BURY T，et al. Eccentric Muscle Contractions：Risks and Benefits[J]. Front Physiol，2019,10：536.

[44]UTTER A C，ROBERTSON R J，GREEN J M，et al. Validation of the Adult OMNI Scale of perceived exertion for walking/running exercise[J]. Med Sci Sports Exerc，2004,36(10)：1776-1780.

[45]WILMORE J H，COSTILL D L，KENNEY W L. Physiology of sport and exercise[M]. Seventh edition. 2020：1.

[46]BERRYMAN N，MUJIKA I，ARVISAIS D，et al. Strength Training for Middle- and Long-Distance Performance：A Meta-Analysis[J]. Int J Sports Physiol Perform，2018,13(1)：57-63.

[47]DOMA K，DEAKIN G B，SCHUMANN M，et al. Training Considerations for Optimising Endurance Development：An Alternate Concurrent Training Perspective[J]. Sports Med，2019,49(5)：669-682.

[48]黎涌明.摄氧量动力学——历史、特征和启示[J]. 武汉体育学院，2015,49(3)：63-69.

[49]BLAZEVICH A J，BABAULT N. Post-activation Potentiation Versus Post-activation Performance Enhancement in Humans：Historical Perspective，Underlying Mechanisms，and Current Issues[J]. Front Physiol，2019,10：1359.

[50]MCGOWAN C J，PYNE D B，THOMPSON K G，et al. Warm-Up Strategies for

Sport and Exercise: Mechanisms and Applications[J]. Sports Med, 2015,45(11): 1523-1546.

[51]王瑞元. 高级运动生理学[M].北京:人民体育出版社, 2023.

[52]FULLER J T, THEWLIS D, WILLS J A,等. Optimizing Wearable Device and Testing Parameters to Monitor Running-Stride Long-Range Correlations for Fatigue Management in Field Settings[J]. Int J Sports Physiol Perform, 2024,19(2): 207-211.

[53]AMENT W, VERKERKE G J. Exercise and fatigue[J]. Sports Med, 2009, 39(5): 389-422.

[54]VERSEY N G, HALSON S L, DAWSON B T. Water immersion recovery for athletes: effect on exercise performance and practical recommendations[J]. Sports Med, 2013,43(11): 1101-1130.

[55]BANFI G, LOMBARDI G, COLOMBINI A, et al. Whole-body cryotherapy in athletes[J]. Sports Med, 2010,40(6): 509-517.

[56]MAWHINNEY C, JONES H, JOO C H, et al. Influence of cold-water immersion on limb and cutaneous blood flow after exercise[J]. Med Sci Sports Exerc, 2013,45(12): 2277-2285.

[57]CHANDLER T J, BROWN L E. Conditioning for strength and human performance[M]. Third edition. 2019: 1.

[58]美国运动医学学会等. ACSM 运动测试与运动处方指南[M]. 北京:北京体育大学出版社, 2019.

[59]冯连世. 运动处方[M]. 北京:高等教育出版社, 2020.

[60](美)杰克・威尔莫尔,(美)大卫・科斯蒂尔,(美)拉里・凯尼. 运动生理学[M]. 王瑞元, 汪军,译.北京: 北京体育大学出版社, 2011.

[61]邓树勋,王健. 高级运动生理学—理论与应用[M]. 北京: 高等教育出版社, 2003.

[62]田野. 运动生理学高级教程[M]. 北京: 高等教育出版社,2003.

[63](美)鲍勃・默里,(美)W.拉里・肯尼. 运动生理学应用指南 [M] .马新东,译. 北京: 人民邮电出版社,2022.

[64](美)G.格雷戈里・哈夫,(美)查尔斯・杜姆克.运动生理学实验及体能测试指导手册[M],赵芮,译.北京:人民邮电出版社,2021.

[65]运动生理学编写组. 运动生理学[M].北京:北京体育大学出版社,2021.

[66]LUKS A M, HACKETT P H. Medical conditions and high-altitude travel[J]. N Engl J Med,2022,386:364-373.